LUCRANDO COM AÇÕES NO LONGO PRAZO

O62a Oppenheimer, Peter C.
       Lucrando com ações no longo prazo : como ganhar com os ciclos do mercado financeiro / Peter C. Oppenheimer ; tradução : Rodrigo Dubal ; revisão técnica : Marcelo Brutti Righi. – Porto Alegre : Bookman, 2021.
       xix, 278 p. : il.; 23 cm.

       ISBN 978-85-8260-562-2

       1. Finanças. 2. Mercado financeiro. I. Título.

       CDU 336.76

Catalogação na publicação: Karin Lorien Menoncin – CRB 10/2147

PETER C. OPPENHEIMER

LUCRANDO COM AÇÕES NO LONGO PRAZO

Como Ganhar com os Ciclos do Mercado Financeiro

Tradução
Rodrigo Dubal

Revisão Técnica
Marcelo Brutti Righi
Doutor em Finanças pela Universidade Federal de Santa Maria (UFSM)
Professor Adjunto da Universidade Federal do Rio Grande do Sul (UFRGS)

Porto Alegre
2021

Obra originalmente publicada sob o título *The long good buy: analysing cycles in markets*
ISBN 9781119688976

Copyright © 2020, John Wiley & Sons Limited.

All Rights Reserved. Authorised translation from the English language edition published by John Wiley & Sons Limited. Responsibility for the accuracy of the translation rests solely with Grupo A Educação S.A., through its subsidiaries and is not the responsibility of John Wiley & Sons Limited. No part of this book may be reproduced in any form without the written permission of the original copyright holder, John Wiley & Sons Limited.

Gerente editorial: *Arysinha Jacques Affonso*

Colaboraram nesta edição:

Editora: *Simone de Fraga*

Leitura final: *Denise Weber Nowaczyk*

Capa: *Márcio Monticelli*

Editoração: *Matriz Visual*

Reservados todos os direitos de publicação ao
GRUPO A EDUCAÇÃO S.A.
(Bookman é um selo editorial do GRUPO A EDUCAÇÃO S.A.)
Rua Ernesto Alves, 150 – Bairro Floresta
90220-190 – Porto Alegre – RS
Fone: (51) 3027-7000

SAC 0800 703 3444 – www.grupoa.com.br

É proibida a duplicação ou reprodução deste volume, no todo ou em parte, sob quaisquer formas ou por quaisquer meios (eletrônico, mecânico, gravação, fotocópia, distribuição na Web e outros), sem permissão expressa da Editora.

IMPRESSO NO BRASIL
PRINTED IN BRAZIL

O autor

Peter C. Oppenheimer tem 35 anos de experiência como analista de pesquisa. É estrategista-chefe de ações globais e chefe de Pesquisa Macroeconômica na Europa da Goldman Sachs. Antes de ingressar na Goldman Sachs, trabalhou como diretor-gerente e estrategista-chefe de investimentos do HSBC. Atuou ainda como chefe de estratégia europeia da James Capel e como estrategista econômico-chefe do Hambros Bank. Peter começou sua carreira como economista na Greenwells, em 1985. Ele gosta de andar de bicicleta e pintar.

Para Joanna, Jake e Mia

Agradecimentos

Este livro trata de ciclos econômicos e financeiros dos mercados e dos fatores que os afetam.

Refere-se e reflete muito do trabalho que desenvolvi, junto com minha equipe, desde meados da década de 1980. Tive a sorte de trabalhar com muitos colegas incríveis desde então e me beneficiei de inúmeras conversas com clientes, todas as quais ajudaram a desenvolver minha compreensão de economias e mercados e dos fatores que os moldam e os impulsionam, o que se reflete nas ideias e nos pensamentos deste livro.

Tenho uma enorme dívida de gratidão com todas as pessoas da Goldman Sachs que trabalharam comigo no grupo de Macro Research. Gostaria de agradecer particularmente a Sharon Bell, minha colega mais próxima por 25 anos. Ela foi fundamental para grande parte do trabalho refletido neste livro, que não poderia ter sido escrito sem ela. Christian Mueller-Glissmann também deu uma contribuição importante para muitas das ideias e estruturas aqui presentes e na análise da Goldman Sachs Strategy Research na última década. Ambos têm sido uma fonte constante de ideias inovadoras e apoio pessoal.

Vários outros colegas de minha equipe na Goldman Sachs trabalharam e ajudaram a desenvolver muitas das ideias do livro. Anders Nielsen e Jessica Binder Graham foram coautores de nossa estrutura sobre prêmios de risco e o modelo DDM, mencionado no livro e examinado em um artigo no *Journal of Portfolio Management*.[1] Também gostaria de agradecer aos membros atuais de minha equipe – Lilia Peytavin,

---

[1] Binder, J., Nielsen, A. E. B. e Oppenheimer, P. (2010). Finding fair value in global equities: Parte I. *Journal of Portfolio Management*, 36(2), 80–93.

Guillaume Jaisson e Alessio Rizzi – por suas contribuições e ideias, dedicação constante e trabalho árduo. Além disso, sou muito grato a Guillaume Jaisson por preparar e desenvolver as figuras do livro.

Agradeço também aos colegas que leram e comentaram os rascunhos do livro: Jessica Binder Graham, Paul Smith e Brian Rooney. Meus outros colegas de longa data na equipe de estratégia da Goldman Sachs – David Kostin em Nova York, Tim Moe em Hong Kong e Kathy Matsui em Tóquio – são fonte constante de ideias e incentivo, assim como Steve Strongin, chefe global da pesquisa na Goldman Sachs, que gentilmente me apoiou e encorajou a escrever este livro e foi uma grande influência em meu pensamento.

Sou muito grato a Loretta Sunnucks, da Goldman Sachs, por editar o manuscrito e por sua paciência incansável e sugestões e contribuições inestimáveis ao longo do processo. Gostaria de agradecer a ex-colegas que leram e comentaram as versões preliminares. Meus chefes de pesquisa anteriores – Lord Jim O'Neill, ex-economista-chefe da Goldman Sachs e presidente da Goldman Sachs Investment Management, e Keith Skeoch, CEO da Standard Life – foram ambos influências e fontes de ideias importantes. Também gostaria de agradecer a Huw Pill, conferencista sênior da Harvard Business School; Elias Papaioannou, professor de Economia da London Business School; e Lord Brian Griffiths, presidente do Center for Enterprise, Markets and Ethics, por suas percepções. Gostaria de agradecer especialmente a Stephen King, consultor sênior do HSBC, pelas valiosas sugestões, pela orientação e apoio.

Finalmente, meu muito obrigado à minha maravilhosa esposa, Joanna, e a meus filhos, Jake e Mia, fonte constante de inspiração e alegria para mim.

Prefácio

Este livro é sobre os ciclos do mercado econômico e financeiro e os fatores que os afetam. Sempre fui fascinado pela forma como os padrões de comportamento e os ciclos de mercado parecem se repetir, apesar das enormes mudanças na economia, na sociedade e na tecnologia ao longo do tempo.

Nos últimos 35 anos de minha carreira, caíram as expectativas de inflação, entramos no ciclo econômico mais longo dos EUA em 150 anos e cerca de um quarto dos títulos do governo em todo o mundo têm rendimento negativo. Nesse mesmo período, houve dramáticas avanços na tecnologia e mudanças nas condições políticas. Paralelamente, vivemos três grandes recessões (na maioria das economias) e várias crises financeiras.

Apesar das mudanças políticas, econômicas e sociais ocooridas desde meados da década de 1980, repetem-se padrões nas economias e nos mercados financeiros. Esse comportamento de reação e antecipação a ciclos econômicos pode ser observado nos últimos 100 anos. Mas eles também são orientados por, até certo ponto, mudanças na percepção e na psicologia. A compreensão de como os humanos processam as informações e lidam com os riscos e as oportunidades pode ajudar a explicar a existência de ciclos nos mercados financeiros.

Embora saber onde estamos em um ciclo exatamente quando ele está em curso seja difícil, e prever retornos de curto prazo seja complexo, existem informações úteis que os investidores podem consultar para avaliar os riscos e a compreender as probabilidades de diferentes resultados.

O objetivo deste livro não é apresentar modelos que prevejam o futuro, mas identificar sinais e relações entre os ciclos econômicos e financeiros. Tento desenvolver algumas ferramentas e estruturas práticas para avaliar os riscos e as recompensas potenciais, à medida que um ciclo de investimento evolui, e destacar alguns dos indicadores e sinais de alerta que podem apontar para um ponto de inflexão iminente, para cima ou para baixo, na direção do mercado.

Por fim, tento identificar as maneiras pelas quais algumas das relações "típicas" entre variáveis econômicas e financeiras mudaram ao longo do tempo e, em particular, desde a crise financeira.

Reconhecer e compreender essas mudanças nas condições e como elas afetam as oportunidades de investimento pode ajudar os investidores a aumentar seus retornos e, em particular nos mercados acionários, lucrar com ações no longo prazo.

O livro está dividido em três partes:

1. **Lições do passado:** como são os ciclos e o que os impulsiona.
2. **A natureza e as causas das altas e baixas no mercado:** as suas causas e o que observar.
3. **Lições para o futuro:** um foco na era pós-crise financeira; o que mudou e o que isso significa para os investidores.

A **Parte I** começa com uma descrição de algumas das principais mudanças nas condições econômicas, políticas e tecnológicas desde os anos 1980.

O *Capítulo 1* descreve como, apesar dessas mudanças, as baixas nos mercados, as crises e os *crashes* financeiros, as altas e as bolhas surgiram e desapareceram e os padrões familiares se repetiram, ainda em que circunstâncias significativamente variáveis. O capítulo discute as razões para esses ciclos, incluindo o impacto do sentimento humano e da psicologia.

O *Capítulo 2* documenta os retornos de longo prazo alcançados em diferentes classes de ativos em determinados períodos e examina a recompensa por assumir riscos. Descreve o poder dos dividendos no retorno total das ações e os principais fatores que tendem a afetar o retorno para os investidores.

O *Capítulo 3* enfoca a tendência das altas e baixas nos mercados de ações se dividirem em quatro fases – desespero, esperança, crescimento e otimismo – e mostra como cada uma é impulsionada por diferentes fatores com retornos variáveis.

O *Capítulo 4* examina o padrão de retornos nas classes de ativos concorrentes ao longo de um ciclo de investimento típico.

O *Capítulo 5* mostra como os estilos ou fatores de investimento em ações tendem a evoluir ao longo do ciclo.

A **Parte II** é um mergulho mais profundo na natureza, nas causas e implicações das altas e das baixas nos mercados de ações.

O *Capítulo 6* descreve os diferentes tipos de baixas nos mercados: cíclicos, orientadas por eventos e estruturais, bem como os fatores que podem ser usados para identificar os riscos de mercados em baixa.

O *Capítulo 7* descreve os diferentes tipos de altas nos mercados e, em particular, a diferença entre as altas seculares e as de natureza mais cíclica – e por que são diferentes.

O *Capítulo 8* aborda especificamente as bolhas e suas características, além de identificar os sinais comuns de uma bolha especulativa em desenvolvimento.

A **Parte III** examina como muitos dos fatores e das características fundamentais do ciclo mudaram desde a crise financeira de 2008/2009.

O *Capítulo 9* trata da desaceleração secular da lucratividade, bem como da inflação e das taxas de juros. Discute algumas das lições que podem ser aprendidas com o Japão e sua experiência de bolha após 1980.

O *Capítulo 10* descreve o impacto e as consequências de rendimentos de títulos zero, ou mesmo negativos, sobre os retornos e o ciclo.

O *Capítulo 11* trata da extraordinária mudança tecnológica nos anos recentes, seus paralelos históricos e seu impacto nos ciclos do mercado de ações.

Sumário

Introdução 1

Parte I	**Lições do passado: como são os ciclos e o que os impulsiona**............... 9	
Capítulo 1	Aproveitando o ciclo nas mais diferentes condições................................11	
Capítulo 2	Retornos no longo prazo.....................29	
	Retornos em diferentes períodos de manutenção de investimentos................................ 31	
	A recompensa pelo risco e o prêmio de risco de ações 35	
	O poder dos dividendos..................... 38	
	Fatores que afetam o retorno para os investidores.... 41	
	Timing do mercado 41	
	Avaliações e retorno de ações *versus* títulos 43	
	O impacto da diversificação no ciclo................ 45	
Capítulo 3	O ciclo de ações: identificando as fases 49	
	As quatro fases do ciclo da ação.................. 50	
	Ciclos de mini/alta frequência dentro do ciclo de investimento 58	
	A interação entre o ciclo e os rendimentos de títulos.. 61	

Capítulo 4	Retorno de ativos ao longo do ciclo 63
	Ativos em todo o ciclo econômico 63
	Ativos em todo o ciclo de investimento 66
	O impacto das mudanças no rendimento dos títulos sobre as ações........................... 68
	O ponto do ciclo: quanto mais cedo, melhor...... 72
	A velocidade de ajuste: quanto mais lento, melhor.. 74
	O nível de rendimentos: quanto menor, melhor ... 74
	Mudanças estruturais no valor de ações e títulos 77
Capítulo 5	Estilos de investimento ao longo do ciclo....... 81
	Setores e o ciclo................................ 83
	Empresas cíclicas *versus* defensivas................ 85
	Empresas de valor *versus* de crescimento........... 90
	Valor, crescimento e duração..................... 92

Parte II A natureza e as causas das altas e baixas no mercado: por que ocorrem e como perceber os sinais 97

Capítulo 6	Necessidades básicas: a natureza e a configuração dos mercados em baixa.......... 99
	As baixas dos mercados não são todas iguais........ 99
	Baixas cíclicas de mercados..................... 106
	Baixas orientadas por eventos.................... 108
	Baixas estruturais de mercado.................... 109
	Os cortes nas taxas de juros têm menos impacto nos mercados em baixa estrutural 112
	Choques de preços: a deflação é uma característica comum 114
	Crença em uma nova era/novas avaliações de ativos..................................... 114
	Altos níveis de dívida 114

A liderança do mercado de ações está
ficando apertada............................ 115
Alta volatilidade 115
A relação entre a baixa dos mercados e os
lucros corporativos 116
Um resumo das características das baixas
nos mercados................................ 118
Definindo a crise financeira: um mercado em
baixa estrutural com uma diferença 118
Encontrando um indicador para sinalizar o
risco de baixa............................... 120
Condições típicas anteriores às baixas
nos mercados 121
Uma estrutura para antecipar baixas
nos mercados 125

Capítulo 7   **Bem no alvo: a natureza e a configuração
das altas nos mercados** 127
O alta secular do mercado no "superciclo"......... 127
1945–1968: O *boom* pós-guerra 129
1982-2000: O início da desinflação 131
A partir de 2009: o início do QE e a
"grande moderação" 133
Altas cíclicas de mercados 134
Variações na duração das altas nos mercados....... 136
Mercados em alta sem tendência 138

Capítulo 8   **Soprando bolhas: sinais de excesso** 143
Valorização espetacular do preço e colapso 145
Crença em uma "nova era"... Desta vez é diferente.. 150
Desregulamentação e inovação financeira 157
Crédito fácil................................. 159
Novas abordagens de avaliação de ativos 161
Problemas e escândalos de contabilidade 163

Parte III Lições para o futuro: um foco na era pós-crise financeira, o que mudou e o que isso significa para os investidores 167

Capítulo 9 Como o ciclo mudou após a crise financeira 169
- Três ondas da crise financeira 170
- A lacuna incomum entre mercados financeiros e a economia 174
- Todos os barcos surfaram a onda de liquidez 178
- Os motivadores incomuns do retorno 179
- Inflação e taxas de juros mais baixas 180
- Uma tendência de baixa nas expectativas de crescimento global 182
- A queda do desemprego e aumento do emprego ... 183
- O aumento das margens de lucro 185
- Queda da volatilidade das variáveis macroeconômicas 187
- A crescente influência da tecnologia 189
- A lacuna extraordinária entre crescimento e valor ... 190
- Lições do Japão 196

Capítulo 10 Abaixo de zero: o impacto dos rendimentos ultrabaixos de títulos 201
- Taxas zero e avaliações das ações 206
- Taxas zero e expectativas de crescimento. 208
- Taxas zero: apoiando o crescimento futuro 210
- Taxas zero e dados demográficos 215
- Taxas zero e a demanda por ativos de risco 217

Capítulo 11	O impacto da tecnologia no ciclo 221	
	A ascensão da tecnologia e paralelos históricos 222	
	A imprensa e a primeira grande revolução de dados 223	
	A revolução das ferrovias e a infraestrutura conectada 224	
	Eletricidade e petróleo impulsionaram o século 20 226	
	Tecnologia: revolução e adaptação 226	
	Tecnologia e crescimento no ciclo 227	
	Por quanto tempo ações e setores podem dominar? . . 231	
	Até onde vão as avaliações? 233	
	Que tamanho as empresas podem atingir em relação ao mercado? 235	
	A tecnologia e as lacunas cada vez maiores entre vencedores e perdedores 238	
	Resumo e conclusões 241	
	Referências 249	
	Leituras recomendadas 259	
	Índice 265	

Introdução

Meu primeiro emprego foi como analista de pesquisa *trainee* no final de 1985. Desde então, muito mudou na economia e na sociedade. O mundo se tornou mais interconectado; a Guerra Fria acabou e o império soviético se desfez, anunciando uma era de "globalização". Quando comecei minha carreira, era recente (1979) a remoção por parte do Reino Unido das restrições aos controles de câmbio (pela primeira vez em 90 anos), enquanto a França e a Itália ainda as mantinham, abolindo-as apenas em 1990.[1] As condições econômicas também se transformaram, e vários fatores macroeconômicos fundamentais mudaram significativamente: nas últimas três décadas, a inflação caiu persistentemente e as taxas de juros entraram em colapso; os rendimentos dos títulos do governo de 10 anos nos Estados Unidos caíram de mais de 11 para 2%, as taxas de fundos do Fed caíram de mais de 8 para 1,5% e, atualmente, um quarto de todos os títulos de governos têm globalmente um rendimento negativo. As expectativas de inflação tornaram-se bem ancoradas e a volatilidade econômica diminuiu.

As inovações tecnológicas também alteraram a forma como trabalhamos e nos comunicamos, e o poder da computação revolucionou a capacidade de processar e analisar dados. O supercomputador mais poderoso (o Cray-2) em 1985 tinha uma capacidade de processamento semelhan-

---

[1] De acordo com as diretrizes da Comunidade Europeia, a França e a Itália foram obrigadas a encerrar todos os controles de câmbio até 1º de julho de 1990, mas a França os finalizou seis meses antes, a fim de mostrar seu compromisso com os princípios da livre circulação de mercadorias, capitais e pessoas na Europa.

te a de um iPhone 4.² A dimensão da revolução digital e a quantidade de dados disponíveis desde então seriam inimagináveis na época, e isso parece estar se acelerando. Brad Smith, presidente da Microsoft, sinalizou recentemente que "esta década terminará com quase 25 vezes mais dados digitais do que quando começou".³

Durante o mesmo período, houve três grandes recessões (na maioria das economias) e várias crises financeiras, incluindo a crise de poupança e empréstimos dos EUA de 1986, a quebra do mercado de ações da Black Monday de 1987, a bolha de ativos japoneses e o colapso entre 1986 e 1992, a crise mexicana de 1984, a crise dos mercados emergentes da década de 1990 (Ásia em 1997, Rússia em 1998 e Argentina em 1998-2002), a crise monetária do MTC de 1992, o colapso da tecnologia em 2000 e, claro, o mais recente crise financeira global, começando com as hipotecas *subprime* e o colapso de várias instituições financeiras nos EUA em 2007, e a crise da dívida soberana europeia de 2010/2011.

Apesar das enormes mudanças nas condições econômicas e tecnológicas nas últimas três décadas, e de crises financeiras e econômicas ocasionais, padrões semelhantes tendem a se repetir nos mercados financeiros, embora de formas ligeiramente diferentes. Em um artigo de 2019, os autores Filardo, Lombardi e Raczo observaram que, nos últimos 120 anos, os Estados Unidos passaram pelo período do padrão ouro, quando a inflação era baixa, e os anos 1970, quando a inflação era alta e volátil, e que ao longo desse período histórico, as credenciais de estabilidade de preços dos bancos centrais mudaram e as políticas fiscais e regulatórias variaram consideravelmente, mas que "durante tudo isso, a dinâmica do ciclo financeiro permaneceu uma característica constante da economia".⁴

---

[2] Stone, M. (2015). The trillion fold increase in computing power, visualized. Gizmodo [on-line]. Disponível em https://gizmodo.com/the-trillion-fold-increase-in-computing-power- visualiz-1706676799

[3] Smith, B. e Browne, C. A. (2019). *Tools and weapons: The promise and the peril of the digital age*. New York, NY: Penguin Press.

[4] Filardo, A., Lombardi, M. e Raczko, M. (2019). Measuring financial cycle time. *Bank of England Staff Working Paper Nº 776* [on-line]. Disponível em https://www.bankofengland.co.uk/working-paper/2019/measuring-financial-cycle-time

São esses ciclos, e os fatores que os impulsionam, que este livro examina. Seu objetivo é mostrar que, apesar das mudanças significativas nas circunstâncias e nos ambientes, parece haver padrões repetidos de desempenho e comportamento nas economias e nos mercados financeiros ao longo do tempo.

Contudo, embora reconhecendo as mudanças e tentando avaliar o quanto da mudança que observamos é cíclica e quanto é estrutural, a parte principal deste livro visa examinar o que há de previsível – ou, pelo menos, provável – nos mercados financeiros.

O interesse pelos ciclos econômicos, e seu impacto nos mercados financeiros e nos preços, tem uma longa história e existem muitas teorias sobre a maneira como os ciclos funcionam. O ciclo de Kitchin, batizado assim por causa de Joseph Kitchin (1861-1932), é baseado em uma duração de 40 meses, impulsionado por *commodities* e estoques. O ciclo de Juglar é usado para prever o investimento de capital (Clement Juglar, 1819–1905) e tem uma duração de sete a 11 anos; o ciclo de Kuznets, para prever rendimentos (Simon Kuznets, 1901–1985), tem uma duração de 15 a 25 anos e o ciclo Kondratiev (Nikolai Kondratiev, 1892–1938) tem uma duração de 50 a 60 anos, impulsionado por grandes inovações tecnológicas. Há, claramente, problemas com todos eles, e o fato de haver tantas descrições diferentes de ciclos evidencia que há muitos elementos orientadores diferentes. Vários deles, como o longuíssimo ciclo de Kondratiev, são difíceis de testar do ponto de vista estatístico, devido às poucas observações disponíveis.

Embora o foco tradicional nos ciclos esteja relacionado principalmente à economia, o foco deste livro está nos ciclos financeiros, seus impulsionadores e suas diferentes fases – um tópico discutido em detalhes no Capítulo 3. A ideia de que existem ciclos nos mercados financeiros em geral, e nos mercados de ações em particular, é antiga. Fisher (1933) e Keynes (1936) examinaram a interação entre a economia real e o setor financeiro na Grande Depressão. Burns e Mitchell encontraram evidências do ciclo de negócios em 1946 e acadêmicos posteriores argumentaram que o ciclo financeiro fazia parte do ciclo de negócios e que as condições financeiras e a saúde do balanço patrimonial do setor privado são elementos desencadeadores importantes do ciclo e fatores que podem ampliar os ciclos (Eckstein e Sinai, 1986). Outra pesquisa demonstrou que ondas de liquidez global podem interagir com os ciclos financeiros domésticos, criando assim condições financeiras excessivas em alguns casos (Bruno e Shin 2015).[5]

Estudos mais recentes sugerem que as medidas de folga na economia (ou hiatos do produto – a taxa de crescimento *versus* produto potencial) podem ser explicadas em parte por fatores financeiros (Boria, Piti e Juselius, 2013) que desempenham um grande papel na explicação das flutuações no produto econômico e crescimento potencial, bem como "determinar quais trajetórias de produção são sustentáveis e quais não são",[6] implicando assim um vínculo estreito e um ciclo de *feedback* entre os ciclos financeiros e econômicos.

Dito isso, embora o interesse pelos ciclos econômicos e financeiros venha de longa data, as opiniões sobre sua previsibilidade são amplamente contestadas. Um conjunto de ideias sobre a incapacidade de antecipar movimentos de preços futuros nos mercados deriva da hipótese do mercado eficiente (Fama, 1970), que argumenta que o preço de uma ação, ou o valor de um mercado, reflete todas as informações disponíveis sobre essa ação ou mercado em determinado momento; o mercado é eficiente na precificação e, portanto, está sempre precificado corretamente, a menos ou até que algo mude. A consequência dessa hipótese é o argumento de que um investidor não pode realmente prever o mercado, ou o desempenho de uma empresa. Isso ocorre porque nenhum indivíduo terá mais informações do que já está refletido no mercado em determinado momento, porque o mercado é sempre eficiente e os preços mudam em fatores fundamentais (como eventos econômicos) imediatamente.

Mas teoria é uma coisa e prática é outra. O Prêmio Nobel Robert Shiller, por exemplo, mostrou que, embora os preços das ações sejam extremamente voláteis no curto prazo, sua avaliação, ou relação preço/lucro, fornece informações que os tornam um tanto previsíveis em longos períodos (Shiller, 1980), sugerindo que a avaliação fornece, pelo me-

---

[5] Bruno, V. e Shin, H. S. (2015). Cross-border banking and global liquidity. *Review of Economic Studies*, 82(2), 535–564.

[6] Borio, C., Disyatat, P. e Rungcharoenkitkul, P. (2019). What anchors for the natural rate of interest? *BIS Working Papers Nº 777* [on-line]. Disponível em https://www.bis.org/publ/work777.html

nos, uma espécie de guia para retornos futuros. Outros argumentam que os retornos que se pode esperar dos ativos financeiros estão ligados às condições econômicas e, portanto, a probabilidade de certos resultados pode ser avaliada, mesmo que previsões precisas não sejam prováveis.

Embora existam relações entre os ciclos financeiros e os ciclos econômicos, principalmente porque os títulos são afetados pelas expectativas de inflação e as ações pelo crescimento, existem alguns padrões de comportamento humano que refletem e às vezes amplificam as condições econômicas esperadas. O *mix* crucial é a maneira como os fundamentos econômicos e corporativos (p. ex., crescimento esperado, lucro, inflação e taxas de juros) são percebidos pelos investidores. O trabalho acadêmico tem mostrado cada vez mais que o apetite por correr riscos é um canal fundamental por meio do qual uma política de apoio (p. ex., taxas de juros baixas) pode afetar os ciclos (Borio, 2013).[7] Disposição para assumir riscos e períodos de cautela excessiva (muitas vezes, após um período de retornos fracos) são fatores que tendem a agravar o impacto dos fundamentos econômicos nos mercados financeiros e contribuem para ciclos e padrões repetidos.

Medo e ganância, otimismo e desespero e o comportamento da multidão e do consenso podem transcender períodos específicos ou grandes eventos, apoiando a tendência de padrões se repetirem nos mercados financeiros, mesmo em circunstâncias e condições muito diferentes. Também há uma tendência de repetição de erros quando os investidores deixam de dar atenção a sinais de alerta de superaquecimento e excesso que podem ocorrer, quando as condições são favoráveis e há uma narrativa poderosa. Discuto esse tópico no Capítulo 8, que examina o papel das emoções no desenvolvimento de excessos especulativos e bolhas financeiras.

Claro, embora existam padrões repetidos nos mercados ao longo do tempo, também existem eventos e condições econômicas que são exclusivas de cada ciclo ou circunstância. Na realidade, dois períodos nunca são exatamente iguais; mesmo diante de condições bastante semelhantes, é improvável que permutações precisas de fatores se repitam da mes-

---

[7] Borio, C. (2013). On time, stocks and flows: Understanding the global macroeconomic challenges. *National Institute of Economic and Social Research*, 225(1), 3–13.

ma maneira. Mudanças estruturais nas indústrias e nos fatores econômicos, como a inflação e o custo de capital, podem mudar as relações entre as variáveis ao longo do tempo. Por exemplo, o comportamento e o desempenho de um ciclo do mercado de ações em uma era de inflação e taxas de juros elevadas podem ser bastante diferentes de um ciclo em um período de inflação e taxas de juros muito baixas, e a forma como as empresas, os investidores e os legisladores reagem a um determinado impulso pode mudar com o tempo, à medida que se adaptam às experiências do passado.

Também é importante reconhecer que, quando procuramos relações entre fatores e variáveis na história, estamos desfrutando do benefício de uma retrospectiva. Podemos reconhecer padrões depois que eles existem, mas fazer isso em tempo real pode ser muito mais difícil. Isso é, em parte, o que torna o consenso e o comportamento da multidão tão importantes para impulsionar as flutuações nos preços dos ativos. Por exemplo, quando os números da economia pioram e os preços das ações enfraquecem, é difícil perceber se é uma desaceleração ou uma correção no "meio do ciclo", ou se é o início de uma séria baixa no mercado e uma recessão – isso só conhecido depois. Não é incomum que os mercados financeiros precifiquem para cima uma mudança esperada nas condições econômicas futuras, e por essa razão os ciclos de mercado e os pontos de inflexão em particular podem ser muito acentuados. Mas as maiores oscilações nos mercados financeiros, em relação às economias, não enfraquecem as relações entre eles. A ligação entre os retornos das ações e a expectativa de crescimento pode pelo menos nos ajudar a entender os avanços e atrasos típicos, as intensidades variadas das relações entre as variáveis e os sinais a serem observados.

Compreender a dinâmica dos ciclos e quais variáveis podem ter mudado pode nos ajudar a tomar decisões de investimento mais informadas e tornar o gerenciamento de risco mais eficaz. Como Howard Marks, copresidente e cofundador da Oaktree Capital Management, observa em seu livro *Mastering the Market Cycle*,[8] "A economia e os mercados nunca se moveram em linha reta no passado, e nem o farão no futuro.

---

[8] Ver Marks, H. (2018). *Mastering the cycle: Getting the odds on your side* (p. 293). Boston, MA: Houghton Mifflin Harcourt.

E isso significa que os investidores com capacidade de entender os ciclos encontrarão oportunidades de lucro".

No longo prazo, mesmo aceitando as flutuações causadas pelos ciclos, o investimento pode ser extremamente lucrativo. Ativos diferentes tendem a ter melhor desempenho em momentos diferentes, e os retornos dependerão da tolerância ao risco do investidor. Mas para investidores em ações, a história sugere que, se forem capazes de manter seus investimentos por pelo menos cinco anos e, especialmente, se reconhecerem os sinais de bolhas e de pontos de inflexão no ciclo, eles poderão se beneficiar da boa compra no longo prazo.

PARTE I

Lições do passado: como são os ciclos e o que os impulsiona

1

Aproveitando o ciclo nas mais diferentes condições

Em 1985, quando iniciei meu estágio na Greenwells & Co, uma corretora de valores de Londres, passei um curto período no pregão da Bolsa de Valores local, junto com os outros novos recrutas. Naquela época, muitas das práticas provavelmente eram as mesmas há décadas. Os corretores ainda usavam cartolas, e fazia apenas 12 anos que as mulheres tinham sido admitidas como membros da bolsa. Um dos meus colegas foi ridicularizado ao aparecer com sapatos marrons, e o mandaram para casa para se trocar. Os chamados "botões azuis" – os juniores ou os escreventes – perambulavam pelas várias bancas de *jobbers* (*market makers*) pedindo a cotação das ações, anotavam os preços num papel e depois os levavam para o *backoffice* atrás do pregão, onde eram escritos em um grande painel. Quando um vendedor da corretora tinha um pedido, os "botões azuis" informavam uma estimativa bastante atualizada do preço de compra ou venda.

Após meu treinamento inicial, entrei para a equipe de economia do departamento de pesquisa de Greenwells. Uma das tarefas dos juniores era coletar os dados mais recentes publicados. Para isso, era necessário ir até o Banco da Inglaterra, na Threadneedle Street, a algumas quadras de nosso escritório. Assim que entregavam o material ao banco, os analistas corriam para o grande conjunto de cabines telefônicas fora da bolsa (no bloco adjacente) para comunicar os detalhes aos economistas, que deviam interpretar e redigir um comentário sobre os dados, que, em seguida, era fotocopiado e distribuído para a equipe de vendas.

Esse sistema bastante complicado estava prestes a mudar. O sócio e economista sênior da empresa decidiu investir em uma nova tecnologia que economizava tempo – um telefone móvel (um dispositivo bastante grande em uma caixa), que permitia ao economista júnior passar por telefone as informações diretamente ao escritório, assim que eram divulgadas, economizando tempo e o esforço de colocar moedas na cabine telefônica. Já naquela época, pequenos ganhos de tempo eram fundamentais para fechar um negócio (no novo milênio, a velocidade foi acelerada drasticamente; os tempos médios de execução das negociações foram de múltiplos de segundo a milionésimos de segundo[1]).

Essa foi uma pequena inovação em um ambiente mais amplo de rápidas mudanças e rupturas que estava prestes a revolucionar os mercados financeiros. A cidade de Londres estava à beira da desregulamentação "*big bang*" de 1986. Pela primeira vez, as transações face a face foram substituídas por computadores e telefones, resultando em uma explosão de volumes. A velha maneira de fazer negócios estava ameaçada. As barreiras à entrada foram demolidas e deram lugar a uma nova onda de participantes, muitos deles estrangeiros.

A tecnologia estava mudando rapidamente a paisagem dos negócios e da sociedade em geral. A computação pessoal também viu grandes inovações nesse momento. Em 1985, a Microsoft Corporation lançou o Windows 1.0, a primeira versão de seu sistema operacional de computador que viria a dominar o mercado de PCs. O primeiro nome de domínio ponto com, o symbolics.com, também foi registrado em 1985 pela Symbolics Corporation, adicionando um domínio comercial aos domínios .edu, que então eram os mais comuns e usados por instituições educacionais. Na época, é claro, isso não era muito conhecido, como também não eram conhecidas as implicações e mudanças de longo alcance que resultariam do uso comercial da internet e da bolha especulativa que surgiu por causa das empresas "ponto com" no final dos anos 1990.

Em 1986, a IBM lançou o primeiro *laptop* e a Intel colocou no mercado a série 386 de microprocessadores. Este também foi o ano em que o Protocolo de Acesso à Internet e Mensagens, que atende pela sigla IMAP, em inglês, foi desenvolvido, vindo a ser o primeiro padrão uti-

---

[1] Lovell, H. (2013). Battle of the quants. *The Hedge Fund Journal*, p. 87.

lizado para permitir que as pessoas pudessem recuperar *e-mails* de um servidor e gerenciar uma caixa de mensagens eletrônicas.

Outras inovações de longo alcance – que podem ter parecido menos significativas na época, mas que seriam o início de futuras mudanças importantes – também estavam ocorrendo. Em 1986, por exemplo, um grupo de cientistas britânicos descobriu um buraco na camada de ozônio da Terra, o que, em apenas dois anos, levou ao Protocolo de Montreal, o primeiro acordo internacional para proteger a camada de ozônio e o primeiro tratado das Nações Unidas a alcançar ratificação universal. A descoberta aumentou a conscientização sobre os riscos ambientais[2], e as mudanças climáticas se tornaram uma questão política importante. Desde então, essa questão assumiu uma importância muito maior e está se tornando central para a diplomacia e a política, especialmente na Europa, onde os compromissos legais com a descarbonização podem, em parte, mudar a natureza e a estrutura de nossas economias nos próximos anos.

A onda de novas tecnologias nesse período facilitou muitas outras mudanças sociais em meados da década de 1980, quando entrei no mercado de trabalho. Em julho de 1985, pouco antes de eu começar em meu primeiro emprego, foi realizado o Live Aid, show que ocorreu simultaneamente no estádio Wembley, de Londres, e no estádio JFK, na Filadélfia. As novas tecnologias de comunicação permitiram que, pela primeira vez, um concerto pudesse ser transmitido para todo o mundo em tempo real. Usando 13 satélites, o show alcançou uma audiência global de mais de 1 bilhão de pessoas em 110 países. Foi um triunfo tanto da organização quanto da tecnologia.[3]

Havia, é claro, fortes elementos do passado no show: quando Bob Dylan cantou "Blowin' in the Wind" junto com os membros dos Rolling Stones Keith Richards e Ronnie Wood, poderia ter sido Woodstock 16

---

[2] Cawley, L. (2015). Ozone layer hole: How its discovery changed our lives. BBC [on-line]. Disponível em https://www.bbc.co.uk/news/ukengland-cambridgeshire-31602871

[3] Na verdade, não foi o primeiro evento global ao vivo. Isso já havia acontecido em 1967 com Our World, que usou satélites para transmitir a um público global de 400 mil a 700 mil pessoas – o maior de todos os tempos – e incluiu as apresentações e performances de Pablo Picasso, Maria Callas e a famosa atração do Reino Unido, Os Beatles, que tocaram "All You Need Is Love" pela primeira vez.

anos antes, mas a simples grandeza tecnológica desse empreendimento fez parecer um novo mundo – talvez a música "The Times They Are A-Changin" de Dylan fosse mais apropriada.

Essas mudanças foram sentidas também no mundo da política, com protestos contra as reformas que mudariam a forma do sistema político e econômico global nos anos seguintes. As reformas da primeira-ministra do Reino Unido, Margaret Thatcher, e do presidente dos EUA, Ronald Reagan, estavam em pleno andamento, e a greve dos mineiros no Reino Unido foi encerrada com o fechamento da maioria das minas de carvão do país. Os Estados Unidos lançaram a Lei de Reforma Tributária de 1986 destinada a simplificar as regras do imposto de renda e ampliar a base tributária. Em março de 1985, Mikhail Gorbachev tornou-se líder da União Soviética, após a morte do então presidente Konstantin Chernenko. Durante um discurso em Leningrado, em maio de 1985, o presidente Gorbachev admitiu os problemas na economia e o baixo padrão de vida, tornando-se o primeiro líder soviético a fazer isso. A isso se seguiu uma série de iniciativas políticas, que incluíram a *glasnost* – que permitia mais liberdade de informação – e a *perestroika* – reforma política e econômica; ambas provaram ser positivas e mais influentes do que pareciam na época. A mudança de abordagem da União Soviética abriu caminho para a retomada das negociações com os Estados Unidos e a assinatura de três importantes tratados, em 1987, 1990 e 1991, que resultaram em uma redução significativa nos gastos militares e, posteriormente, na diminuição de armas nucleares estratégicas por ambos os países.

Embora essas reformas objetivassem reverter a estrutura burocrática que se tornara um grande obstáculo ao progresso econômico, hoje são muitas vezes vistas como catalisadores importantes do colapso da União Soviética, em 1989 e, como tal, do fim da Guerra Fria e do início da era moderna da globalização. No verão de 1989, apenas alguns meses antes do colapso do Muro de Berlim, à medida que as pressões sobre os estados comunistas do Leste Europeu se intensificavam, Francis Fukuyama, funcionário do Departamento de Estado dos EUA, escreveu um *paper* intitulado "O Fim da História", em que argumentava que "o que podemos estar testemunhando não é apenas o fim da Guerra Fria, ou a passagem de um determinado período da história do pós-guerra, mas o fim da história como tal: isto é, o ponto final da evolução ideológica da humanidade e da universalização da democracia liberal ocidental como a forma final de governo humano"[4]. Esse artigo pareceu capturar o *zeitgeist*.

Paralelamente, nessa época a China também começava a abrir sua economia e a instituir reformas. Após as mudanças de 1978, que deram início ao "sistema de responsabilidade familiar" no campo, garantindo a alguns agricultores, pela primeira vez, a propriedade de seus produtos, a primeira "zona econômica especial" foi formada em Shenzhen em 1980. Esse conceito permitiu a inserção e experimentação de políticas de mercado mais flexíveis. Embora as reformas tenham sido lentas e não sem controvérsia, em 1984 foi permitida a formação de empresas individuais com menos de oito pessoas e, em 1990, um ano após a queda do Muro de Berlim, as primeiras bolsas de valores foram abertas em Shenzhen e Xangai. O alcance cada vez maior do capitalismo de mercado parecia garantido.

As mudanças trouxeram muitas oportunidades de investimento e um mundo mais interconectado, gerando um otimismo que se difundiu pelos mercados de ações. Em 1985, durante meu primeiro ano de trabalho, o índice Dow Jones dos EUA subiu pouco mais de 27%, o ano mais forte desde 1975 (o ano de recuperação do *crash* que se seguiu à crise do petróleo e à profunda recessão de 1973/1974). O aumento dos preços refletiu a melhora dos fundamentos e uma queda na incerteza e no risco geopolítico. Baixas taxas de inflação e de juros levaram a uma crença cada vez maior de que, após um período de forte crescimento, as principais economias poderiam alcançar um "pouso suave" – evitando uma recessão e desfrutando de uma expansão econômica prolongada. A queda do comunismo e o "dividendo da paz" que se seguiu, junto com a expansão do capitalismo liberal, permitiram que os prêmios de risco caíssem.

Esse otimismo e as fortes altas do mercado continuaram ao longo de 1986 e, nos primeiros 10 meses de 1987, o Dow Jones valorizou-se em impressionantes 44%. Então, de repente, em 18 de outubro, tudo mudou. O Dow caiu 22,6% em um único dia. Esse dia ficou conhecido como Black Monday, em referência às Black Monday, Tues-

---

[4] Ver Fukuyama, F. (1989). The end of history? *The National Interest*, 16, 3-18.

day e Thursday de 1929, quase exatamente 58 anos antes, quando o mercado de ações caiu 13% (com quedas muito mais acentuadas na sequência). Apesar de todas as mudanças e de um período de quase 60 anos, o pânico se instalou e, com ele, a sensação de que já tínhamos visto aquilo tudo antes. De repente, brotou o medo de que o otimismo impulsionado pela queda das taxas de juros e da inflação mais baixa fosse injustificado.

Os paralelos com o *crash* de 1929 também pareciam claros para os formuladores de políticas. Na tentativa de evitar a repetição dos erros do passado, eles reagiram de forma rápida e decisiva. O Banco Central dos Estados Unidos agiu para fornecer liquidez ao sistema financeiro e seu presidente, Alan Greenspan, emitiu um comunicado no dia seguinte afirmando que "[o Fed] está pronto para servir como fonte de liquidez para apoiar o setor econômico e o sistema financeiro". No dia seguinte, o Fed cortou a taxa de fundos para cerca de 7%, de mais de 7,5% na segunda-feira antes do *crash*. Funcionou. Foram necessários quase 25 anos para que o mercado de ações nos Estados Unidos se recuperasse totalmente das perdas do *crash* de 1929; a recuperação demorou menos de dois anos, após o de 1987.

Não tardou muito para que houvesse outra crise. Em 1992, assumi um novo cargo na James Capel & Co, uma empresa líder de corretagem de ações do Reino Unido, como estrategista europeu no departamento de economia. Este foi o ano da chamada Black Wednesday, quando a libra esterlina entrou em colapso por conta do Mecanismo de Taxas de Câmbio (MTC) da União Europeia, pois não conseguiu se manter estável dentro dos limites inferiores da banda cambial exigida pelo sistema[5]. A pressão sobre as moedas mais fracas do sistema (o Reino Unido e a Itália tinham grandes déficits) estava aumentando após a rejeição do Tratado de Maastricht[6] em um referendo realizado na

---

[5] http://news.bbc.co.uk/onthisday/hi/dates/stories/september/16/newsid_

[6] O Tratado de Maastricht, oficialmente conhecido como Tratado da União Europeia, marcou o início de "uma nova etapa no processo de criação de uma união cada vez mais estreita entre os povos da Europa". Lançou as bases para a moeda única do euro e ampliou a cooperação entre países em várias áreas. Para obter detalhes, consulte Five things you need to know about the Maastricht Treaty. (2017). ECB [on-line]. Disponível em https://www.ecb.europa.eu/explainers/tell-memore/html/25_years_maastricht.en.html

Dinamarca, na primavera de 1992, e o anúncio de que a França também realizaria um referendo. O colapso da libra esterlina ocorreu apenas três dias antes do referendo francês, que aprovou o tratado por uma pequena margem (51% dos votos). A crise forçou o Bank of England a aumentar as taxas de juros de forma consistente para proteger o valor da libra esterlina. Em 16 de setembro, o banco elevou as taxas de juros de 10 para 12% e, depois, à medida que a libra esterlina continuava a enfraquecer, para 15%. Eu, como muitos de meus amigos, havia contraído recentemente uma hipoteca para comprar meu primeiro apartamento – ficamos apavorados, visto que a maioria das hipotecas eram de taxa flutuante naquela época no Reino Unido. A resolução veio com a rápida flexibilização da política, à medida que as taxas de juros foram cortadas novamente.

O poder dos bancos centrais foi exercido muitas vezes desde então, principalmente no ciclo atual, com a introdução da flexibilização quantitativa (QE, do inglês *quantitative easing*) e, às vezes, de orientações igualmente sólidas para inspirar confiança. Isso foi, talvez, demonstrado de forma mais evidente em 2012, no meio da crise da dívida soberana europeia, quando Mario Draghi, presidente do Banco Central europeu, disse que "o BCE está pronto para fazer o que for preciso para preservar o euro. E, acreditem em mim, isso será o suficiente".

Desde a década de 1980, portanto, houve muitos choques e crises, muitas vezes tirando as economias do curso e provocando correções bruscas nos mercados. Apesar disso, no entanto, tende a haver padrões repetidos de ciclos nas economias e nos mercados financeiros.

Embora os ciclos existam em circunstâncias econômicas muito diferentes, muitos deles podem ser muito difíceis de prever. Como disse o renomado investidor Warren Buffett, "há muito tempo achamos que os analistas de ações só prestam para fazer os videntes parecerem bons. Mesmo agora, Charlie [Munger] e eu continuamos a acreditar que as previsões de mercado de curto prazo são venenosas e devem ser mantidas trancadas em um lugar seguro, longe de crianças e de adultos que se comportam no mercado como crianças" (carta aos acionistas em 1992).

A dificuldade de previsão, é claro, não significa que haja pouco valor em tentar entender os riscos potenciais e avaliar as oportunidades que se descortinam. Embora previsões pontuais possam não ser muito certeiras quando se trata de mercados econômicos e financeiros, é mais fácil – e, em muitos aspectos, mais importante – reconhecer os sinais que apontam para uma probabilidade maior de um ponto de inflexão importante nos mercados financeiros. São esses pontos de inflexão que são tão importantes, porque, como veremos em capítulos posteriores, evitar correções bruscas e participar dos estágios iniciais de uma recuperação do mercado são os momentos que podem fazer a maior diferença para o retorno de um investidor. Muitas vezes, é o comportamento dos investidores e sua mudança de sentimento que são esquecidos nos modelos de previsão tradicionais, e isso explica, em parte, por que os pontos de virada nos ciclos econômicos e financeiros não são bem previstos.

A dificuldade de previsão não se limita às ciências sociais: mesmo a previsão do tempo, com base nas ciências físicas, pode ser um desafio, pois as influências e variáveis das quais os modelos dependem podem mudar rapidamente. Isso era um desafio ainda maior antes da adoção dos modelos mais recentes, baseados em computador. Ironicamente, um dos exemplos mais flagrantes de falha em prever um grande evento meteorológico coincidiu com o colapso igualmente imprevisto nas bolsas de valores em 1987, dois anos depois de meu primeiro emprego. Na noite anterior ao *crash*, uma violenta tempestade atingiu a Inglaterra, causando imensos danos. De acordo com muitas estimativas, foi a tempestade mais severa a atingir áreas urbanas no Reino Unido desde 1706. Mais de 15 milhões de árvores caíram em 17 de outubro, incluindo seis dos sete famosos carvalhos antigos de Sevenoaks, em Kent, uma área na região metropolitana de Londres onde muitos corretores de ações moravam na época.

A interrupção do transporte foi tão generalizada que a maioria dos que conseguiam chegar aos escritórios no centro de Londres eram os funcionários mais jovens, incluindo eu, que vivia nas áreas (então) menos caras mais próximas (antes da onda de gentrificação e a tendência de as famílias voltarem para locais mais centrais da cidade). Como não havia internet naquela época, nem mesmo sistemas de preços instantâneos nos terminais de cada mesa, as informações demoravam a chegar e eram menos confiáveis do que hoje. Quando os relatórios do colapso do mercado de ações dos Estados Unidos começaram a surgir, após a abertura do mercado de Nova Iorque, ficamos perplexos e, a princípio, inseguros se aquilo era real ou apenas um erro causado pela tempestade no único sistema eletrônico de preços que compartilhávamos.

Contudo, era na previsão do tempo – ou na falta dela – que as pessoas estavam interessadas. Em 15 de outubro de 1987, Michael Fish, principal meteorologista da BBC, relatou que "no começo do dia, uma mulher ligou para a BBC e informou que havia um furacão a caminho. Bem, se você está assistindo, não se preocupe, não há."[7] Provavelmente, parte da dificuldade de previsão é a indisponibilidade de dados e das técnicas atuais. Os computadores modernos são capazes de lidar com várias informações de um modelo de forma mais eficaz do que no passado.

Isso vale para a previsão do tempo, em que previsões de cinco dias são quase tão precisas quanto as projeções de dois dias em 1980.[8] As previsões de furacões hoje apresentam, em média, uma imprecisão de 161 km (100 milhas), ante 563 km (350 milhas) 25 anos atrás.[9] Mas o mesmo não parece ser verdadeiro para as previsões econômicas ou de mercado. Ao falar para uma audiência no Institute for Government em Londres, o economista-chefe do Banco da Inglaterra, Andy Haldane, comparou o fracasso em prever a crise financeira como um momento de "Michael Fish" para os economistas.[10]

Os acontecimentos em torno da crise financeira de 2008 e o fracasso em prevê-la resultaram em ampla reflexão sobre a capacidade dos modelos de antecipar e prever eventos econômicos e financeiros. Em uma reunião de acadêmicos em novembro de 2008, na London School of Economics, a Rainha da Inglaterra perguntou por que as pessoas não

---

[7] Michael Fish declarou posteriormente que os comentários diziam respeito à Flórida e eram de um boletim de notícias antes da previsão do tempo, mas a verdade é que a gravidade da tempestade não foi antecipada.

[8] https://phys.org/news/2019-01-geoscientists-insist-weatheraccurate.html

[9] Why weather forecasts are so often wrong. (2016) *The Economist explains*.

[10] Consulte o site de notícias da BBC: O *crash* foi o momento "Michael Fish" dos economistas, diz Andy Haldane, em 6 de janeiro de 2017, onde eles citam "Lembra-se disso? Michael Fish se levantando: "Não tem nenhum furacão chegando, mas vai ventar muito na Espanha". Muito semelhante ao tipo de relatórios dos bancos centrais – sem citar nomes – emitidos antes da crise: "Não há furacão chegando, mas pode ventar muito no setor *subprime*".

perceberam a chegada da crise. Foi uma boa pergunta. Um estudo do Fundo Monetário Internacional (FMI) sobre mais de 60 recessões em todo o mundo entre 2008 e 2009 mostrou que nenhuma delas havia sido prevista pelo consenso de economistas profissionais. Além disso, das 88 recessões ocorridas entre 2008 e 2012, os economistas esperavam apenas 11. A pergunta real levou a Academia Britânica a convocar um grupo de renomados acadêmicos, políticos, jornalistas, funcionários públicos e profissionais da economia para uma discussão a fim de abordar a questão e dar uma resposta por escrito à Rainha. A carta, escrita por Tim Beasley, professor da LSE e membro do Comitê de Política Monetária do Banco da Inglaterra, e pelo professor Peter Hennessey, um historiador político, explicava que "... a psicologia do sentimento gregário e o mantra dos gurus financeiros e políticos levam a uma receita perigosa. Os riscos individuais podem ter sido considerados pequenos, com razão, mas o risco para o sistema como um todo era vasto. Portanto, em resumo, Vossa Majestade, o fracasso em prever o momento, a extensão e a gravidade da crise e em evitá-la, embora tivesse muitas causas, foi principalmente um fracasso da imaginação coletiva de muitas pessoas brilhantes, tanto neste país como internacionalmente, em compreender os riscos para o sistema como um todo."[11]

Com frequência, a falha em prever os pontos de inflexão nos ciclos se torna mais óbvia quando os riscos na economia e nas avaliações do mercado financeiro se tornam excessivos. Contudo, mesmo em tempos normais, é a extensão dos movimentos nos pontos de inflexão que os modelos têm dificuldade de captar. Um estudo que examinou a precisão das previsões do PIB cobrindo 63 países nos anos de 1992 a 2014, evidenciou que "embora os analistas geralmente estejam cientes de que os anos de recessão serão diferentes dos outros anos, eles não percebem a magnitude da recessão até o ano estar quase acabando".[12] Como declarou Prakash Loungani, pesquisador do FMI: "O histórico de falhas na previsão das recessões é praticamente perfeito".

---

[11] https://wwwf.imperial.ac.uk/~bin06/M3A22/queen-lse.pdf
[12] An, A., Jalles, J. T. e Loungani, P. (2018). How well do economists forecast recessions? *IMF Working Paper No. 18/39* [online]. Disponível em https://www.imf.org/en/Publications/WP/Issues/2018/03/05/HowWell-Do-Economists-Forecast-Recessions-45672

O problema para os investidores é que a previsão dos mercados, e as variáveis econômicas que os influenciam, não é uma ciência muito precisa, e muitas das abordagens e modelos tradicionais falham pelo excesso de confiança nos modelos e por uma compreensão insuficiente dos riscos sistêmicos e do impacto psicológico nas pessoas.

Dito isso, deve ser enfatizado que algumas pessoas reconheceram e alertaram sobre os riscos, particularmente em relação ao excesso na tomada de riscos e avaliações. Essas pessoas estavam muito mais focadas nas consequências sistêmicas do aumento da tomada de riscos e expectativas do que nos modelos econômicos padrão.[13]

A debilidade dos modelos de previsão econômica em compreender ou levar em consideração o sentimento humano, especialmente em períodos de extremo otimismo ou pessimismo, não é uma descoberta. Em *Extraordinary Popular Delusions and the Madness of Crowds*, seu livro de 1841, Charles Mackay argumenta que "os homens pensam de forma gregária; observa-se que enlouquecem em manadas, e só recuperam os sentidos aos poucos, um a um".

Mesmo fora dos períodos de bolha, ou nas profundezas de uma crise, os indivíduos nem sempre agem, como sugerem as teorias econômicas tradicionais, de maneira "racional" e previsível. Como George Loewenstein, um destacado economista e psicólogo, aponta, "os psicólogos tendem a ver os humanos como falíveis e, às vezes, até autodestrutivos; os economistas tendem a ver as pessoas como maximizadores eficientes dos próprios interesses e que cometem erros apenas quando são mal-informados sobre as consequências de suas ações". É em parte a compreensão de como os humanos processam as informações e lidam com os riscos e

---

[13] Houve quem alertasse sobre os riscos de recessão, e os trabalhos escritos por essas pessoas são guias úteis para se observar os sinais identificados. Nouriel Roubini fez um discurso alertando sobre o colapso no mercado imobiliário dos EUA e suas implicações em setembro de 2006 para o FMI (ver Roubini, N. (2007). *The risk of a U.S. hard landing and implications for the global economy and financial markets*. New York: New York University [on-line]. Disponível em https://www.imf.org/External/NP/EXR/Seminars/2007/091307.htm). Raghu Rajan fez um discurso em 2005 alertando sobre os riscos excessivos nos riscos dos mercados financeiros: Rajan, R. J. (2005). Financial markets, financial fragility, and central banking. *The Greenspan era: Lessons for the future*, sponsored by the Federal Reserve Bank of Kansas City, Jackson Hole, WY. O Banco de Compensações Internacionais (BIS) alertou em seu relatório anual de julho de 2007 que havia riscos significativos para a economia global.

as oportunidades que ajuda a explicar a existência de ciclos nos mercados financeiros.[14]

Na verdade, a noção de que os indivíduos são racionais e sempre usam as informações disponíveis de forma eficiente nem sempre foi consenso em economia. Keynes afirmou que a instabilidade nos mercados financeiros se dava em função de forças psicológicas que podem se tornar dominantes em tempos de incerteza. De acordo com Keynes, são as ondas de otimismo e pessimismo que afetam os mercados e o espírito animal (*animal spirits*) que impulsiona o desejo de assumir riscos.[15] Outros economistas, como Minsky (1975), também analisaram esses efeitos.[16]

Essa complicação "humana" na previsão também foi apresentada no trabalho sobre ciclos de Charles P. Kindleberger,[17] que argumentou que havia uma tendência de comportamento gregário nos mercados quando os investidores coordenam a compra de ativos em momentos em que não seria racional fazê-lo, com o risco de desenvolvimento de bolhas financeiras (um assunto abordado no Capítulo 8). Ele e outros economistas propuseram a ideia de que o comportamento psicológico e sociológico desencadeia o contágio emocional e a euforia que pode se espalhar pelas multidões durante os *booms*, ao mesmo tempo que leva ao pessimismo e à extrema aversão ao risco que pode causar e piorar um colapso.[18]

Um impacto significativo na compreensão da psicologia nas ciências sociais veio de dois psicólogos, Kahneman e Tversky, cuja "parceria foi extraordinária em termos de impacto científico – são Lennon

---

[14] Loewenstein, G., Scott, R. e Cohen J. D. (2008). Neuroeconomics. *Annual Review of Psychology*, 59, 647–672.

[15] Keynes também argumentou que os investidores são afetados, principalmente em tempos de incerteza, pelo que outras pessoas fazem.

[16] Um bom resumo da literatura sobre finanças comportamentais e mercados pode ser encontrado em Shiller, R. J. (2003). From efficient markets theory to behavioral finance. *Journal of Economic Perspectives*, 17(1), 83–104.

[17] Kindleberger, C. (1996). *Manias, panics, and crashes* (3ª ed.). New York, NY: Basic Books.

[18] Para uma discussão detalhada de parte da literatura, consulte Baddeley, M. (2010). Herding, social influence and economic decisionmaking: Socio-psychological and neuroscientific analyses. *Philosophical Traditions of The Royal Society* [on-line]. Disponível em https://doi.org/10.1098/rstb.2009.0169

e McCartney das ciências sociais" (*The New Yorker Magazine*).[19] O trabalho de ambos sobre a teoria do prospecto (apresentado pela primeira vez em 1979 e desenvolvido por eles em 1992) descreve como os investidores se comportam quando confrontados com escolhas que envolvem probabilidade. Eles argumentam que os indivíduos tomam decisões com base nas expectativas de perda ou ganhos de sua posição atual. Assim, dada uma escolha de igual probabilidade, a maioria dos investidores escolheria proteger sua riqueza em vez de arriscar aumentá-la.[20] Mas essa tendência de proteger o que se tem em vez de arriscar muito por ganhos futuros parece desaparecer em situações extremas, quando os mercados aumentam muito e o medo de perder se torna um fator dominante de comportamento.

Desde a crise financeira, o interesse pelas explicações comportamentais e pela psicologia dos mercados aumentou, e essas informações ajudam a entender melhor como e por que os ciclos financeiros se desenvolvem e muitas vezes alterando fortemente a dinâmica das variáveis econômicas e financeiras que lhes dão origem. Os vencedores do Prêmio Nobel George A. Akerlof e Robert J. Shiller escreveram que "a crise não foi prevista e ainda não foi totalmente compreendida porque não há princípios nas teorias econômicas convencionais sobre o espírito animal".[21] É o impacto do comportamento humano e a maneira como a informação é processada pelos humanos que torna a previsão dos mercados muito mais complicada do que a previsão de sistemas físicos, por exemplo.

Neste sentido, a previsão da ciência física, como as previsões do tempo, é diferente porque essas previsões não são afetadas pelo comportamento das pessoas. O fato de as pessoas permanecerem dentro de casa devido a uma tempestade, por exemplo, não altera o caminho ou a gravidade desta tempestade. No caso das economias e dos mercados finan-

---

[19] Ver Sunstein, CR e Thaler, R. (2016). The two friends who changed how we think about how we think. *The New Yorker* [on-line]. Disponível em https://www.newyorker.com/books/page-turner/the-two-friendswho-changed-how-we-think-about-how-we-think

[20] Kahneman, D. e Tversky, A. (1979). Prospect theory: An analysis of decision under risk. *Econometrica*, 47(2), 263–292.

[21] Akerlof, G. e Shiller, R. J. (2010). *Animal spirits: How human psychology drives the economy, and why it matters for global capitalism*. Princeton, NJ: Princeton University Press.

ceiros, existem ciclos de *feedback* significativos, ou o que George Soros descreve como "reflexividade",[22] um conceito que se origina nas ciências sociais, mas tem fortes efeitos nos mercados financeiros. Um mercado de ações que cai em antecipação a uma recessão, por exemplo, pode levar a um colapso da confiança empresarial, o que altera as decisões das empresas em termos de investimento, tornando os riscos de uma recessão muito maiores.

Uma complicação adicional é que a resposta dos indivíduos a determinadas informações, como mudanças nas taxas de juros, pode variar ao longo do tempo, mesmo quando confrontados com condições semelhantes. Em uma pesquisa recente, Malmendier e Nagel (2016)[23] argumentaram que os investidores superestimam suas experiências pessoais quando fazem julgamentos sobre suas expectativas ao longo do tempo. Por exemplo, as percepções sobre a inflação podem variar de acordo com as condições a que você está acostumado, e isso pode influenciar suas decisões sobre o futuro mais do que aconteceria por confiar em relacionamentos históricos de longo prazo. Isso pode explicar por que há diferenças nas expectativas de inflação entre pessoas de diferentes grupos etários: em vez de ser racionais e responder a uma determinada política ou elemento desencadeador de uma forma consistente e previsível, os investidores podem agir de maneira bastante diferente, dependendo de sua própria experiência e psicologia.[24]

A neuroeconomia, um campo relativamente novo, fornece mais evidências desses tipos de reações variáveis. Essa abordagem examina como a tomada de decisão ocorre no cérebro e também fornece algumas dicas sobre como os indivíduos enfrentam escolhas que envolvem risco. Acadêmicos (como George Loewenstein, Scott Rick e Jonathan D. Cohen) afirmam que as pessoas reagem aos riscos de duas maneiras: desapaixonada e emocional. Essa abordagem considera que reagimos exageradamente a riscos novos que podem ser eventos de baixa probabilidade,

---

[22] https://ritholtz.com/2004/04/the-theory-of-reflexivity-by-georgesoros/

[23] Malmendier, U. e Nagel, S. (2016). Learning from inflation experiences. *The Quarterly Journal of Economics*, 131(1), 53–87.

[24] Filardo, A., Lombardi, M. e Raczko, M. (2019). Measuring financial cycle time. *Bank of England Staff Working Paper No. 776* [on-line]. Disponível em https://www.bankofengland.co.uk/working-paper/2019/measuring-financial-cycle-time

mas reagimos de forma insuficiente aos riscos que conhecemos, mesmo sendo muito mais prováveis que aconteçam. Dessa forma, por exemplo, um colapso nas ações pode deixar as pessoas muito cautelosas ao investir, porque elas enfrentaram um novo risco, apesar de um novo mercado em baixa ser improvável. Ao mesmo tempo, os investidores podem ficar satisfeitos em comprar ações no topo dos mercados, apesar dos avisos regulares sobre avaliações mais altas, porque viram aumentos de preços recentes e se sentem mais confiantes para assumir os riscos.

Isso parece ser consistente com o comportamento dos investidores no período que antecedeu e após a recente crise financeira, bem como com inúmeros outros *booms* e quedas na história. Retornos crescentes persistentes nos mercados financeiros levam ao otimismo e à crença de que a tendência pode continuar. O prêmio de risco exigido cai e os investidores são atraídos para os mercados com a crença de que os riscos são baixos e os retornos prospectivos continuarão a ser tão fortes quanto no passado. Por outro lado, a proximidade de grandes perdas elevou o prêmio de risco exigido – o retorno futuro esperado que os investidores exigem para assumir o risco. Em particular, a maneira como as empresas e os mercados reagiram aos cortes bruscos das taxas de juros foi diferente no período após a crise financeira em relação ao período anterior. Tendo enfrentado a experiência da crise financeira e da recessão que se seguiu, as pessoas coletivamente parecem ter respondido com mais cautela do que em momentos anteriores. São essas oscilações no sentimento e na confiança, em parte informadas pela história recente, que também impulsionam os ciclos do mercado financeiro.

O mundo da política também tem se concentrado cada vez mais nos ciclos de *feedback* e em como as expectativas nos mercados financeiros podem afetar o ciclo econômico – e, em particular, as "condições financeiras", que são medidas do impacto da política monetária na economia, mais amplas do que simplesmente a taxa de juros do banco central – em uma tentativa de levar em consideração o impacto das expectativas e da confiança dos investidores. Normalmente incluem spreads de crédito, preços de ações e a taxa de câmbio real.

O problema para os formuladores de políticas, portanto, é que é difícil saber como responder aos movimentos violentos do mercado, dado que estes podem, ou não, estar sugerindo com precisão um movimento fundamental na atividade econômica. Como escreveu Roger Ferguson, ex-vice-presidente do Banco Central dos EUA, "detectar uma bolha parece exigir um julgamento com base em evidências escassas. Implica afirmar o conhecimento do valor fundamental dos ativos em questão. Não é de surpreender que os banqueiros centrais não se sintam confortáveis em fazer esse tipo de julgamento. Inevitavelmente, um banco central que alegasse ter detectado uma bolha deveria explicar por que estava disposto a confiar em seu próprio julgamento em vez de confiar no de investidores com muitos bilhões de dólares em jogo".[25]

Claro, o impacto de uma mudança na política vai depender da disponibilidade de crédito e da facilidade de obtê-lo.[26] Mas também depende da sua receptividade pelos participantes do mercado financeiro (o que pode, por sua vez, comprometer seu sucesso) e, portanto, em última análise, depende da psicologia humana e do comportamento da multidão. Como concluiu um estudo recente, "há evidências crescentes de que a psicologia desempenha um grande papel no desenvolvimento econômico. Os resultados indicam que a economia é altamente impulsionada por psicologias humanas, um resultado que está em conformidade com a previsão de Keynes (1930) e Akerlof e Shiller (2010)".[27] O foco renovado da psicologia na compreensão das respostas e do comportamento em relação às decisões é também cada vez mais utilizado nas políticas públicas. Em 2008, Richard H. Thaler e Cass R. Sunstein publicaram *Nudge: Improving Decisions about Health, Wealth, and Happiness*, que se concentrava na economia comportamental. O livro foi um *best-seller* e teve um impacto generalizado na política. Thaler ganhou o Prêmio Nobel de Economia em 2017 por seu trabalho na área.

Portanto, apesar de todas as mudanças políticas, econômicas e sociais que ocorreram desde a década de 1980, e apesar dos eventos extremos e

---

[25] Ferguson, R. W. (2005). Recessions and recoveries associated with asset-price movements: What do we know? *Stanford Institute for Economic Policy Research*, Stanford, CA.

[26] Aikman, D., Lehnert, A., Liang, N. e Modugno, M. (2017). Credit, financial conditions, and monetary policy transmission. *Hutchins Center Working Paper #39* [on-line]. Disponível em https://www.brookings.edu/research/credit-financial-conditions-and-monetary-policy-transmission

[27] Dhaoui, A., Bourouis, S. e Boyacioglu, M. A. (2013). The impact of investor psychology on stock markets: Evidence from France. *Journal of Academic Research in Economics*, 5(1), 35–59.

da dificuldade de prever o sentimento humano e as respostas às condições, há padrões que se repetem nas economias e nos mercados financeiros. Embora saber onde estamos em um ciclo em tempo real seja difícil e prever retornos de curto prazo seja complexo, existem informações úteis para ajudar a avaliar os riscos e compreender as probabilidades de resultados. Reconhecer os sinais de excesso (pessimismo ou otimismo) e a perspectiva de pontos de inflexão importantes pode ajudar a gerar retornos mais elevados.

2
Retornos no longo prazo

Um ponto de partida em qualquer estudo de ciclos de longo prazo é perguntar que tipo de retorno um investidor pode esperar nas várias classes de ativos concorrentes. Pode parecer uma pergunta simples, mas parte do desafio de respondê-la é que diferentes investidores têm horizontes de tempo muito diferentes. Os períodos de manutenção de investimentos mudam e a disposição (ou mesmo a capacidade regulatória) de assumir perdas com marcação a mercado pode variar consideravelmente entre investidores.

A maioria dos investidores espera um retorno maior ao assumir riscos, e os dados históricos de longo prazo confirmam isso. Começando com séries de dados de muito longo prazo, e usando os EUA – o maior mercado de ações do mundo – como exemplo, o retorno total das ações desse país desde 1860 foi, em média, de cerca de 10%, em qualquer situação, com horizonte de tempo entre um e 20 anos, conforme mostrado na Figura 2.1.

Para os títulos de 10 anos do governo dos EUA, muitas vezes tidos como um ativo "livre de risco" (porque a dívida é garantida por um governo que não dá calote), os retornos ficaram em média entre 5 e 6% nos mesmos períodos de manutenção do investimento.

Em seu famoso livro *Investindo em ações no longo prazo*, Jeremy J. Siegel (1994) argumenta que os retornos reais (retornos nominais ajustados pela inflação) de ações permaneceram estáveis ao longo de muitos períodos e regimes econômicos diferentes: "em todos os subperíodos principais: 7,0% ao ano de 1802 a 1870, 6,6% de 1871 a 1925 e 7,2% ao ano desde 1926".

	1 ano	5 anos	10 anos	20 anos
S&P 500	11%	12%	10%	10%
Título de 10 anos dos EUA	5%	6%	5%	5%

FIGURA 2.1 Retornos totais anualizados médios para diferentes períodos de manutenção de investimento (desde 1860).
Fonte: Goldman Sachs Global Investment Research.

Embora os retornos de longo prazo para os acionistas sejam tranquilizadores, o risco e a volatilidade são muito maiores do que para ativos menos arriscados, como títulos do governo (que têm um retorno nominal garantido). Ao longo de um período de um ano de manutenção de investimento, por exemplo, a volatilidade das ações (a variação ou dispersão dos retornos em relação à média) é quase três vezes mais alta do que para os títulos do governo. Isso significa que se você quiser ter certeza de seu retorno, especialmente em horizontes de tempo mais curtos, os títulos do governo são um ativo mais atraente, pois você tem mais certeza do provável retorno *ex-ante*. No entanto, essa vantagem de certa forma desaparece em horizontes de tempo mais longos. Ao observar os períodos de manutenção de investimento de 20 anos, por exemplo, vemos que a volatilidade das ações cai drasticamente (Figura 2.2).

Simplificando, um investidor fica diante de uma simples troca entre o retorno esperado e a volatilidade. Em períodos de longo prazo, as ações oferecem quase o dobro do retorno dos títulos do governo, mas com cerca de duas vezes o risco e a volatilidade. Quanto mais tempo um investidor é capaz de manter um investimento, mais atraentes as ações se tornam. Como mostra a Figura 2.3, em períodos de investimento de um ano, as ações caíram 28% do tempo, em comparação com 18% para os títulos do governo dos EUA, mas esse número cai para 11% do tempo

	1 ano	5 anos	10 anos	20 anos
S&P 500	10%	2%	1%	1%
Título de 10 anos dos EUA	3%	6%	0%	0%

FIGURA 2.2 Desvios padrão médios de 1 ano do total de retornos anualizados para diferentes períodos de manutenção de investimento (desde 1860).
Fonte: Goldman Sachs Global Investment Research.

	1 ano	5 anos	10 anos	20 anos
S&P 500	28%	11%	3%	0%
Título de 10 anos dos EUA	18%	1%	0%	0%

FIGURA 2.3 Percentual de anos com retornos negativos para diferentes períodos de manutenção de investimento (desde 1871).
Fonte: Goldman Sachs Global Investment Research.

para ações acima de cinco anos e 1% para títulos. Ao longo de períodos de investimento de 10 anos, as ocorrências de retornos negativos em ações caem para 3%. Portanto, para um investidor que pode assumir o risco de marcação a mercado (que não precisa assumir perdas quando elas ocorrem) e pode se permitir um horizonte de investimento de longo prazo (pelo menos cinco anos), as ações tendem a ter um bom retorno no longo prazo, mesmo com os altos e baixos de um ciclo típico. Essas condições podem ser descritas como as que proporcionam a melhor oportunidade para os investidores realizarem uma *long good buy*.

Retornos em diferentes períodos de manutenção de investimentos

No entanto, olhar para as médias dos históricos de dados de longo prazo mascara o fato de que os retornos não variam apenas de ano para ano; eles também tendem a se mover em ciclos.

Como veremos nos próximos capítulos, os retornos para um investidor de ações tendem a variar ao longo de um ciclo, em grande parte em função do que está acontecendo com os fundamentos econômicos, como taxas de juros e expectativas de crescimento. Mas os retornos para os investidores também variam entre os ciclos. Alguns oferecem retornos muito melhores do que outros. Vários fatores determinam essas tendências, mas são normalmente uma função de mudanças estruturais nos fundamentos, como o crescimento das vendas e margens corporativas, ou um resultado de mudanças nas avaliações. A compreensão desses fatores e sua influência nos mercados pode ter um impacto significativo nos retornos e, no mínimo, ajudar os investidores a evitar os períodos de maiores riscos. Também é importante enfatizar que se valer dos EUA como guia para retornos de longo prazo pode ser enganoso. Os retornos no mercado de ações japonês desde sua crise financeira em 1989/1990, por exemplo, foram significativamente menores. Há boas razões para isso: a desaceleração do PIB nominal nos últimos 25 anos do século no Japão é certamente uma das razões, mas um ponto de partida excessivo na avaliação é outra. Discuto no Capítulo 9 algumas das semelhanças entre o Japão nas últimas duas décadas e outros mercados desde a crise financeira global mais recente.

Um modo útil de se orientar em relação aos padrões de longo prazo nos retornos, e como eles mudaram ao longo do tempo, é examinar os retornos em períodos de manutenção de investimento específicos. A Figura 2.4 representa, por exemplo, os retornos do mercado de ações dos EUA em períodos específicos de 10 anos ao longo do tempo (cada barra do gráfico mostra o retorno anualizado das ações corrigido para a inflação desde a data mostrada, na década seguinte).

Observar os retornos agregados em longos períodos pode mascarar diferenças significativas ao longo do tempo, mostrando o retorno total médio móvel em termos reais (ajustado pela inflação). Um investidor poderia esperar que, se mantivesse ações por um período de médio prazo, então seus retornos seriam semelhantes aos de outros períodos de

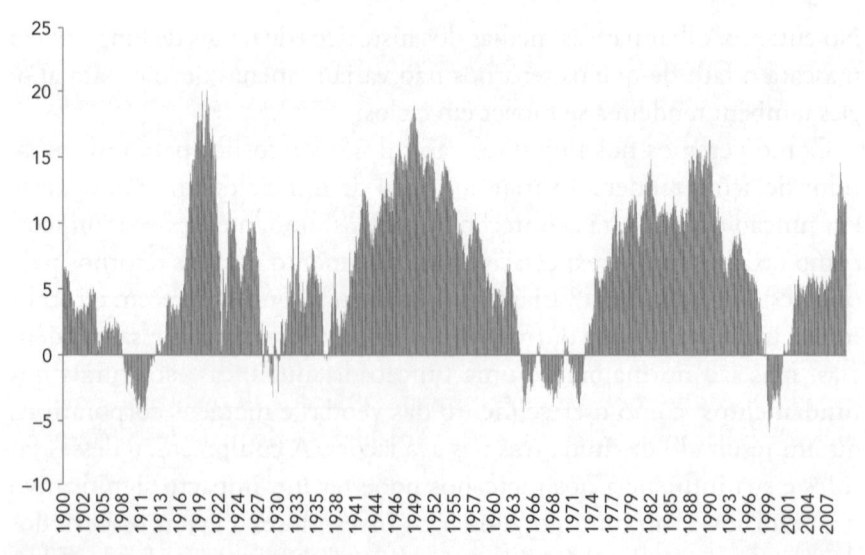

FIGURA 2.4 S&P 500 (retornos reais anualizados de 10 anos).
Fonte: Goldman Sachs Global Investment Research.

duração equivalente. Mas na prática isso não é necessariamente verdade. Por exemplo, os retornos sobre ações que foram compradas no início de grandes conflitos (a Primeira e a Segunda Guerras Mundiais) foram negativos por longos períodos, porque foi necessário tempo para se recuperar das perdas iniciais. As ações compradas no auge do mercado em alta, no final dos anos 1960, antes do pico da inflação global e das taxas de juros que ocorreriam ao longo da duração do título, também tiveram retornos muito negativos.

Em um contexto histórico, o período da bolha de tecnologia e seu colapso no final da década de 1990 é particularmente marcante. As ações compradas no topo da bolha de tecnologia em 2000 – e mesmo até 2003 – alcançaram na década seguinte alguns dos retornos reais mais baixos das ações dos Estados Unidos (junto com a década de 1970) em mais de 100 anos. As ações compradas durante o período que se seguiu resultaram em retornos muito mais sólidos – em linha com as médias de longo prazo. Enquanto isso, os investidores que entraram no mercado de ações após a crise financeira de 2007/2008 (a leitura final do gráfico) tiveram retornos sólidos.

Os maiores retornos em períodos de investimento de 10 anos normalmente ocorrem em momentos de forte crescimento econômico; os *booms* da década de 1920 e a reconstrução do pós-guerra da década de 1950 são bons exemplos. Também são bons exemplos os períodos de taxas de juros muito baixas ou decrescentes, como nas décadas de 1980 e 1990, e períodos após grandes mercados em baixa, quando as avaliações caíam muito.

Mas embora as ações tenham um desempenho melhor no longo prazo, e tenham tido um desempenho muito bom após a crise financeira em particular, os retornos reais no mercado de títulos desde a década de 1980 é que foram verdadeiramente notáveis em comparação com a maioria dos períodos da história (Figura 2.5). Os títulos do Tesouro dos Estados Unidos comprados no início da década de 1980, no auge do ciclo de inflação, têm retornos reais anualizados de mais de 10% por 10 anos (e mais de 7% por 20 anos). Isso significa que se um investidor tivesse aplicado US$ 1.000 em títulos do governo dos Estados Unidos em 1980, em termos reais (ajustados pela inflação), seu investimento valeria cerca de US$ 6.000 no momento que este texto foi escrito.

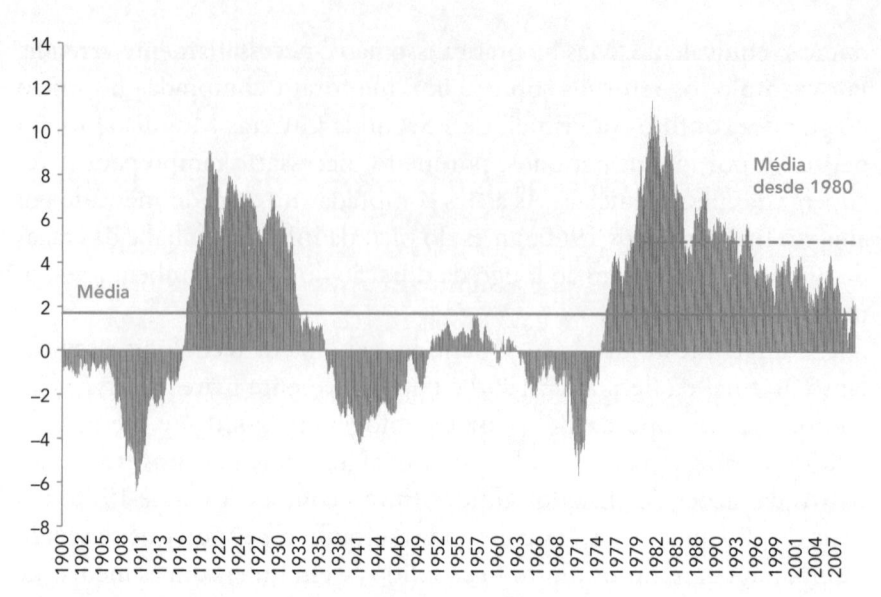

FIGURA 2.5 Títulos do Tesouro dos Estados Unidos de 10 anos (retornos reais anualizados de 10 anos).
Fonte: Goldman Sachs Global Investment Research.

Mesmo os títulos comprados no início da década de 1990 têm retornos reais anualizados de cerca de 5% por 20 anos – o tipo de retorno real que os investidores esperam das ações. Esses retornos extraordinários sugerem que os investidores não haviam precificado totalmente, no início, a provável queda da inflação e das taxas de juros, e enfatizam o papel decisivo das expectativas nos retornos alcançados.

Como os rendimentos dos títulos estão agora muito mais baixos, juntamente com as expectativas de inflação, seria de esperar retornos de longo prazo muito mais baixos no futuro. No atual ambiente, um quarto dos títulos de governos de todo o planeta apresenta rendimento negativo – sugerindo uma taxa de retorno futura muito baixa, talvez negativa. A Áustria lançou recentemente um título de 100 anos com rendimento de pouco mais de 1,1%.[1] Estes não são tempos normais, o que sugere

---

[1] Ainger, J. (2019). 100-year bond yielding just over 1% shows investors' desperation. *Bloomberg* [on-line]. Disponível em https://www.bloomberg.com/news/articles/2019-06-25/austria-weighs-another-century-bond-for-yield-starved-investors

que estamos em um ambiente particularmente incomum para selecionar ativos, um tópico tratado no Capítulo 9.

A recompensa pelo risco e o prêmio de risco de ações

Comparar os retornos de títulos e ações nos permite olhar retrospectivamente a recompensa por assumir riscos (investir no retorno futuro desconhecido sobre ações em comparação com o retorno nominal fixo sobre títulos).

As ações estão do lado mais arriscado da faixa de investimento porque os investidores em ações são os últimos a receber a remuneração sobre os lucros da empresa (depois dos detentores de títulos e outros credores). O patrimônio, portanto, tem um retorno futuro incerto. Uma empresa pode perder dinheiro e o preço das ações cair ou, pior ainda, pode ir à falência. Para investidores em ativos de renda fixa (o rendimento é conhecido em termos nominais no momento da compra), o risco é de inadimplência governamental ou corporativa; emprestar a governos geralmente é muito mais seguro do que emprestar a empresas, porque é mais provável que uma empresa perca dinheiro ou entre em colapso total do que haja um *default* do governo em sua dívida (embora isso seja visto como mais arriscado em economias emergentes, onde muitas vezes há um histórico de *default*). Para investidores em ações, os riscos de baixa são maiores do que para muitos outros investimentos, mas o mesmo vale para os retornos potenciais de alta.

O retorno alcançado em ações em comparação com títulos é geralmente referido como prêmio de risco (ERP, do inglês *equity risk premium*) *ex post*, ou a recompensa real ao longo do tempo que os investidores obtêm ao investir em ações em vez de investir em títulos do governo. Isso é diferente do prêmio de risco exigido, que é mais uma medida de retornos futuros relativos prováveis, ou o prêmio de ativos de risco *versus* os ativos seguros que um investidor exigiria a qualquer momento para colocar seu investimento marginal em ações e não em títulos. Quando há incerteza sobre o futuro, o retorno futuro exigido aumentará e, em contraste, se o ambiente for visto como positivo e estável, o retorno extra exigido para assumir riscos cairá.

Uma boa parte da literatura tem se concentrado no cálculo e na interpretação do ERP ao longo do tempo. Em 1985, um artigo de Mehra e

Prescott[2] publicado no *Journal of Monetary Economics* demonstrava que os retornos reais obtidos nas ações eram muito altos em relação aos modelos econômicos padrão. Especificamente, eles descobriram que entre 1889 e 1978 o retorno real médio das ações foi de aproximadamente 7% ao ano (nos EUA), e a taxa de retorno dos títulos do governo foi um pouco abaixo de 1%. Subtraindo o retorno dos títulos do retorno das ações, restava um chamado prêmio de risco de mais de 6% ao ano, que só poderia ser explicado por alto grau de aversão ao risco. Eles continuaram argumentando que outras compensações entre risco e retorno na economia sugerem que os investidores não exigiam um prêmio de risco tão grande quanto vinham recebendo na prática, e que as medidas de aversão ao risco em outras áreas do comportamento financeiro são muito mais baixas, consistente com um ERP de 1% ou menos. Chamaram esse enigma de quebra-cabeça do prêmio de risco.

Desde então, grande parte da pesquisa descobriu que o prêmio de risco tem variado ao longo do tempo. Bernstein (1997), por exemplo, sugeriu que, como as avaliações do patrimônio mudaram ao longo do tempo, isso poderia distorcer o retorno exigido. Por exemplo, se você iniciasse o período de amostra de longo prazo em 1926 com uma relação preço/lucro (P/L) de cerca de 10 vezes e terminasse o período com uma P/L de cerca de 20 vezes (p. ex., na década de 1990), o retorno real sobre as ações seria maior do que os investidores esperavam ou exigiam no início, de modo que a taxa de retorno histórica real alcançada (o prêmio de risco *ex post*) superestima o retorno futuro esperado (o prêmio de risco *ex ante*). Essa descoberta foi reforçada pelo trabalho de Fama e French (2002), que usou um modelo de dividendos descontados (DDM, do inglês *discounted dividend model*) para mostrar que os investidores de 1926 em diante tinham um prêmio de risco esperado cuja média era em torno de 3%.

Outros enfatizaram que as avaliações à vista também podem distorcer as expectativas de retorno. Em particular, Robert Shiller em seu livro *Irrational Exuberance* (2000) argumentou que as ações podem ficar estendidas demais, de modo que os retornos podem ficar acima do nor-

---

[2] Mehra, R. e Prescott, E. C. (1985). The equity premium: A puzzle. *Journal of Monetary Economics*, 15(2), 145–161.

mal, e depois abaixo do normal, por longos períodos. Ele introduziu a medida de avaliação chamada de índice preço-lucro ciclicamente ajustado (ou CAPE, do inglês *cyclically adjusted price-to-earnings*), que usa 10 anos de dados de lucros realizados no denominador, em vez de apenas um ano de lucros esperados futuros, como na ferramenta de avaliação padrão do índice preço-lucro. Esse ajuste, argumentou ele, pode ser melhor para prever retornos.

Seja qual for o prêmio de risco, no entanto, ele parece variar ao longo de diferentes períodos, cuja duração parece ser amplamente dependente da avaliação no ponto de partida. Os retornos excedentes anualizados em ações em comparação com títulos do governo foram muito negativos após o estouro da bolha do mercado de ações no final dos anos 1920, mas foram extraordinariamente altos nos anos pós-guerra de 1950 e 1960 (provenientes de baixas avaliações do pós-guerra e apoiados pelo forte crescimento econômico), como mostra a Figura 2.6.

A bolha de tecnologia da década de 1990 criou um colapso, por conta da avaliação dos preços das ações, o que resultou em um ERP *ex post* (ou

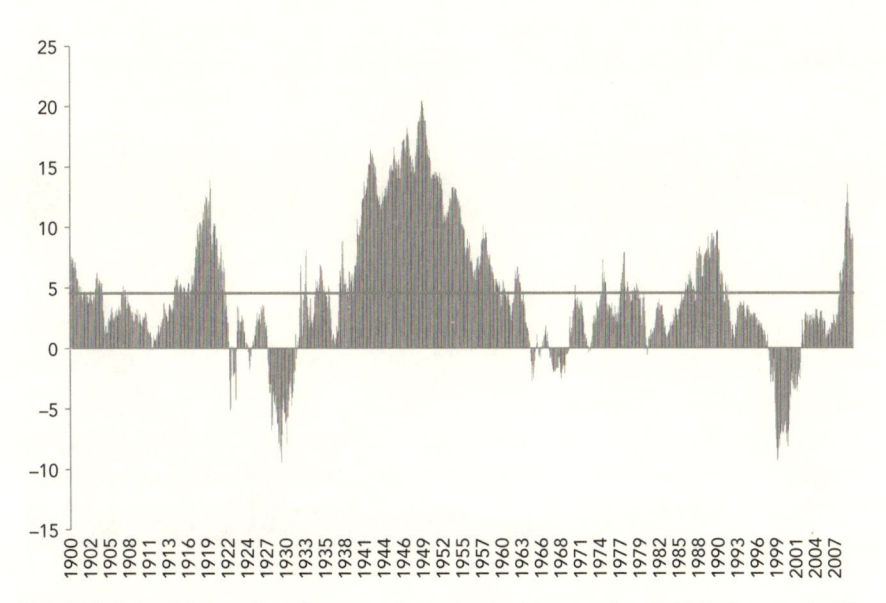

FIGURA 2.6 S&P vs. Rendimento do título de 10 anos dos EUA (rolagem de 10 anos anualizada) = ERP *ex post*.

Fonte: Goldman Sachs Global Investment Research.

obtido) negativo por vários anos. Ações compradas no auge do mercado antes da crise financeira também resultaram em prêmios de risco muito baixo na década seguinte. Em contraste, o colapso nos preços das ações em 2008 – e o estímulo de uma política agressiva que se seguiu – resultou em fortes retornos ao longo da década, após a baixa de março de 2009.

Isso sugere que, embora os retornos no longo prazo tendam a ser mais elevados em ativos de maior risco, as condições macroeconômicas prevalentes podem ter um grande impacto sobre os retornos absolutos e relativos das ações ao longo do tempo.

O poder dos dividendos

O poder dos dividendos ao longo do tempo pode ser visto na Figura 2.7, que divide o desempenho do retorno total do S&P 500 em valorização do índice de preços (que é o que as pessoas geralmente notam) e dividendos (e dividendos reinvestidos). Reinvestir dividendos é uma das maneiras mais poderosas e confiáveis de aumentar a riqueza a longo prazo. Desde o início da década de 1970, cerca de 75% do retorno

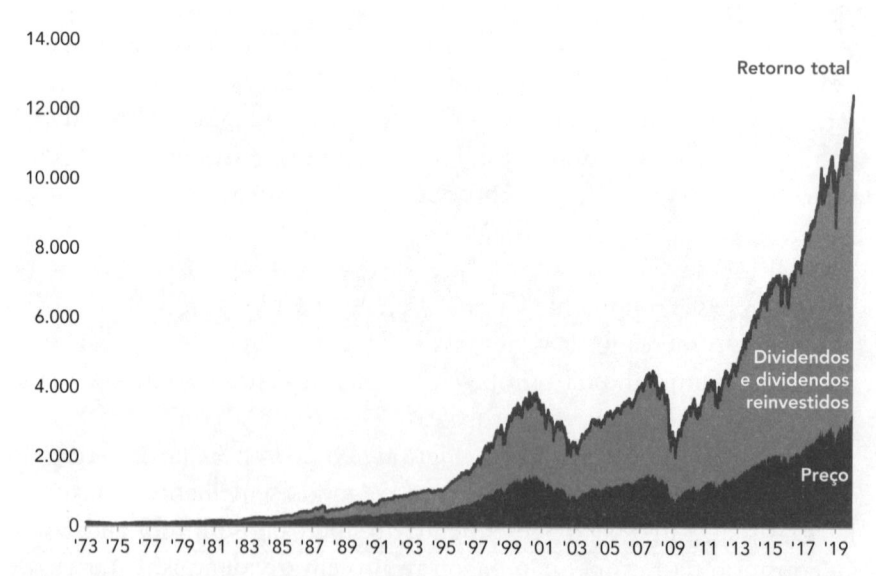

FIGURA 2.7 Não se esqueça do poder dos dividendos (retorno total do S&P 500 desde 1973).

Fonte: Goldman Sachs Global Investment Research.

total do S&P 500 pode ser atribuído a dividendos reinvestidos e ao poder de capitalização.

De 1880 a 1980, o índice de distribuição de dividendos no mercado de ações dos Estados Unidos foi, em média, de 78% dos lucros e o rendimento de dividendos resultante, em média, 4,8%. Normalmente, as recompras não representavam a maior parte dos retornos em dinheiro para os investidores e, nos Estados Unidos, foram permitidas pela Comissão de Valores Mobiliários apenas após a aprovação da Regra 10b-18, em 1982. Isso significa que, nos últimos anos, o rápido crescimento nas recompras de ações ocorreu à custa de dividendos ordinários. Desde o ano 2000, o rendimento de dividendos foi em média 1,9% e o rendimento de recompra, 2,0%. Combinado, um retorno anual de 4,0% proveniente de dividendos (ou recompras) implica que um investidor pode potencialmente dobrar seu investimento em menos de 18 anos, mesmo sem qualquer valorização do preço.

Em alguns mercados, as indústrias estão mais maduras e a necessidade de reinvestir para crescimento futuro é menos importante. Consequentemente, as taxas de pagamento são mais altas e a proporção dos retornos provenientes dos dividendos pode ser maior. Na Europa, por exemplo, o mercado de ações (o índice STOXX Europe 600) ainda não está significativamente acima dos níveis alcançados em 2000, 2007 ou 2015. Contudo, em termos de retorno total, incluindo dividendos, os resultados têm sido muito melhores para os investidores. Nesses mercados, cujo índice de ações tem uma alta proporção de empresas em setores muito maduros, como petróleo, bancos, serviços públicos e telecomunicações, a proporção de retornos provenientes de dividendos pode ser de cerca de 80% com base em uma média móvel de 20 anos.

Embora o mercado de ações dos EUA tenha superado significativamente o desempenho da Europa e do Japão nos anos posteriores à crise financeira, a lacuna entre a Europa e os EUA começa a diminuir quando examinamos os retornos totais (Figuras 2.8 e 2.9). O Japão, segundo esse quesito, realmente ficou para trás. De modo semelhante à Europa, o Japão sofreu com o baixo crescimento dos lucros nos últimos anos, mas, ao contrário da Europa, não pagou muito em dividendos. Estar ciente dessas diferenças é importante para os investidores fazerem suas escolhas entre os mercados.

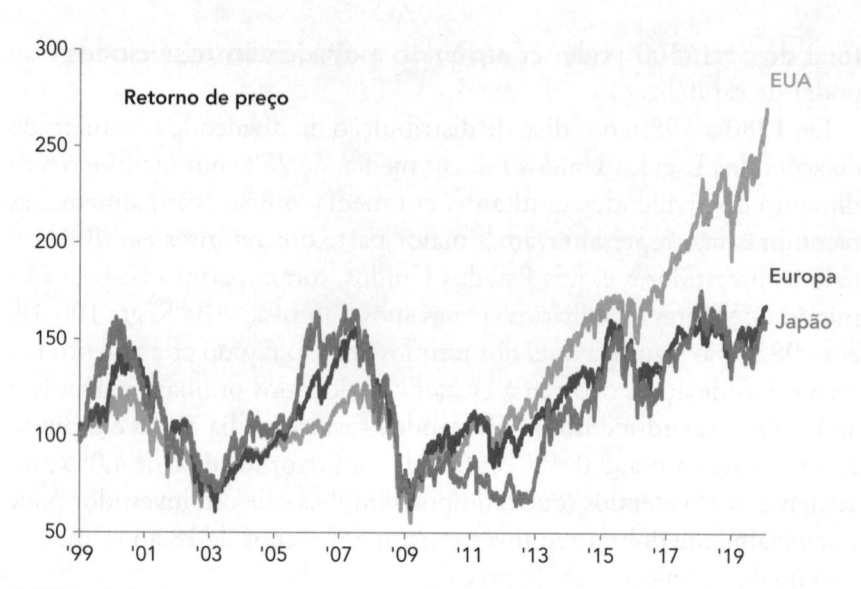

FIGURA 2.8 Europa e Japão são semelhantes em termos de desempenho de preço... (retornos de preços: mercado de ações).
Fonte: Goldman Sachs Global Investment Research.

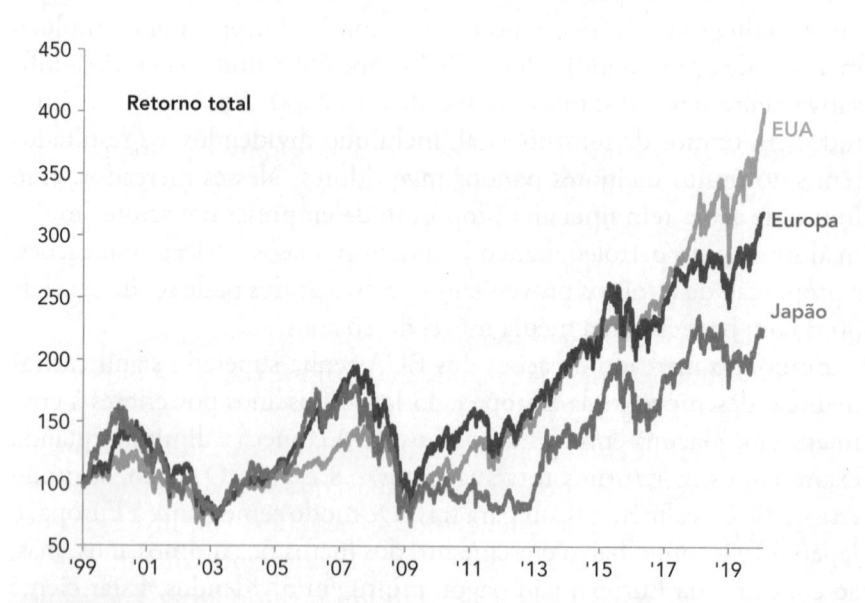

FIGURA 2.9 ... mas a Europa superou o Japão em termos de retorno total (retorno total: mercado de ações).
Fonte: Goldman Sachs Global Investment Research.

Fatores que afetam o retorno para os investidores

Em geral, podemos dizer que os mercados de ações têm melhor desempenho quando as condições econômicas são fracas, as avaliações são baixas, mas há uma melhora na segunda derivada de crescimento – ou seja, a taxa de variação para de se deteriorar.

E os mercados de ações sofrem quando as avaliações são altas e/ou as preocupações com o crescimento começam a ser precificadas no final do ciclo, quando a segunda derivada de crescimento começa a se deteriorar.

A baixa volatilidade das variáveis macroeconômicas também sustenta os retornos (torna as condições mais fáceis de prever e, portanto, reduz os riscos percebidos), ao passo que a alta volatilidade das variáveis macroeconômicas geralmente é um obstáculo.

Todavia, outros fatores têm impacto no retorno para os investidores.

O padrão histórico de retornos nos mercados de ativos depende de dois fatores-chave, que muitas vezes estão ligados:

- O *timing* do investimento (as condições em que a compra é realizada)
- A avaliação no momento do investimento

Timing do mercado

Quando se trata de investir, escolher o melhor ponto de entrada é provavelmente o mais difícil, principalmente no curto prazo. Mas o resultado para os investidores pode variar significativamente. Por exemplo, se olharmos para o período posterior ao início de 2009 (pouco antes da baixa posterior à crise financeira), que tem sido recompensador para os investidores em geral, quem comprou e manteve um fundo de índice viu o preço do fundo aumentar cerca de 250% nos EUA (com uma valorização anual superior a 12%).

No mundo real, embora nenhum investidor fosse astuto ou sortudo o suficiente para evitar todos os piores dias, o *timing* ainda é muito importante, mesmo quando estendemos os períodos. Um investidor que evitasse o melhor mês do ano teria gerado aproximadamente 2% em média em ações desde 1900, enquanto um investidor que conseguisse evitar o pior mês teria gerado um retorno anual de quase 18% – cerca de 80% maior do que um investidor que tivesse mantido o investimento o tempo todo. Embora esses resultados demonstrem o impacto de evitar quedas bruscas, também mostram que perder os melhores meses pode ser muito doloroso.

A questão do *timing* se estende a todos os mercados financeiros. Uma carteira "multimercados" de referência – por exemplo, uma que sempre é composta por 60% de ações e 40% de títulos – teria alcançado aproximadamente 2% de retorno anual ao perder os melhores meses e mais de 12% ao evitar os piores meses.

Embora tudo isso mostre como o *timing* pode ser importante, não se trata de algo especialmente realista, porque a maioria dos investidores não consegue se concentrar nos movimentos diários ou mesmo mensais do mercado. Dito isso, ser capaz de evitar os piores períodos e investir nos melhores pode ser mais viável quando consideramos horizontes de um ano. Como mostra a Figura 2.10, os piores anos para o mercado de ações tiveram quedas entre 20 e 40%, e os melhores anos viram aumentos entre 40 e 60%. Como a maioria dos piores anos ocorre perto de períodos de estresse econômico – como recessões ou aumento acentuado das taxas de juros – e os melhores anos ocorrem em períodos de atividade econômica mais sólida ou em recuperação, menores riscos percebidos e taxas de juros e/ou períodos de avaliações mais baixas, podemos ver por que os ciclos nos mercados são tão importantes.

Para os mercados de títulos, a variação é menos acentuada, mas apenas porque os piores anos não são tão notáveis. Os melhores anos, entretan-

Melhor desempenho anual		Pior desempenho anual	
1862	67%	1931	–44%
1933	53%	2008	–37%
1954	52%	1937	–35%
1879	50%	1907	–30%
1863	48%	1974	–27%
1935	47%	1930	–25%
1908	45%	1917	–25%
1958	43%	2002	–22%
1928	43%	1920	–20%
1995	38%	1893	–16%

FIGURA 2.10 Melhores e piores anos em retornos totais do S&P 500.
Fonte: Goldman Sachs Global Investment Research.

Melhor desempenho anual		Pior desempenho anual	
1982	39%	1931	–13%
1985	30%	2009	–10%
1995	26%	2013	–9%
1986	21%	1999	–8%
1863	20%	1994	–7%
2008	20%	1907	–6%
1970	19%	1969	–6%
1921	19%	1920	–4%
1991	19%	1967	–3%
1989	18%	1956	–3%

FIGURA 2.11 Melhores e piores anos em retornos totais dos títulos de 10 anos dos EUA.
Fonte: Goldman Sachs Global Investment Research.

to, geraram retornos alinhados, se não superiores, aos retornos médios ao longo do tempo em ações (Figura 2.11).

Avaliações e retorno de ações *versus* títulos

A maioria dos analistas e investidores concentra sua atenção, compreensivelmente, nos indicadores fundamentais dos retornos: as perspectivas de crescimento econômico, crescimento dos lucros, taxas de retorno sobre o capital, margens e assim por diante. Mas o clima econômico e o estágio do ciclo de negócios não são os únicos fatores que podem explicar totalmente os retornos para os acionistas em períodos específicos.

Por exemplo, o final da última década do século passado (quando a bolha da tecnologia estourou) foi um período de crescimento econômico e de lucro excepcionalmente forte na maioria das regiões. A inflação era baixa e, nos EUA e na Europa, a participação nos lucros do PIB e o retorno sobre o patrimônio líquido (ROE, do inglês *return on equity*) aumentaram para níveis recordes. Apesar de tudo isso, se um investidor tivesse comprado ações no auge do *boom*, quando os investidores estavam mais confiantes, ele teria recebido retornos muito baixos na década seguinte. Por outro lado, esses fundamentos eram muito mais débeis durante grande parte da década de 1980, mas os retornos das ações eram muito mais elevados. Como, então, podemos explicar esse aparente paradoxo?

Grande parte da explicação se resume a avaliações. Compreensivelmente, picos de avaliação excepcionais (1929, 1968, 1999) tendem a ser seguidos por retornos muito baixos em uma base ajustada ao risco, e retornos muito baixos, nas baixas do mercado (1931, 1974, 2008) tendem a ser seguidos por retornos fortes.

Avaliações mais altas implicam um maior risco de correção/baixa do mercado ou um período sustentado de baixos retornos no futuro. A comparação entre a avaliação e os retornos futuros varia de uma medida para outra e também é um indicador melhor de retornos de médio prazo do que de curto prazo. Por exemplo, mais uma vez com base em dados dos Estados Unidos, o R^2 (coeficiente de determinação) entre o Shiller (CAPE) P/L (preço real/lucro real médio de 10 anos) e os retornos patrimoniais futuros de 10 anos é muito alto (cerca de 0,70). Enquanto isso, o R^2 é 0,20 para os retornos de dois anos, 0,40 para cinco anos e 0,60 para 20 anos (ver a Figura 2.12).

A mensagem da avaliação é mais clara quando está em um extremo relativo (muito baixo ou muito alto). Mas há uma distribuição para isso porque outros fatores também têm impacto sobre os retornos.

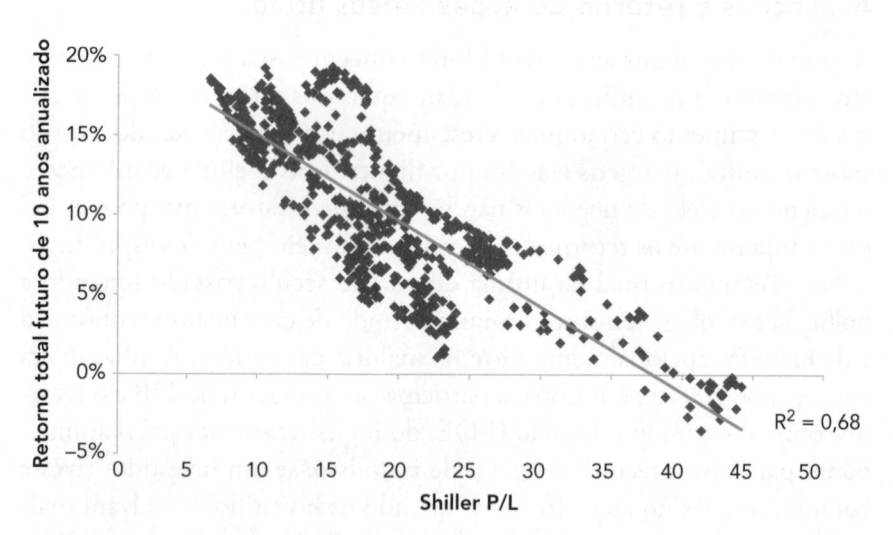

FIGURA 2.12 Correlação entre P/L ajustado ciclicamente e retornos futuros (ao longo de 10 anos) (S&P 500 desde 1950).
Fonte: Goldman Sachs Global Investment Research.

A comparação da avaliação para retornos futuros é evidente ao comparar os retornos entre classes de ativos e dentro de uma classe de ativos. Em uma comparação entre classes de ativos, existem várias maneiras de demonstrar o provável retorno relativo futuro. Uma maneira simples é usar o *gap* de rendimento real nos EUA (a diferença entre o rendimento de dividendos e o rendimento real do título) como *proxy*.

Ao comparar a progressão da avaliação com o desempenho relativo cinco anos depois, pode ser observada uma relação razoável. Avaliações relativas mais altas para ações na abertura implicam retornos de ações mais baixos em uma base relativa no futuro e vice-versa. O principal período em que essa relação se desfez foi em meados da década de 1990. Na época, as ações não pareciam particularmente baratas em comparação com os títulos, mas nos cinco anos seguintes tiveram um desempenho significativamente melhor do que os títulos, embora isso tenha refletido o início da bolha de tecnologia. Embora a avaliação não seja o único fator que impulsiona os retornos relativos, ela é significativa.

O impacto da diversificação no ciclo

Como as ações e os títulos podem se mover em direções diferentes (embora nem sempre o façam), ou pelo menos têm diferentes perfis de risco e volatilidade, geralmente é considerado inteligente combinar essas duas principais classes de ativos ao se criar uma carteira. Dessa forma, a volatilidade pode ser reduzida por meio da diminuição do impacto de correções bruscas nas ações (mesmo que os preços dos títulos caiam quando os preços das ações caem, é provável que caiam em um grau menor), mas normalmente os retornos agregados seriam menores. Da mesma forma, isso pode reduzir os retornos de alta em uma carteira. Com o tempo, e por meio de muitos ciclos diferentes, a combinação de ações com títulos do governo (uma combinação 60/40, respectivamente) pode resultar em ciclos de duração e força variadas. Usando ações e títulos do governo dos EUA como referência, a Figura 2.13 mostra a duração e a força de cada ciclo.

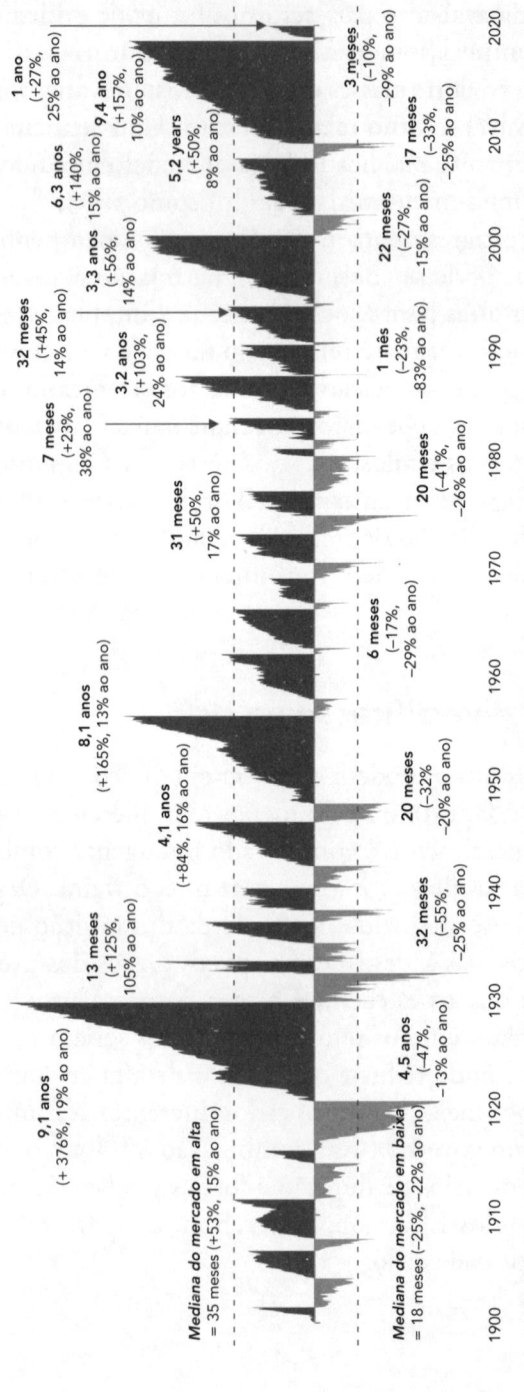

FIGURA 2.13 Estamos no mercado em alta de 60/40 mais longo sem que haja uma redução de retorno total de 10% (mercados de alta e baixa de 60/40 [redução de retorno real total de mais de 10%]).

Fonte: Goldman Sachs Global Investment Research.

Dito isso, combinar as duas classes de ativos pode muitas vezes fornecer um retorno muito bom ao mesmo tempo que diversifica o risco. O uso de dados de 1900 mostra que a mediana do mercado em alta dura cerca de três anos, gerando retornos reais totais (ajustados pela inflação) de 50%, ou 15% anualizados. A mediana do mercado em baixa durou 1,5 ano, com perdas reais totais de 25%, ou 22% anualizadas. O período de carteira mais forte e equilibrado foi na década de 1920, com retornos reais totais de mais de 360%, com anualização próxima a 20% por nove anos. O período desde a crise financeira produziu, na verdade, o mercado em alta equilibrado mais longo, durando mais de 9 anos e alcançando retornos anualizados em termos reais de cerca de 10%. Claro, esses dois períodos foram excepcionais. O mercado em alta médio de um índice de referência de multimercado (60/40) nos Estados Unidos tem sido de 81% (22% anualizado) em 3,5 anos.

3

O ciclo de ações: identificando as fases

Embora haja mudanças de longo prazo no perfil de retorno das ações que dependem das condições macroeconômicas predominantes (em particular, o *trade-off* entre crescimento e taxas de juros), a maioria dos mercados de ações mostra uma tendência de se mover em ciclos relacionados aos ciclos de negócios. Como os mercados de ações procuram antecipar fundamentos futuros, as expectativas de crescimento e inflação tendem a se refletir nos preços hoje. Essas mudanças também podem afetar a avaliação; se os investidores começarem a esperar uma recuperação nos lucros futuros advindos de uma recessão, por exemplo, a valorização do mercado de ações aumentará no período anterior ao surgimento da melhora real.

Ao longo de um ciclo de investimento, normalmente existe um mercado em baixa (um período em que os preços estão caindo) e um mercado em alta (um período em que os preços das ações geralmente estão subindo ou são relativamente estáveis nos retornos dos preços). A natureza, a forma e as diferenças entre eles são discutidas em detalhes mais adiante neste livro. Este capítulo foca no perfil, na forma e nos impulsionadores do ciclo de investimentos – todo o período, desde a baixa do mercado até seu pico final. Esses ciclos variam em duração, mas para os mercados de ações dos Estados Unidos, em geral, a média foi de cerca de oito anos no passado.

Claro, em tempo real é muito mais difícil saber em que parte deste ciclo você está; isso só é realmente possível saber posteriormente. Mas reconhecer a existência desses padrões pode ser útil para alertar o investidor sobre as possíveis mudanças nos retornos e os sinais a serem observados.

Examinando dados do início dos anos 1970, esses padrões cíclicos parecem se repetir, embora de forma um pouco diferente, e na maioria desses ciclos, os retornos podem ser divididos em quatro fases distintas, cada uma impulsionada por diferentes fatores (p. ex., expectativas de mudanças em taxas de crescimento futuras ou em alterações nas avaliações).

As quatro fases do ciclo da ação

A divisão do ciclo em fases é simplificada e ilustrada pela Figura 3.1. Esta é uma versão estilizada da realidade, mas reflete a tendência dos mercados de se moverem em ciclos e mostra como fases distintas refletem como o desempenho do preço do índice é impulsionado pelo crescimento real do lucro ou por expectativas do crescimento do lucro futuro, que podemos medir como mudanças no múltiplo P/L (as avaliações aumentam à medida que os investidores antecipam melhorias futuras no crescimento do lucro e diminuem quando eles antecipam um crescimento mais fraco). Para simplificar, as quatro fases podem ser descritas da seguinte forma:

1. **A fase de desespero.** O período em que o mercado vai do pico para a baixa, também conhecido como mercado em baixa. Esta correção é impulsionada principalmente por avaliações em queda, como

1 Desespero
Mercado em baixa:
O preço vai do pico para a baixa:
- Expectativas decepcionantes
- Pior retorno
- Fraco crescimento de rendimentos

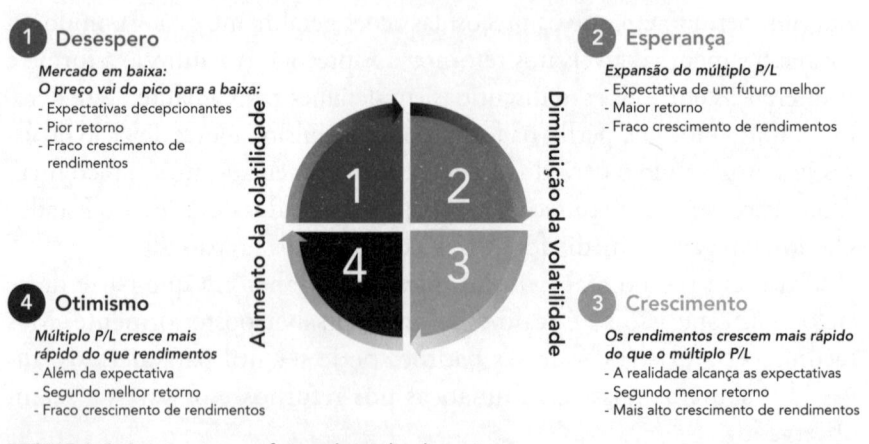

2 Esperança
Expansão do múltiplo P/L
- Expectativa de um futuro melhor
- Maior retorno
- Fraco crescimento de rendimentos

4 Otimismo
Múltiplo P/L cresce mais rápido do que rendimentos
- Além da expectativa
- Segundo melhor retorno
- Fraco crescimento de rendimentos

3 Crescimento
Os rendimentos crescem mais rápido do que o múltiplo P/L
- A realidade alcança as expectativas
- Segundo menor retorno
- Mais alto crescimento de rendimentos

Aumento da volatilidade — *Diminuição da volatilidade*

FIGURA 3.1 As quatro fases do ciclo da ação.
Fonte: Goldman Sachs Global Investment Research.

a contração do múltiplo P/L, à medida que o mercado se antecipa e reage a um ambiente macroeconômico em deterioração e suas implicações em termos de resultados esperados mais baixos.

2. **A fase de esperança.** Este é normalmente um período curto (em média nove meses nos EUA), quando o mercado se recupera de sua avaliação mínima, ou expansão do múltiplo P/L. Isso ocorre em antecipação a uma depressão futura no ciclo econômico, bem como ao crescimento futuro do lucro, e leva a um aumento no múltiplo P/L posterior. De um modo geral, o final da fase de esperança coincide aproximadamente com o pico do múltiplo P/L posterior (sentimento positivo máximo sobre o crescimento futuro). Esta fase é crítica para os investidores porque normalmente é quando os maiores retornos do ciclo são alcançados. No entanto, tende a começar quando os dados macroeconômicos reais e os resultados de lucro do setor corporativo permanecem deprimidos. De modo decisivo, o principal impulsionador aqui são as expectativas: embora a fase de esperança muitas vezes coincida com dados fracos, ela ocorre quando a segunda derivada (a taxa de mudança) nos dados começa a melhorar. Portanto, o melhor momento para comprar no mercado de ações é geralmente quando as condições econômicas estão fracas e após a queda do mercado de ações, mas quando começam a surgir os primeiros sinais de que as condições econômicas não estão mais se deteriorando em um ritmo tão rápido.

3. **A fase de crescimento.** É geralmente o período mais longo (em média 49 meses nos Estados Unidos), quando o crescimento dos lucros é gerado e leva a retornos.

4. **A fase de otimismo.** Esta é a parte final do ciclo, quando os investidores se tornam cada vez mais confiantes, ou talvez até complacentes, e em que as avaliações tendem a subir novamente e ultrapassar o crescimento dos lucros, criando assim o cenário para a próxima correção do mercado.

Essa estrutura demonstra que a relação entre o crescimento dos lucros e o desempenho dos preços muda sistematicamente ao longo do ciclo. Embora o crescimento dos lucros seja o que alimenta o desempenho do mercado de ações no longo prazo, a maior parte do crescimento dos lucros não é paga quando ocorre, mas sim quando é corretamente antecipada pelos investidores na fase de esperança e quando os investidores se tornam excessivamente otimistas sobre o potencial crescimento futuro durante a fase de otimismo.

A Figura 3.2 ilustra isso no caso dos EUA, usando dados desde 1973. Para cada fase, a figura indica a duração média da fase, o retorno médio sobre o preço e como isso é distribuído entre a expansão do múltiplo P/L e o crescimento dos lucros. Embora a fase de crescimento veja a maior parte do crescimento dos lucros, o retorno sobre o preço ocorre principalmente nas fases de esperança e otimismo.

As fases estão claramente ligadas à economia. Isso permite uma interpretação mais clara das fases e ajuda a identificar quando estamos passando de uma fase para a próxima.

O PIB, ou atividade econômica, tende a se contrair durante as fases de desespero e esperança, à medida que a produção fica aquém do potencial. A depressão ocorre entre o meio e o fim da fase de esperança. Na fase de crescimento, a atividade econômica tende a se expandir e, eventualmente, o crescimento do produto ultrapassa o crescimento potencial.

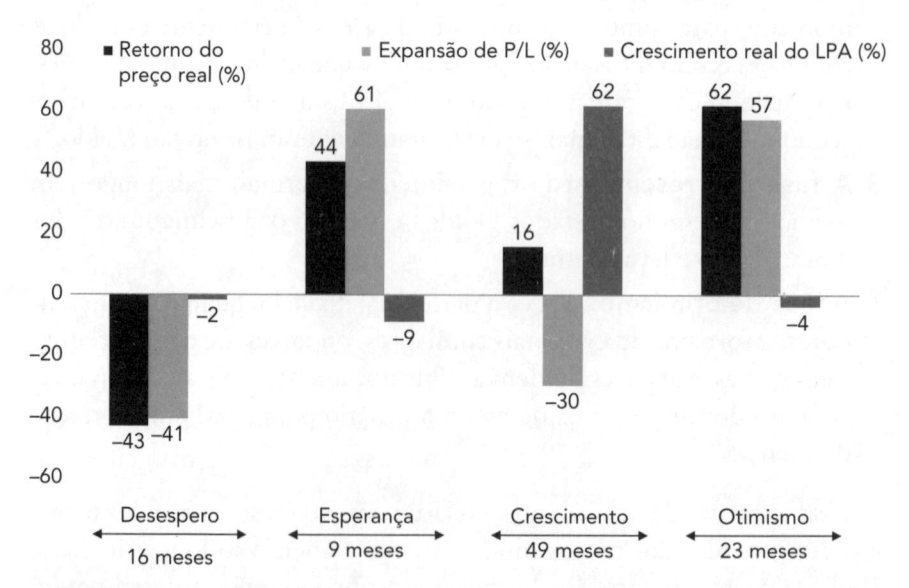

FIGURA 3.2 Decomposição de retornos durante as fases de ações dos EUA (retorno [%], dados desde 1973).

Fonte: Goldman Sachs Global Investment Research.

Também existe uma ligação entre o ciclo e as avaliações. Usando métricas de avaliação simples, como o índice P/L, as avaliações tendem a cair na fase de desespero e a aumentar acentuadamente na fase de esperança, à medida que as expectativas sobre uma recuperação de lucro futura aumentam os preços em antecipação à recuperação de fato se materializando.

Usando esta estrutura simples, os requisitos de retorno prospectivo dos investidores ao longo das fases evoluem da seguinte forma:

- **Durante a fase de desespero**, os investidores ficam cada vez mais preocupados com as perspectivas de retornos futuros e, portanto, exigem um retorno futuro esperado cada vez mais alto para a manutenção das ações. Essa reação normalmente ocorre em um cenário de aumento da volatilidade, aumento da capacidade ociosa (frequentemente descrito como hiato do produto)[1] e, normalmente, o início de uma recessão. Isso leva a avaliações de patrimônio líquido mais baixas (múltiplos P/L) e um mercado em queda. Pegando dados desde 1973, essa fase durou cerca de 16 meses nos Estados Unidos. É uma fase em que os lucros ainda estão subindo (modestamente), mas os preços caem acentuadamente, em média mais de 40%, com as avaliações caindo por um valor semelhante.

- **Na fase de esperança**, os investidores começam a antecipar o fim da recessão ou crise à medida que a taxa de deterioração dos dados diminui (as coisas ainda estão ruins, mas não estão se deteriorando), e essa visibilidade limita o potencial risco de queda. Os investidores respondem ao risco de cauda menor aceitando cada vez mais retornos esperados futuros mais baixos (e avaliações mais altas); o prêmio de risco diminui e as avaliações sobem, à medida que o "medo de ficar de fora" muitas vezes impulsiona o sentimento do investidor. Embora a volatilidade ainda seja alta, ela tende a cair no final da fase de esperança, à medida que os dados de atividade começam a se estabilizar, mesmo em um ritmo baixo. Nesta fase, os investidores, em suma, pagam antecipadamente pela recuperação esperada dos lucros durante a fase de crescimento. Embora a fase de esperança normalmente seja a mais curta das fases (em média, nove meses), ela tende a ser a parte mais forte do ciclo, com retornos

---

[1] O hiato do produto é geralmente descrito como o valor pelo qual o rendimento real de uma economia fica aquém de seu rendimento potencial.

médios de 40% e avaliações aumentando ainda mais porque os lucros geralmente ainda estão em contração nesta fase do ciclo.

- **No início da fase de crescimento**, os investidores já foram pagos pelo crescimento esperado dos lucros futuros durante a fase de esperança, mas o crescimento ainda não se materializou. O hiato do produto normalmente atinge seu pico em algum momento durante a fase de esperança, junto com o desemprego, mas permanece muito alto no início da fase de crescimento. Os investidores costumam fazer uma pausa, questionando as expectativas de crescimento de longo prazo; estão em um estado de espírito de "esperar para ver". O resultado é que o valor em termos de retornos futuros esperados é reconstituído durante a fase de crescimento, à medida que o crescimento dos lucros supera os retornos e a volatilidade diminui. Em média, essa fase do ciclo nos EUA dura 49 meses, gerando retornos médios de 16% lastreados em um aumento nos lucros de 60%. Como consequência, os múltiplos P/L tendem a se contrair em cerca de 30% nesse período.

Outro provável impulsionador dos requisitos de retorno real mais elevados no mercado de ações criados durante esta fase é o aumento no rendimento real, normalmente observado nos mercados de títulos.

- **Na fase de otimismo**, o valor acumulado torna-se grande o suficiente para atrair mais investidores que temem sofrer perdas; os retornos superam os lucros e os retornos futuros esperados, consequentemente, diminuem. No final da fase, a volatilidade aumenta à medida que a sustentabilidade dos altos retornos é testada pelo mercado. Esta fase dura em média 23 meses, mas mais uma vez experimenta forte valorização de preços e expansão do múltiplo (ambas acima de 50%) e pouco crescimento de lucro.

Algumas conclusões que se pode tirar desses padrões são as seguintes:

- **Os maiores retornos anualizados** (o retorno médio que um investidor teria alcançado em um período específico se o retorno fosse composto a uma taxa anual) **ocorrem durante a fase de esperança. No caso dos EUA e da Europa, a rentabilidade nesta fase foi em média entre 40 e 50% (com a valorização total do preço em termos reais a anualizar-se acima de 60%, no caso dos EUA).** Isso é seguido pela fase de otimismo (em ambos os casos acima de 30% em uma base anualizada nos EUA e na Europa), enquanto pouco é alcançado durante a fase de crescimento. Tanto nos Estados Unidos quanto na Europa, as perdas na fase de desespero são anualizadas em cerca de 45%.

- **O crescimento real do lucro e os retornos não entram, de forma surpreendente, em sincronia.** Quase todo o crescimento dos lucros para cada região ocorre durante a fase de crescimento; por exemplo, no caso dos EUA, o crescimento real dos lucros (ajustados pela inflação) aumentou em média cerca de 60% (40% na Europa), enquanto em ambos os casos os lucros ainda estão caindo durante a fase de esperança, quando boa parte do retorno no mercado é realizado de fato. Isso enfatiza um ponto-chave: os investidores tendem a pagar antecipadamente pelo crescimento esperado no futuro em um momento em que as avaliações estão baixas.

- **As avaliações se expandem mais durante as fases de esperança e otimismo (Figuras 3.3 e 3.4).**

Esta discussão é, obviamente, sobre médias ao longo de muitas décadas e, portanto, fornece uma estrutura útil. Mas, na realidade, cada ciclo é um pouco diferente: a dinâmica da inflação pode mudar de um pe-

	S&P 500			
	Desespero	**Esperança**	**Crescimento**	**Otimismo**
Duração (m)	16	9	49	23
Cumulativo				
Retorno do preço real (%)	−43	44	16	62
Crescimento real do lucro por ação (%)	−2	−9	62	−4
Expansão P/L (pontos)	−9	6	−5	7
Proporção de retorno	—	*36%*	*13%*	*51%*
Anualizado				
Retorno do preço real (%)	−45	64	−1	31
Crescimento real do lucro por ação (%)	4	−5	19	−4

FIGURA 3.3 As avaliações se expandem mais durante as fases de esperança e otimismo.
Fonte: Goldman Sachs Global Investment Research.

	STOXX Europe 600			
	Desespero	Esperança	Crescimento	Otimismo
Duração (m)	13	13	27	14
Cumulativo				
Retorno do preço real (%)	−39	43	13	32
Crescimento real do lucro por ação (%)	−2	−8	40	0
Expansão P/L (pontos)	−7	6	−3	5
Proporção de retorno	—	49%	15%	37%
Anualizado				
Retorno do preço real (%)	−49	74	2	42
Crescimento real do lucro por ação (%)	−4	−6	18	4

FIGURA 3.4 O padrão de expansões de avaliação é o mesmo fora dos EUA.
Fonte: Goldman Sachs Global Investment Research.

ríodo para outro, ou pode haver um crescimento econômico mais forte do que no passado. Parece também que, com o tempo, cada ciclo parece ser dominado por um ou outro fator particular.

Os principais ciclos que vimos desde o início dos anos 1970 são os seguintes:

Década de 1970. A década de 1970 tem a reputação de ter criado uma moda ruim, mas também foi muito ruim para os ativos financeiros. O pico do índice Dow Jones dos Estados Unidos em 1972 não foi superado antes de novembro de 1982. Claro, isso decorreu de um mercado em baixa estrutural (consulte o Capítulo 6 para mais detalhes). O aumento da inflação, em particular, foi um fator-chave por trás dos baixos retornos, que impulsionaram as taxas de juros e os rendimentos dos títulos, sobrepujando o crescimento dos lucros e reduzindo as avaliações. As contrações do múltiplo P/L ao longo do ciclo foram significativas, variando de 42% no Reino Unido a 52% nos EUA. O fraco desempenho do mercado refletiu o grande choque do lado da oferta com a alta dos preços do petróleo, que ficou embutida na inflação de salários e resultou em expectativas de inflação fora de controle.

Geralmente, os ciclos em que o revés inicial é impulsionado por problemas estruturais tendem a ter fases de crescimento mais longas do que outros ciclos, pois leva mais tempo para os investidores recuperarem a confiança que os torna dispostos a pagar mais pelos lucros e, portanto, movem o mercado para a fase de otimismo. Isso é particularmente pronunciado nos Estados Unidos, onde a fase de crescimento na década de 1970 foi uma das mais longas já registradas. O fim do ciclo inclui a primeira parte do repique recessivo do início da década de 1980 para os Estados Unidos.

Início dos anos 1980. O ciclo forte no início da década de 1980 (conforme explicado anteriormente) foi impulsionado pela combinação de expectativas de inflação e taxas de juros em queda, juntamente com um declínio significativo no prêmio de risco, o que desencadeou uma expansão substancial de múltiplos P/L. Este aumento nas valorizações foi marcado e motivado por reduções significativas nas taxas de rentabilidade das obrigações e nas taxas de juro do banco central, à medida que a inflação começou a cair.

Década de 1990. Esse ciclo foi muito forte. O pano de fundo da economia foi de crescimento sólido, mas com baixa inflação e taxas de juros, frequentemente descrito como a "Grande Moderação". O efeito combinado da globalização, em parte após o colapso da União Soviética e a abertura da China, também foi crucial. Em novembro de 1995, a China solicitou formalmente sua adesão à OMC (embora não tenha se tornado membro pleno até 11 de dezembro de 2001). O movimento em direção à independência dos bancos centrais também foi um fator importante que contribuiu para a percepção de estabilidade do ciclo econômico.

2000–2007. Este foi um dos melhores ciclos em termos de crescimento dos lucros para todos os principais mercados de ações, mas ofereceu alguns dos retornos mais baixos para os investidores. O problema foi que grande parte do forte crescimento dos lucros neste ciclo foi parcialmente impulsionado por lucros muito fortes no setor financeiro, que, impulsionado pelo aumento da alavancagem, tornou-se ilusório após a crise imobiliária dos EUA.

2008 até agora. Este é o ciclo pós-crise financeira e o mais longo até agora (discutido com mais detalhes no Capítulo 9), mas é bastante diferente dos outros ciclos por vários motivos. Em primeiro lugar, as fases do ciclo, especialmente fora dos EUA, foram fortemente distorcidas pela natureza contínua da crise financeira global e suas ondas subsequentes após os problemas iniciais no mercado imobiliário dos EUA em 2007/2008. Em particular, após a fase da crise liderada pelos EUA, a crise da dívida soberana na Europa se tornou um importante ponto focal de risco para os mercados financeiros em 2010/2011 e, assim que os temores na Europa começaram a diminuir, as quedas nos preços de mercados emergentes e das *commodities* resultaram em reduções acentuadas em 2015/2016.

Em segundo lugar, este ciclo foi diferente de outros por ter sido marcado por uma política de flexibilização não convencional (e o início da flexibilização quantitativa), juntamente com uma inflação e rendimentos de títulos historicamente baixos.

O crescimento do lucro relativamente fraco tem sido outra característica particular deste ciclo, ao lado das avaliações crescentes. Também tem sido um ciclo de dispersão significativa entre vencedores e perdedores relativos. Isso se refletiu no desempenho substancial do mercado de ações dos EUA em relação à Europa e aos mercados emergentes, e no setor de tecnologia a gerar lucros e retornos muito maiores do que o restante do mercado (o que também explica, em parte, as diferenças entre os retornos de ações regionais).

Ciclos de mini/alta frequência dentro do ciclo de investimento

Na prática, podemos encontrar evidências de diferentes tipos de ciclos na história. Conforme descrito, a duração dos ciclos históricos de investimento tende a variar, especialmente durante a fase de crescimento mais longa. Em parte, isso também reflete o fato de que esses ciclos principais também são pontuados por ciclos de vida útil mais breves, próximos a períodos de desaceleração e expansão da atividade econômica. Frequentemente, isso reflete mudanças nos ciclos de estoque e na política, e esses ciclos mais curtos podem ser repetidos várias vezes em um ciclo de investimento mais longo. Portanto, além de medir os ciclos de investimento que abrangem todo o período entre um mercado em baixa e o seguinte, também é comum que haja mais de um, e às vezes vários, miniciclo de desaceleração e aceleração da atividade econômica dentro de um ciclo de investimento completo. Esses períodos ocorrem muitas vezes nas fases de crescimento em particular, como no caso do ciclo recente, que se alongou e foi sustentado por um longo período de taxas de juros baixas e estáveis. Normalmente, esses miniciclos não envolvem recessões, mas apenas pausas ou desacelerações em uma expansão econômica mais longa.

Às vezes, é difícil identificar esses miniciclos com dados pouco frequentes, como divulgações do PIB, que são publicadas trimestralmente e muitas vezes são revisadas posteriormente. Os participantes do mercado tendem a colocar muita ênfase em pontos de dados de alta frequência, muitos dos quais dependem de pesquisas de confiança empresarial ou livros de ordens, em vez de pontos de dados "concretos". As medidas usadas geralmente em lugares como China e Europa são o chamado índice de gestores de compras (PMI, do inglês *purchasing manager's index*) e, nos Estados Unidos, o índice amplamente observado do Institute of Supply Management (geralmente denominado ISM). Estes são seguidos pelos investidores porque estão intimamente relacionados com o PIB, mas têm a vantagem de serem mensais e, portanto, de maior frequência do que os relatórios trimestrais do PIB.

Se olharmos para o ISM nos Estados Unidos, por exemplo, descobriremos que há muito mais desses ciclos mais curtos do que ciclos inteiros de investimento. Assim, por exemplo, no atual ciclo de investimentos, iniciado em 2009, ocorreram três miniciclos industriais, durante os quais a economia desacelerou e depois acelerou, segundo as empresas pesquisadas (Figura 3.5). Mas cada um desses ciclos evoluiu sem gerar uma recessão econômica mais ampla.

Como descobrimos com os ciclos de investimento mais amplos e tipicamente mais longos, há uma relação entre o desempenho do mercado de ações e outras classes de ativos e esses miniciclos.

Como mostra a Figura 3.6 para o índice S&P 500 nos EUA (com base nas médias desde 1950), o melhor período para ações tende a ser quando o ISM está em território negativo (com uma leitura abaixo de 50) – geralmente consistente com recessão ou atividade econômica fraca – mas quando atinge um ponto de inflexão positivo. Isso é mostrado na Figura 3.6 como a fase de recuperação. O ponto importante sobre isso é que os melhores retornos geralmente não vêm quando os dados são

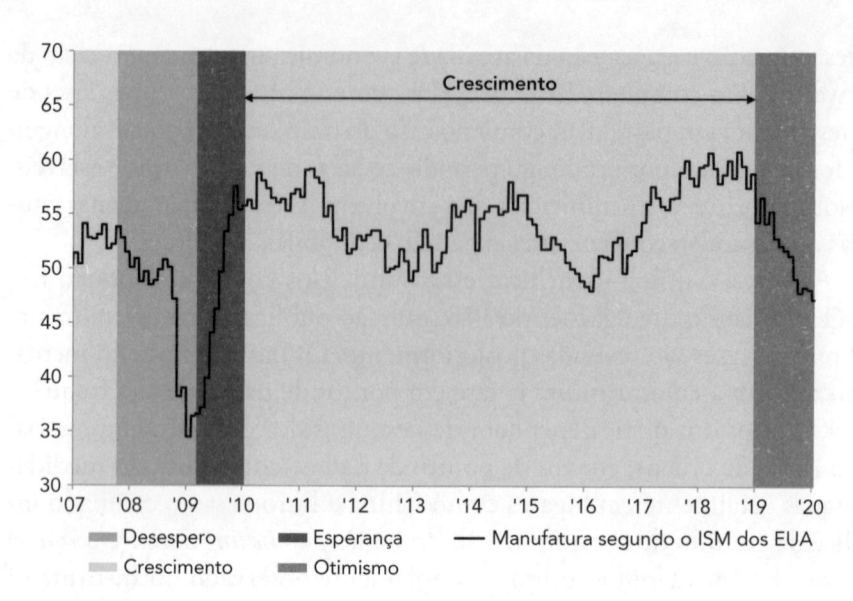

FIGURA 3.5 O ciclo de fabricação: vários miniciclos na última fase de crescimento.
Fonte: Goldman Sachs Global Investment Research.

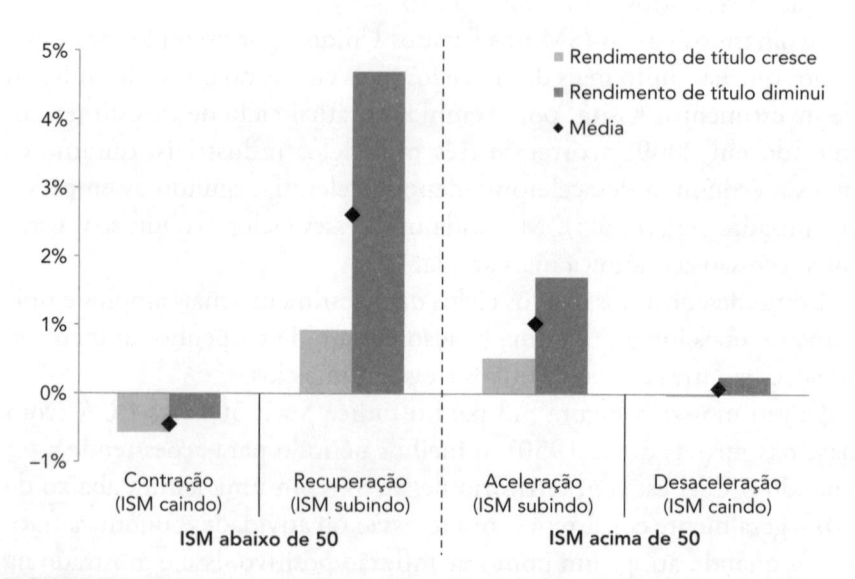

FIGURA 3.6 Retornos de ações ao longo do ciclo (retornos de preços médios S&P 500 de 1 mês).
Fonte: Goldman Sachs Global Investment Research.

mais fortes, mas sim quando eles estão em seu ponto mais fraco e começando a flexionar. Esta segunda derivada – um período de atividade fraca, mas melhorando – é o ponto em que os espíritos animais tendem a entrar em ação e os investidores compram nos mercados de ações em antecipação a uma recuperação futura. Assim como descobrimos com a fase de esperança no ciclo principal de investimento, é durante essa parte do ciclo que os retornos tendem a ser mais fortes. Da mesma forma, a pior fase para o mercado é quando o PMI está abaixo de 50 e em contração. Novamente, isso tende a ser bem claro: as coisas estão ruins e estão piorando. Isso geralmente coincide com a fase de desespero do ciclo de investimento.

O período de aceleração quando as taxas de crescimento melhoram é geralmente o próximo melhor período – alinhado com a fase de crescimento do ciclo de investimento. O próximo período mais fraco após a contração, em média, é a "desaceleração", quando o ISM é positivo, mas está se deteriorando. Isso não é tão ruim quanto a contração em si, mas geralmente está associado a retornos sem brilho ou achatados no mercado de ações.

A interação entre o ciclo e os rendimentos de títulos

Outra característica desse padrão é que os retornos nos mercados de ações e títulos dependem da interação entre as expectativas de crescimento e os rendimentos dos títulos. O desempenho médio no mercado de ações varia ao longo do ciclo, dependendo se os rendimentos dos títulos estão subindo ou caindo. Isso porque o mercado de títulos reflete a postura da política monetária do banco central e das taxas de juros, bem como as expectativas de inflação futura. Quando adicionamos os rendimentos dos títulos à combinação, descobrimos que há permutações mais complexas que ajudam a explicar os retornos. Essas combinações são ilustradas na Figura 3.6, em que o losango representa o retorno médio e as barras mostram os retornos médios em cada fase, dependendo se os rendimentos dos títulos estão caindo ou subindo.

Embora os retornos médios na fase de recuperação sejam mais altos (quando o ISM está abaixo de 50, mas aumentando), há uma grande diferença nos retornos, dependendo se os rendimentos dos títulos estão subindo ou caindo ao mesmo tempo. De um modo geral, os retornos são maiores se os rendimentos dos títulos estiverem caindo, e esse é o caso em todas as fases do ciclo industrial.

Mas, como veremos no próximo capítulo, a relação entre o mercado de ações e os rendimentos dos títulos é complexa. Em geral, durante longos períodos, a queda dos rendimentos dos títulos tende a ser mais positiva para os retornos do que os períodos em que os rendimentos dos títulos e a inflação estão estruturalmente aumentando; a década de 1980, por exemplo, gerou retornos mais elevados para os investidores do que a década de 1970, quando a inflação continuou a subir e os rendimentos dos títulos aumentaram. Mas, em períodos de curto prazo, os movimentos nos rendimentos dos títulos – e, de fato, a forma geral da curva de rendimentos (sejam os rendimentos dos títulos maiores ou menores do que as taxas de juros de curto prazo) – é muito importante. Dependendo do que está acontecendo com as expectativas de inflação, é possível que a melhoria das perspectivas de crescimento, juntamente com o aumento das taxas, esteja associada a retornos mais sólidos nos mercados de ações. Isso é válido especialmente – como no ciclo recente – quando o nível inicial das taxas de juros é muito baixo, já que o aumento dos rendimentos dos títulos, junto com as expectativas de crescimento, pode refletir mais confiança de que a política está funcionando e que os riscos de recessão estão diminuindo. Da mesma forma, uma curva de rendimento mais inclinada (rendimentos dos títulos de longo prazo subindo acima dos níveis das taxas de juros de curto prazo) geralmente implicaria uma política monetária de apoio do banco central e uma curva de rendimento invertida, quando os rendimentos dos títulos estão abaixo do curto prazo, taxas de juros baseadas em políticas, tenderiam a refletir uma postura monetária restritiva.

4

Retorno de ativos ao longo do ciclo

O Capítulo 4 examina como o mercado de ações tende a oferecer retornos diferentes ao longo de um ciclo. Também é possível ilustrar uma tendência para as ações variarem seu padrão de retornos relativos, em comparação com outras classes de ativos ao longo do ciclo, e para diferentes classes de ativos responderem ao crescimento e à inflação de maneiras diferentes. Essas características ajudam a tornar a diversificação entre os ativos uma ferramenta útil na busca de redução de riscos em uma carteira de investimentos ao longo do tempo.

Ativos em todo o ciclo econômico

Uma maneira simples de pensar sobre o desempenho relativo dos ativos à medida que um ciclo econômico amadurece é observar seus retornos reais mensais médios nas fases inicial e final de expansão e contração econômica (estes são mostrados, no caso dos EUA, na Figura 4.1 em termos reais totais, ajustados pela inflação). No período que se segue a uma recessão, quando a atividade econômica está mais deprimida, tende a haver um desempenho superior de ativos muito defensivos, incluindo ouro e rendimentos de títulos de longo prazo (que se beneficiam de taxas de juros mais baixas e expectativas de inflação geralmente em queda). À medida que o ciclo avança para a fase inicial de recuperação, quando o crescimento ainda é negativo, mas a segunda derivada está melhorando (a taxa de deterioração desacelera), as ações tendem a se recuperar rapidamente, com ouro e títulos apresentando o pior desempenho. Os ativos financeiros que são avaliados de acordo com as expectativas futuras têm, compreensivelmente, um desempenho melhor do que os ativos

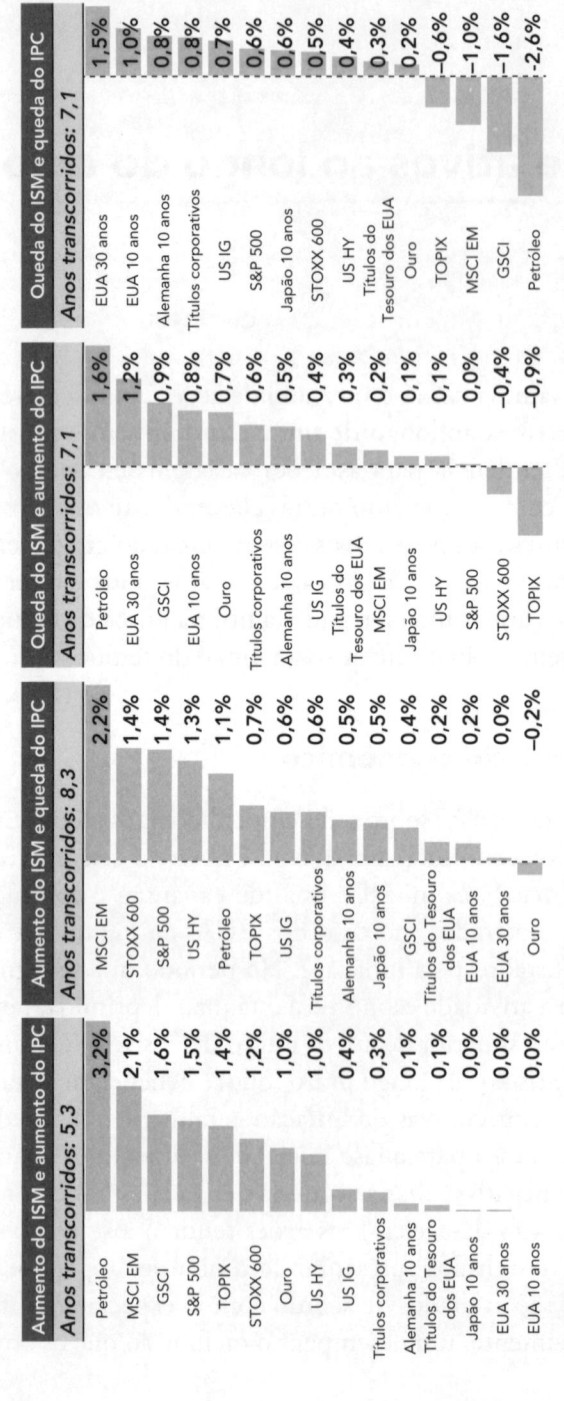

Aumento do ISM e aumento do IPC		Aumento do ISM e queda do IPC		Queda do ISM e aumento do IPC		Queda do ISM e queda do IPC	
Anos transcorridos: 5,3		Anos transcorridos: 8,3		Anos transcorridos: 7,1		Anos transcorridos: 7,1	
Petróleo	3,2%	MSCI EM	2,2%	Petróleo	1,6%	EUA 30 anos	1,5%
MSCI EM	2,1%	STOXX 600	1,4%	EUA 30 anos	1,2%	EUA 10 anos	1,0%
GSCI	1,6%	S&P 500	1,4%	GSCI	0,9%	Alemanha 10 anos	0,8%
S&P 500	1,5%	US HY	1,3%	EUA 10 anos	0,8%	Títulos corporativos	0,8%
TOPIX	1,4%	Petróleo	1,1%	Ouro	0,7%	US IG	0,7%
STOXX 600	1,2%	TOPIX	0,7%	Títulos corporativos	0,6%	S&P 500	0,6%
Ouro	1,0%	US IG	0,6%	Alemanha 10 anos	0,5%	Japão 10 anos	0,6%
US HY	1,0%	Títulos corporativos	0,6%	US IG	0,4%	STOXX 600	0,5%
US IG	0,4%	Alemanha 10 anos	0,5%	Títulos do Tesouro dos EUA	0,3%	US HY	0,4%
Títulos corporativos	0,3%	Japão 10 anos	0,5%	MSCI EM	0,2%	Títulos do Tesouro dos EUA	0,3%
Alemanha 10 anos	0,1%	GSCI	0,4%	Japão 10 anos	0,1%	Ouro	0,2%
Títulos do Tesouro dos EUA	0,1%	Títulos do Tesouro dos EUA	0,2%	US HY	0,1%	TOPIX	−0,6%
Japão 10 anos	0,0%	EUA 10 anos	0,2%	S&P 500	0,0%	MSCI EM	−1,0%
EUA 30 anos	0,0%	EUA 30 anos	0,0%	STOXX 600	−0,4%	GSCI	−1,6%
EUA 10 anos	0,0%	Ouro	−0,2%	TOPIX	−0,9%	Petróleo	−2,6%

FIGURA 4.1 O desempenho de ações em relação ao desempenho dos títulos está intimamente ligado ao ciclo de negócios; *commodities* tendem a ficar para trás em uma recessão (média mensal, retornos totais reais (desde 1950)).

Observação: Usamos recessões segundo o Escritório Nacional de Pesquisas Econômicas (NBER) dos EUA. Além disso, dividimos expansões e recessões se o crescimento for positivo ou negativo. Normalmente, a expansão tardia com crescimento positivo é a fase mais longa do ciclo. Os preços do petróleo anteriores a 1973 eram regulados pela Texas Railroad Commission e os preços do ouro, por Bretton Woods, até 1968.

Fonte: Goldman Sachs Global Investment Research.

"reais", cujo desempenho é mais um reflexo do equilíbrio atual de oferta e demanda, e tendem a ter o pior desempenho.

Nas fases posteriores de expansão, os ativos de melhor desempenho permanecem sendo ações, mas são dominados por ações com um beta mais alto, ou aqueles que tendem a amplificar os movimentos nos fundamentos subjacentes em um grau maior, como ações de mercados emergentes (EM). As *commodities* tendem a ser mais neutras nesta fase, e os ativos de renda fixa tendem a apresentar desempenho inferior como consequência de uma maior tolerância do investidor ao risco e, na maioria dos casos, inflação mais alta. No início de uma recessão, os ativos defensivos começam a apresentar desempenho superior, mas o petróleo tende a continuar com um bom desempenho, visto que os níveis de crescimento ainda são positivos (embora em desaceleração). Nessa fase, os ativos de risco e a maioria das ações cíclicas e com beta alto tendem a apresentar desempenho inferior. A dívida corporativa geralmente é um híbrido entre um ativo de renda fixa e patrimônio líquido, e tem melhor desempenho na última parte da fase recessiva, conforme os rendimentos dos títulos caem e os riscos de crescimento futuro começam a moderar.

A resposta à inflação entre os ativos é menos direta do que a relação com o crescimento, porque o desempenho dos ativos varia materialmente, dependendo dos níveis e das mudanças na inflação. A inflação alta e crescente não é boa para ações, nem para títulos. O aumento da inflação (e da volatilidade da inflação) tende a exercer pressão ascendente sobre as taxas de rentabilidade das obrigações, devido ao aperto da política monetária e ao aumento dos prêmios de prazo (o prêmio exigido pelos investidores para investir em ativos com maturidade mais longa). O elevado aumento da inflação também pode pesar sobre as ações, especialmente se o crescimento não for forte o suficiente para compensar esse aumento da inflação e o das taxas de juros. Isso também pode ser um problema se o aumento da inflação resultar em pressão sobre margens de lucro, talvez por causa de maiores custos para insumos de materiais ou mão de obra. Dito isso, o aumento da inflação em níveis baixos muitas vezes sinaliza o fim de uma recessão e, portanto, pode ser positivo para ações. Desde a década de 1990, a inflação tem sido baixa e estável na maior parte do tempo e, consequentemente, é fator menos importante e, em geral, um suporte para os mercados de ações e de títulos. Nas décadas de 1970 e 1980, quando a inflação era geralmente alta (acima de 3%), as mudanças no seu índice levavam a grandes rotações entre ações e títulos para ativos reais.

Durante os períodos finais do ciclo que são acompanhados por um aumento da inflação, os títulos geralmente são diversificadores não tão bons para ativos de risco, e as correlações de ações/títulos muitas vezes aumentaram juntamente com a alta dos preços do petróleo. Um exemplo extremo disso foi durante a estagflação dos anos 1970, quando ações e títulos entraram em declínio juntos. As *commodities* podem ser um diversificador importante em cenários assim, porque estão entre os melhores diversificadores da inflação, tanto total como núcleo (subjacente), principalmente durante períodos de alta volatilidade da inflação.

Ativos em todo o ciclo de investimento

Podemos estender essa análise observando o desempenho das diferentes classes de ativos nas fases do ciclo de investimento típico. A Figura 4.2 mostra os retornos totais reais anualizados para ações, títulos dos EUA e o S&P GSCI Commodity Index® para cada uma das fases em todos os cinco ciclos de 1973 a 2019.

Não surpreende que as ações tenham o pior desempenho na fase de desespero, porque este é o ponto do ciclo em que os investidores antecipam uma queda nos lucros. O que talvez seja mais surpreendente é o enorme potencial de desempenho superior ao diversificar para outras classes de ativos neste ponto do ciclo. É essa diferença que fortalece o caso de diversificação ou de estratégias de alocação de ativos conforme o ciclo amadurece, de modo que os investidores possam aumentar ou diminuir as exposições em diferentes ativos ao mesmo tempo para maximizar o risco provável e a volatilidade.

Na fase de esperança, as ações tendem a oferecer, de longe, os melhores retornos, com uma classificação clara das classes de ativos. Em todos os seis ciclos, as ações tiveram um desempenho melhor do que os títulos, e em quatro dos seis ciclos os títulos tiveram um desempenho melhor do que as *commodities*. As ações sofrem forte aumento de preço à medida

S&P 500

	Desespero	Esperança	Crescimento	Otimismo
1973–1980	–35	69	–3	63
1980–1987	–19	86	–13	31
1987–1990	–77	96	1	20
1990–2000	–61	31	9	27
2000–2007	–24	48	10	–
2007–2019	–44	86	9	102
Média	**–44**	**69**	**2**	**48**
Mediana	**–40**	**77**	**5**	**31**

Tesouro de 10 anos dos EUA

	Desespero	Esperança	Crescimento	Otimismo
1973–1980	–7	1	–6	3
1980–1987	2	30	–6	15
1987–1990	–1	21	–4	7
1990–2000	–10	15	4	5
2000–2007	11	7	–1	–
2007–2019	12	–6	1	13
Média	**1**	**11**	**–2**	**9**
Mediana	**0**	**11**	**–2**	**7**

***Commodities* GSCI**

	Desespero	Esperança	Crescimento	Otimismo
1973–1980	53	–27	2	34
1980–1987	–19	6	1	7
1987–1990	10	–1	26	20
1990–2000	362	–18	3	–2
2000–2007	2	18	10	–
2007–2019	–38	36	–10	80
Média	**62**	**2**	**5**	**28**
Mediana	**6**	**2**	**2**	**20**

FIGURA 4.2 Desempenho das classes de ativos para cada fase, anualizado, real, retorno total.

Fonte: Goldman Sachs Global Investment Research.

que os investidores começam a antecipar uma recuperação futura dos lucros corporativos, e é a classe de ativos mais voltada para essa mudança no potencial econômico e de lucro.

Na fase de crescimento, as *commodities* tendem a liderar o desempenho relativo. As *commodities* superaram os títulos e as ações nesta fase em quatro dos seis ciclos. Ações e títulos tendem a ter um desempenho insatisfatório nesta fase, com a classificação relativa um tanto instável. Esse padrão faz sentido. Títulos e ações, que são ativos mais voltados para o futuro, têm uma parte maior de seus retornos durante a fase de esperança, enquanto as *commodities* (que são impulsionadas pelo equilíbrio de oferta e demanda, e não pelas expectativas) são as primeiras a ter um bom desempenho quando o crescimento dos lucros é realizado e o crescimento real (em vez do crescimento previsto) é refletido em uma demanda mais forte.

Na fase de otimismo, as ações voltam a apresentar desempenho superior. Nesta fase, as ações superaram as *commodities* e os títulos na maioria dos ciclos. O desempenho relativo de títulos e *commodities* foi misto.

O impacto das mudanças no rendimento dos títulos sobre as ações

Na prática, muitos investidores não conseguem diversificar com *commodities* e o foco acaba sendo em carteiras equilibradas, que combinam ações e títulos do governo em proporções variáveis ao longo do tempo. Idealmente, o peso entre ações e títulos em uma carteira deve se ajustar ao longo do ciclo, dependendo da forma como os títulos e as ações atuam juntos.

Existe uma relação complexa, mas clara, entre a atividade econômica e os mercados financeiros. As ações reivindicam o crescimento nominal futuro – e por isso são chamadas de "ativo real" – e, com o tempo, os lucros tendem a aumentar com a inflação e a atividade econômica. O valor atual deve ser o valor presente de lucros ou dividendos futuros descontados. É por isso que os mercados de ações são afetados tanto pela taxa de desconto (a taxa de juros livre de risco) quanto pelo crescimento futuro esperado.

Essa relação é concentrada no modelo de crescimento de estágio único de Gordon – ou modelo DDM (Modelo de Dividendos Descontados, do inglês *Discounted Dividend Model*) –, que afirma que

Rendimento de dividendos + crescimento = Taxa livre de risco + ERP.

Se os rendimentos dos títulos caírem, e tudo o mais continuar igual, o rendimento dos dividendos deve cair (e o preço das ações subir). Mas se os rendimentos de títulos mais baixos forem acompanhados por uma mudança nas expectativas de crescimento de longo prazo, então não deve haver impacto positivo na avaliação atual dos rendimentos mais baixos. Na verdade, a incerteza sobre os fluxos de caixa futuros pode aumentar o ERP, forçando o rendimento do dividendo para cima (ou o preço para baixo).

Em contrapartida, os ativos de renda fixa proporcionam um retorno nominal fixo ao longo de um período definido. Os retornos futuros são conhecidos antecipadamente, em termos nominais, mas não em termos reais (porque os investidores não estão protegidos contra surpresas inflacionárias). O retorno final dependerá do nível atual das taxas de juros e de um prêmio de risco (um retorno extra) para compensar o risco de inadimplência.

A relação variável entre títulos e ações, que é afetada tanto pelo ciclo quanto pelas expectativas de inflação de longo prazo, pode ser vista por meio da correlação entre esses dois mercados de ativos. Teoricamente, quando os preços dos títulos aumentam (e seus rendimentos, ou o nível das taxas de juros, caem), os preços das ações tendem a subir (muitas vezes impulsionados por avaliações mais altas). Por outro lado, taxas de juros ou rendimentos de títulos em alta (e preços de títulos em queda) tendem a ser negativos para ações porque a taxa na qual os fluxos de caixa futuros podem ser descontados estaria aumentando (reduzindo, portanto, o valor presente líquido dos fluxos de caixa de ações). Portanto, geralmente há uma correlação positiva entre os preços das ações e dos títulos (ou uma correlação negativa entre os rendimentos dos títulos e os preços das ações).

Durante grande parte da história, a correlação positiva entre os preços dos títulos e das ações foi a norma. Depois que a bolha de tecnologia estourou, no final da década de 1990, ocorreu o inverso. As expectativas de crescimento entraram em colapso e a política monetária mais relaxada acarretou a queda rendimento dos títulos. Mas as ações estavam com avaliações tão altas que caíram drasticamente, apesar dos rendimentos mais baixos dos títulos, de modo que a correlação de preços se tornou negativa.

As condições começaram a se normalizar por volta de 2002, quando houve uma recuperação da confiança e as expectativas de crescimento melhoraram. Mas foi um breve intervalo. Em pouco tempo, o colapso da bolha imobiliária dos EUA (parcialmente alimentado pelas taxas de juros mais baixas que se seguiram ao fim da bolha de tecnologia) anunciou o início da crise financeira global. O relaxamento da política monetária na esteira da crise resultou em menores rendimentos de títulos e inflação em meio a novas preocupações com o crescimento. A mudança para uma correlação negativa entre os preços de títulos e ações provou ser mais sustentada do que nunca, uma vez que os rendimentos mais baixos dos títulos são vistos como reflexo de menor crescimento estrutural e deflação potencial (conforme o observado no Japão).

A inflação é o maior risco para os investidores em títulos de renda fixa porque, embora os títulos do governo ofereçam um retorno nominal fixo ao longo de um prazo específico, eles não oferecem proteção contra surpresas na inflação. No caso das ações, seus fluxos de caixa estão vinculados à inflação e, portanto, oferecem alguma proteção em caso de alta dos preços. Claro, o oposto ocorre em períodos de deflação. Nessas circunstâncias, um retorno nominal fixo é altamente valorizado, enquanto as ações – cujos fluxos de caixa e dividendos cairiam em linha com a inflação – ficam mais expostas e exigem um retorno prospectivo maior (menor avaliação de valor ou maior ERP) para compensar o risco. É por isso que em economias mais propensas à deflação, como o Japão e (mais recentemente) a Europa, o aumento das taxas de juros e dos rendimentos dos títulos costuma ser visto como positivo para os investidores em ações. Esta parece ser uma das principais razões pelas quais o ERP, em muitos mercados, parece tão alto em comparação com o passado. Outra maneira de pensar sobre isso é que os retornos futuros são mais certos para os investidores em títulos (há menos risco percebido de que a inflação corroa os retornos nominais fixos) e, portanto, as ações precisam de um rendimento relativo mais alto para continuar a atrair investidores.

Para resumir, há um cabo de guerra constante entre o rendimento dos títulos e as expectativas de crescimento que influencia a relação entre os retornos dos títulos e das ações. Como a relação de longo prazo

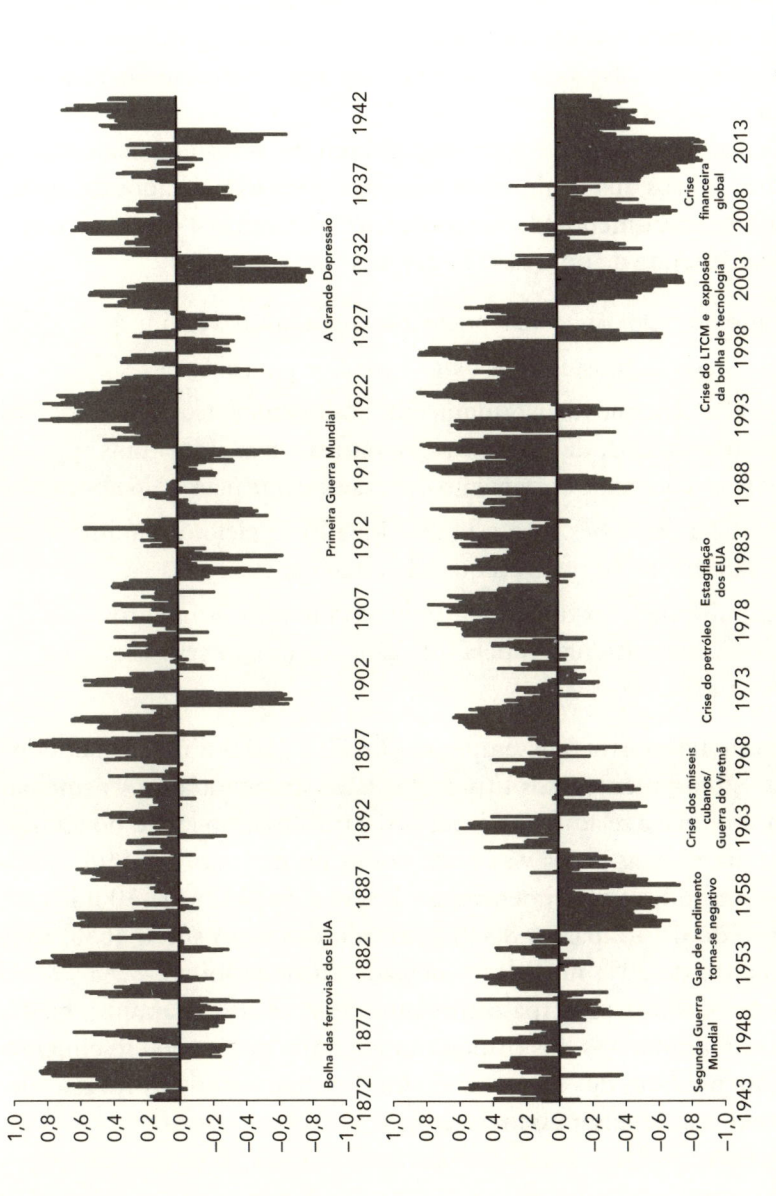

FIGURA 4.3 A correlação entre ações e títulos tem sido menos negativa nos últimos anos devido à QE (preços de ações e retornos de títulos).

Fonte: Goldman Sachs Global Investment Research.

(para os EUA) mostra na Figura 4.3, a correlação ficou negativa em dois períodos importantes: quando houve um choque de crescimento e uma recessão profunda – ou um grande evento político, como uma guerra, que aumentou os níveis de incerteza e, portanto, o prêmio de risco exigido para as ações.

Portanto, nem sempre o aumento dos rendimentos dos títulos (ou a queda dos preços dos títulos) são negativos para os mercados de ações. O impacto do aumento do rendimento dos títulos sobre o mercado acionário depende de uma série de fatores:

- O ponto do ciclo. As ações tendem a ser mais imunes no início do ciclo.
- A velocidade de ajuste. Mais lento é melhor para ações.
- O nível de rendimentos no momento. Historicamente, os rendimentos de títulos dos EUA de 10 anos a 5% ou mais têm sido "ruins" para as ações, mas o ponto de cruzamento é provavelmente mais cedo neste ciclo.
- A avaliação das ações. Isso está relacionado ao ciclo, e claramente as ações são menos vulneráveis quando estão baratas.
- Os impulsionadores do aumento de rendimento. Aumentos reais ou nominais, impulsionados pela inflação, costumam ser mais fáceis de absorver pelas ações.

A Figura 4.4 mostra o desempenho do S&P 500 durante os períodos em que os rendimentos dos títulos dos EUA aumentaram. A principal observação é que a relação não é clara ou consistente ao longo do tempo. Ocasionalmente, as ações vão bem, como no período de 1998-2000, quando, embora os rendimentos do Tesouro dos EUA de 10 anos tenham subido de 4,2 para 6,8%, o mercado dos EUA subiu 46%, com um aumento de 29% no P/L (o mercado europeu foi até 72%). Mas, em outras ocasiões, principalmente em 1994, as ações caíram à medida que os rendimentos dos títulos aumentaram, apesar do crescimento razoavelmente bom dos lucros na época. Existem vários fatores a serem considerados ao analisar essa relação crucial.

O ponto do ciclo: quanto mais cedo, melhor

A razão pela qual é difícil prever o impacto de rendimentos de títulos mais altos sobre as ações é que rendimentos mais altos podem ocor-

Capítulo 4 Retorno de ativos ao longo do ciclo 73

	Rendimento do título de 10 anos dos EUA				Duração (m)	S&P 500		
		Nível		Alteração (bp)			Alteração	
Data	Pico	Inicial	Final			Preço	PE de NTM	EPS de NTM
Depressão								
Dez. de 91	Mar. de 92	7	8	98	2	-3%	-3%	1%
Out. de 93	Nov. de 94	5	8	288	13	-1%	-14%	12%
Jan. de 96	Jul. de 96	6	7	153	6	7%	4%	3%
Nov. de 96	Abr. de 97	6	7	93	4	-2%	-5%	3%
Out. de 98	Jan. de 00	4	7	262	16	46%	29%	17%
Nov. de 01	Abr. de 02	4	5	124	5	3%	-1%	4%
Jun. de 03	Set. de 03	3	5	149	3	3%	0%	4%
Mar. de 04	Jun. de 04	4	5	119	3	1%	-6%	7%
Jun. de 05	Jun. de 06	4	5	136	13	4%	-10%	14%
Dez. de 06	Jun. de 07	4	5	86	6	6%	2%	4%
Dez. de 08	Jun. de 09	2	4	188	5	5%	22%	-16%
Out. de 09	Abr. de 10	3	4	81	6	15%	-3%	19%
Out. de 10	Fev. de 11	2	4	135	4	14%	7%	7%
Jul. de 12	Set. de 13	1	3	161	13	24%	15%	8%
Jul. de 16	Mar. de 17	1	3	124	8	11%	6%	6%
Set. de 17	Nov. de 18	2	3	117	14	14%	-8%	22%
Média		**4**	**5**	**145**	**8**	**9%**	**2%**	**7%**

FIGURA 4.4 Desempenho das ações dos EUA durante os períodos de aumento dos rendimentos dos títulos de 10 anos dos EUA.

Fonte: Goldman Sachs Global Investment Research.

rer em pontos diferentes do ciclo de ações – e por razões diferentes. Em geral, o aumento mais acentuado nos rendimentos dos títulos é posterior a uma depressão econômica. Esse é um bom momento para o investimento em ações e é quando as ações também têm um ponto de partida barato. O rendimento dos títulos aumentou no início de ciclos: 1991, 2001–2003, 2008 e 2012. Outros ocorreram mais tarde no ciclo.

Geralmente, aumentos nos rendimentos dos títulos de dívida na fase inicial do ciclo são acompanhados por aumentos acentuados nas avaliações de ações, de tal modo que o crescimento dos lucros não é o principal fator para aumentar os retornos – na verdade, muitas vezes os lucros ainda estão em queda nessa fase. Estes aumentos são muito diferentes daqueles nos rendimentos dos títulos durante fases do meio final do ciclo, quando pode haver mais preocupações com a inflação e os rendimentos estão começando de um ponto mais alto e as avaliações das ações já foram ampliadas.

A velocidade de ajuste: quanto mais lento, melhor

A velocidade do aumento do rendimento dos títulos é importante para explicar a relação entre ações e títulos ao longo do ciclo. Por exemplo, desde a crise financeira global, quando os rendimentos dos títulos dos EUA de 10 anos aumentaram em mais de dois desvios-padrão em um período de três meses, as ações foram vendidas junto com os títulos.[1] Quando as taxas sobem muito rapidamente, podem pesar nas expectativas de crescimento e avaliações para ativos de risco, e a volatilidade da taxa pode se espalhar para a volatilidade da ação (Figura 4.5).

O nível de rendimentos: quanto menor, melhor

Na maior parte dos últimos 15 anos, as ações foram negativamente correlacionadas com os preços dos títulos; a queda dos preços dos títulos (aumento dos rendimentos dos títulos) coincidiu com o forte desempe-

---

[1] Mueller-Glissmann, C., Wright, I., Oppenheimer, P. e Rizzi, A. (2016). *Reflation, equity/ bond correlation and diversification desperation*. Londres, Reino Unido: Goldman Sachs Global Investment Research.

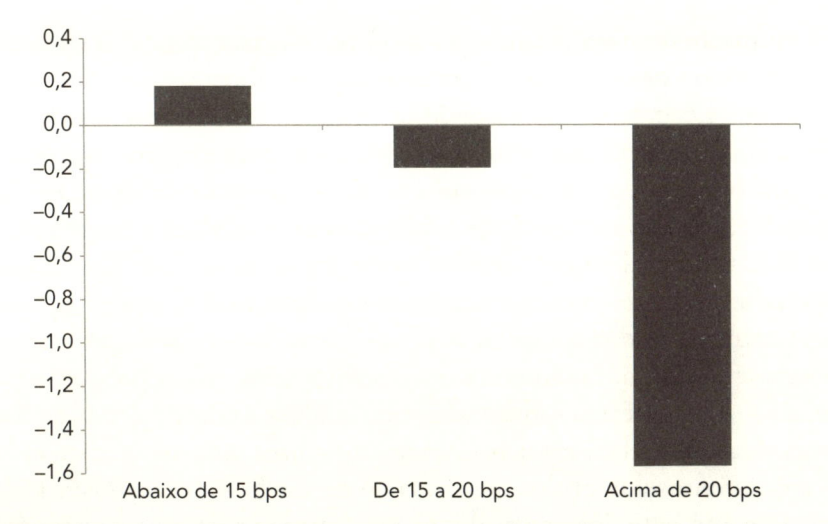

FIGURA 4.5 Movimentos acentuados de rendimento de títulos coincidiram com retornos de ações negativos (retornos SXXE médios dependendo dos movimentos absolutos nos rendimentos do Tesouro de 10 anos dos EUA [variações semanais]).
Fonte: Goldman Sachs Global Investment Research.

nho das ações. Isso foi especialmente útil para investidores equilibrados e de múltiplos mercados, para os quais não apenas os retornos ao longo do tempo foram sólidos no caos de ações e títulos, mas também a correlação negativa permitiu a redução do risco geral e da volatilidade em carteiras equilibradas.

Para a maioria dos mercados de ações, a correlação de ações com rendimentos de títulos é vagamente dependente do nível de rendimentos. Se os rendimentos forem muito baixos – como tem sido nos últimos anos – as ações tenderão a estar negativamente correlacionadas com os preços dos títulos. As ações vão bem à medida que os rendimentos dos títulos aumentam de níveis baixos. Da mesma forma, terão um desempenho ruim à medida que os rendimentos dos títulos caem. Por exemplo, o período em que os investidores se preocuparam com os riscos de deflação persistentes, no início de 2016, não foi um bom momento para as ações. Ao contrário, uma vez que os rendimentos dos títulos começaram a subir, em meados de 2016, as ações tiveram um desempenho estelar. Isso também é mostrado na Figura 4.4.

O impacto do nível das taxas de juros na relação entre ações e títulos é denunciado pela correlação entre os dois. O diagrama de dispersão da Figura 4.6 mostra que, quando os rendimentos estão acima de 4 a 5%, a correlação mensal entre os preços das ações e dos títulos tende a ser positiva. Isso significa que, para níveis razoavelmente "normais" de taxas de juros (talvez quando os rendimentos dos títulos de longo prazo são bastante semelhantes à tendência de crescimento do PIB nominal esperado de longo prazo), o aumento dos preços dos títulos (queda dos rendimentos dos títulos) é bom para as ações; as ações apresentam desempenho inferior quando os rendimentos aumentam, porque isso é um sinal de problemas inflacionários e aumenta a taxa de desconto das ações. Mas essa relação normalmente muda para o outro lado quando os rendimentos dos títulos caem abaixo de 4 a 5%; nesses níveis mais baixos, o aumento dos preços dos títulos (queda nas taxas de juros) está na verdade associado a retornos de ações mais fracos, porque os rendimentos muito mais baixos do que o normal para os títulos refletem o risco crescente de recessão ou mesmo de deflação – o que afetaria os fluxos de caixa e os lucros das empresas. Desse modo, os países que

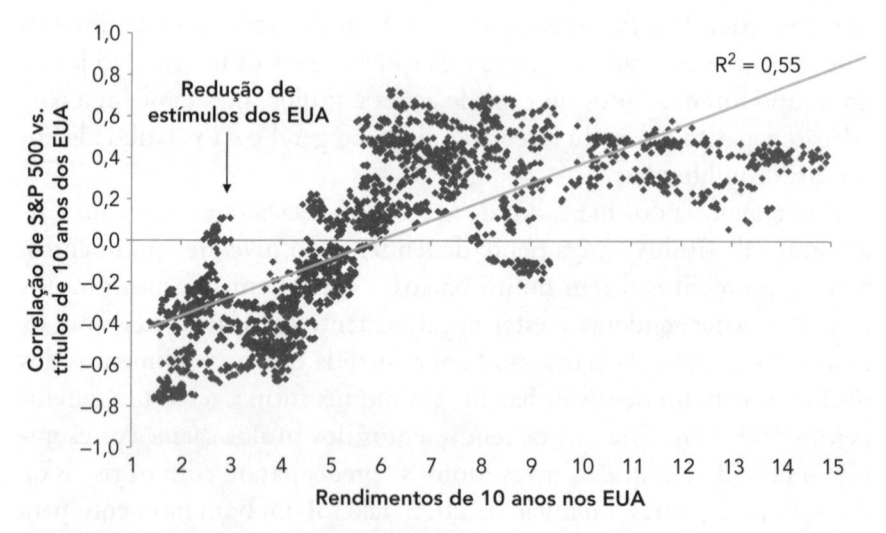

FIGURA 4.6 A correlação de ações/títulos pode se tornar positiva com rendimentos mais altos (Correlação móvel dos últimos 12 meses entre ações dos EUA com títulos de 10 anos dos EUA desde 1981, semanalmente).

Fonte: Goldman Sachs Global Investment Research.

experimentaram níveis muito baixos de taxas de juros, como vimos nos últimos anos, costumam ver os preços das ações subirem mais à medida que os rendimentos dos títulos aumentam (ou os preços dos títulos caem). Isso é visto como um reflexo do aumento da confiança no crescimento e na inflação, o que ajuda a reduzir a percepção de riscos no mercado de ações.

Portanto, embora haja um ciclo de ações e de avaliações de ações, e parte disso reflete a interação entre as expectativas de crescimento e o rendimento dos títulos (a "taxa livre de risco"), os ciclos podem ser complicados pelas relações mutáveis entre os rendimentos dos títulos (preços) e ações ao longo do tempo que podem ser afetadas por fatores estruturais, como o ambiente inflacionário predominante e o nível das taxas de juros.

Mudanças estruturais no valor de ações e títulos

Embora este capítulo tenha se concentrado principalmente nos fatores cíclicos que determinam a relação entre o desempenho de títulos e ações, as mudanças que ocorreram desde o final do século 20, e em particular desde a crise financeira, também demonstram algumas das mudanças estruturais nesta correlação. Durante longos períodos, as ações muitas vezes foram vistas como um ativo de risco que requer um rendimento muito maior (rendimento de dividendos) do que o rendimento de um ativo muito menos arriscado, como um título do governo. Afinal, o rendimento ou a avaliação é uma forma de ilustrar o retorno esperado ou exigido por um investidor para colocar dinheiro em um ativo arriscado em relação a um ativo sem risco (ou prêmio de risco).

Uma das famosas discussões sobre essa relação, e suas implicações para os investidores e a alocação de ativos, ocorreu após um discurso polêmico de George Ross Goobey, gerente geral do fundo de pensão da Imperial Tobacco no Reino Unido, em 1956, para a Association of Superannuation and Pension Funds (ASPF).[2] Ele argumentou sobre os méritos de investir em ações para gerar crescimento indexado à inflação

---

[2] Goobey, GHR (1956). Discurso para a Association of Superannuation and Pension Funds. The pensions archive [on-line]. Disponível em http://www.pensionsarchive.org.uk/27/

para os fundos de pensão. Ross Goobey ficou famoso por alocar a totalidade dos investimentos do fundo de pensão em ações, um movimento frequentemente associado ao início do chamado culto da ação.

Antes disso, as ações eram vistas como ativos voláteis ou de risco, que alcançavam retornos ajustados ao risco mais baixos do que os títulos do governo e, consequentemente, exigiam um rendimento mais alto (e, portanto, uma avaliação mais baixa). À medida que mais instituições se entusiasmavam com a ideia de transferir fundos para ações para se proteger contra a inflação, o rendimento das ações diminuía e o chamado *gap* reverso de rendimento surgia. Isso se refere à queda nos rendimentos de dividendos para abaixo dos rendimentos dos títulos do governo: um padrão que continuou, na maioria das economias desenvolvidas, até o colapso da bolha tecnológica no final dos anos 1990.

Em seu discurso à ASPF, Ross Goobey apresentou a evidência histórica de longo prazo de que o prêmio de risco *ex post* (o retorno obtido pelos investidores em ações em relação a títulos) foi positivo em termos reais e que os investidores ignoraram isso por sua própria conta e risco. O desempenho de longo prazo das ações foi muito maior do que os títulos após o ajuste pela inflação. Como disse Ross Goobey, "sei o que as pessoas vão dizer: "Bem, as coisas nunca mais serão as mesmas", mas... isso aconteceu de novo e de novo. Digo a vocês que, na minha opinião, isso ainda vai acontecer de novo, mesmo que as subidas não sejam tão acentuadas que tivemos no passado."

Ao longo dos 50 anos que se seguiram à apresentação de Ross Goobey, suas previsões foram muito bem-sucedidas. O retorno total anualizado real para as ações dos EUA (como um *proxy*) entre 1956 e 2000 foi de 7%.

As condições e as expectativas futuras começaram a mudar a partir do início deste século, após o colapso dos mercados de ações após o fim da bolha de tecnologia. Neste mundo pós-bolha, as avaliações das ações caíram de níveis irrealisticamente altos. O início da crise de crédito e a desalavancagem dos balanços patrimoniais em muitas economias desenvolvidas que se seguiram prejudicaram a confiança que antes cercava as ações, e o ceticismo anterior aos anos 1960 sobre os retornos das ações voltou. Os rendimentos de dividendos mais uma vez subiram acima dos rendimentos de títulos e os retornos históricos e futuros esperados entraram em colapso.

Uma ilustração da mudança secular na avaliação de títulos *versus* ações pode ser vista na Figura 4.7 para os EUA, que compara o rendimento dos títulos do governo de 10 anos com um rendimento de caixa (*cash yield*) estimado para os acionistas no mercado de ações (tomado aqui como a combinação do rendimento de dividendos e rendimento de recompra). No início da década de 1990, os investidores tinham retorno de cerca de 4,5% no mercado de ações, numa época em que lhes era oferecido um rendimento de 8% nos empréstimos ao governo dos Estados Unidos por um período de 10 anos. Dez anos após a crise financeira, os investidores estão recebendo um retorno total em caixa de mais de 5% sobre as ações, em comparação a menos de 2% sobre os títulos do governo. Essa mudança reflete muitas coisas, é claro, mas geralmente implica em uma redução significativa das ações por causa da maior incerteza e expectativas mais baixas sobre o crescimento futuro. Alinhado a isso, as quedas da inflação para níveis muito mais baixos reduziram os riscos para um investidor em títulos do governo (a quem é oferecido um

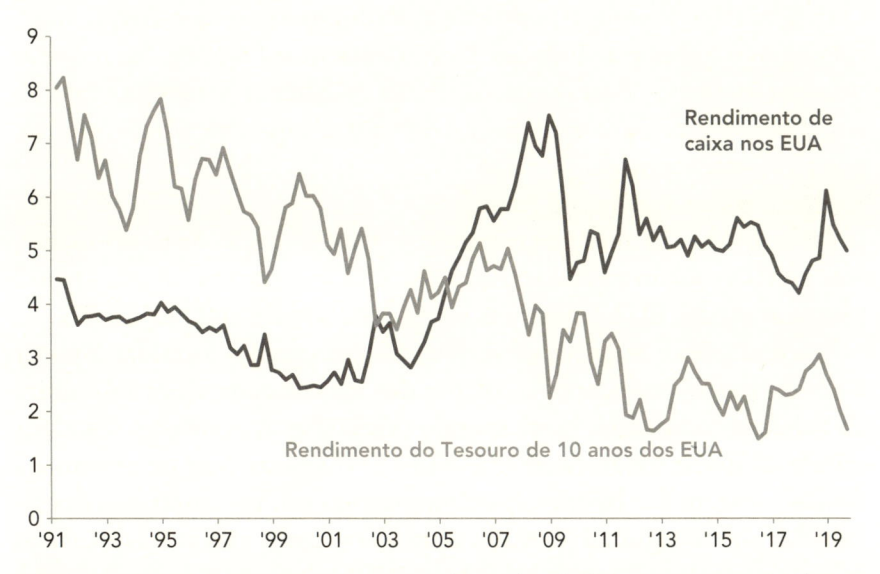

FIGURA 4.7 As ações permaneceram valorizadas de forma atraente nos últimos anos, apesar das quedas nos rendimentos dos títulos (rendimento do Tesouro dos EUA em 10 anos e rendimento de caixa [rendimento de dividendos e rendimento de recompra]).

Fonte: Goldman Sachs Global Investment Research.

retorno nominal fixo), mas igualmente reduziram o interesse em deter um ativo real, como ações, que pode oferecer alguma proteção ao longo do tempo para uma inflação mais alta (porque as receitas e os lucros irão acompanhar a inflação).

Em países com inflação baixa, que também têm um crescimento econômico fraco esperado a longo prazo, a diferença entre os rendimentos dos títulos e os rendimentos de caixa das ações é ainda maior. A Alemanha, por exemplo, cujo índice de ações também tem um peso desproporcionalmente alto em setores maduros (como bancos e automóveis) tem, no momento que este texto foi escrito, um rendimento de dividendos mais um rendimento de recompra acima de 4% em comparação com um rendimento de títulos de 10 anos abaixo de 0%.

5
Estilos de investimento ao longo do ciclo

Observar os estilos de investimento em ciclos anteriores mostra que a generalização pode ser enganosa. Quanto mais você examina o mercado de ações em um nível microeconômico (ou seja, quanto mais você olha para empresas individuais ou grupos de empresas em vez do índice de mercado de ações como um todo), é mais provável que os retornos sejam afetados por questões peculiares, como as especificidades de uma empresa ou setor, o ambiente regulatório, questões relacionadas à concorrência, como fusões e aquisições, e assim por diante. Padrões que podem ser evidentes em um ou mais ciclos – por exemplo, ao comparar o desempenho de empresas de grande capitalização com o de empresas de menor porte – nem sempre são evidentes ou consistentes em outros ciclos. Isso torna difícil, e às vezes arriscado, generalizar excessivamente quando se trata de previsão de retornos.

Esta questão de consistência é ainda mais evidente quando olhamos para o desempenho dos setores dentro do mercado, ou padrões de desempenho entre os setores. Embora alguns setores ou grupos da indústria no âmbito do mercado de ações sejam afetados com frequência por sua relação com os ciclos econômicos ou de taxas de juros, eles também podem ser influenciados por uma série de outras questões. Da mesma forma, sua sensibilidade às condições econômicas pode mudar com o tempo. Por exemplo, historicamente a indústria química é considerada cíclica, na medida em que suas receitas são altamente influenciadas pelos ciclos econômicos. Isso ocorre porque as empresas químicas geralmente produzem produtos químicos a granel, que são semelhantes às *commo-*

dities. Quando a economia e a demanda são fortes, essas empresas veem os lucros aumentar, e quando a economia e a demanda desaceleram, seus lucros, muitas vezes, diminuem. Esse tipo de empresa também é frequentemente descrito pelos analistas como "alavancada operacionalmente" – ou seja, tem altos custos fixos de produção. Isso significa que, quando a demanda é fraca, suas margens podem cair drasticamente e podem resultar em grandes perdas (é mais difícil cobrir os custos fixos). Pelo mesmo motivo, no entanto, quando a demanda é forte, suas margens de lucro podem aumentar significativamente, assim como os lucros.

Esse exemplo seria muito diferente para uma empresa do setor de produção de alimentos, por exemplo. Normalmente, essas empresas enfrentariam um mercado final mais estável e previsível, independentemente de a economia ser forte ou fraca; a maioria dos clientes continua a comer a mesma quantidade, sejam tempos bons ou ruins.

Contudo, nem sempre se pode confiar nos exemplos mencionados. Por exemplo, grande parte da indústria química mudou seu *mix* de negócios nos últimos anos para produtos de maior valor, como revestimentos, adesivos, materiais de limpeza e agroquímicos (fertilizantes e pesticidas), para os quais espera uma demanda final mais estável. Também houve uma transição de alguns modelos de negócios para a produção de aromas e fragrâncias, que são categorizados como alimentos ou produtos de higiene pessoal. Mudanças semelhantes ocorreram no passado na indústria de tecnologia, que combina produtos de *commodities* cíclicos, como semicondutores, com empresas geralmente menos cíclicas de produção de *software*. Com o tempo, a capitalização de mercado, ou ponderação, do componente cíclico da indústria caiu em relação ao tamanho da parte mais estável ou defensiva.

Da mesma forma, o produtor de alimentos de marca pode ter descoberto que sua demanda final se tornou mais cíclica ao longo do tempo, já que a concorrência de produtos de marca própria dos supermercados tem significado que os clientes *premium*, que estão preparados para pagar pelo produto de marca, podem ser mais cíclicos do que antes.

O objetivo desses exemplos não é dizer que não há padrões discerníveis ao longo do tempo, mas apenas salientar que um investidor deve reconhecer que as relações entre as partes do mercado de ações e os fatores macroeconômicos estão sujeitas a mudanças ao longo do tempo, uma vez que os impulsionadores e os desenvolvimentos de concorrência dentro e entre os setores também podem mudar.

Setores e o ciclo

Apesar dessas dificuldades, generalizações mais amplas podem ser feitas sobre os retornos do setor em relação ao ciclo econômico. Os setores são frequentemente vistos através de uma lente de sensibilidades ou do beta para variáveis econômicas, por exemplo, em relação a quanto sua avaliação e desempenho são afetados por mudanças no crescimento econômico, inflação e rendimentos de títulos. Acho bastante útil colocar as indústrias e os setores do mercado de ações em quatro grupos, de acordo com a sensibilidade e a avaliação.

Como é mostrado na Figura 5.1, os setores economicamente mais sensíveis, ou cíclicos, podem ser amplamente divididos entre aqueles que são cíclicos, mas de crescimento rápido – digamos tecnologia –, e aqueles que são cíclicos, mas maduros (e tipicamente de baixa valorização), como automóveis. Da mesma forma, os setores mais defensivos e

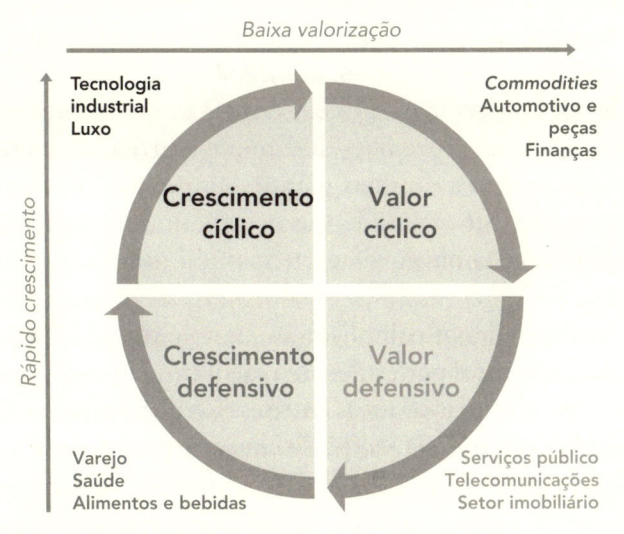

FIGURA 5.1 Indústrias e setores podem ser divididos em quatro grupos de acordo com a sensibilidade e avaliação.
Fonte: Goldman Sachs Global Investment Research.

menos sensíveis do ponto de vista econômico podem ser agrupados em setores de rápido crescimento, como saúde, e aqueles que são defensivos, mas maduros e mais baratos, por exemplo, empresas de telecomunicações. Como orientação geral, alguns desses setores são colocados em um quadrante que se relaciona à forma como eles tendem a funcionar em diferentes condições econômicas.

O melhor ambiente para o valor cíclico é quando o crescimento está acelerando junto com o aumento da inflação e das taxas de juros. Um crescimento mais forte é um benefício para os setores cíclicos em geral, mas os setores maduros – nos quais os custos fixos (salários e ativos) costumam ter uma proporção maior das receitas do que em setores mais jovens e de crescimento mais rápido – têm maior alavancagem para inflação. Isso é frequentemente descrito como alta "alavancagem operacional". Quando a inflação e as taxas de juros aumentam, o crescimento da receita tende a aumentar, e as margens melhoram, resultando em um aumento maior do que a média nos lucros. Enquanto isso, o crescimento defensivo, na outra extremidade do espectro, tende a ter um desempenho melhor quando o crescimento é mais fraco e mais escasso. Inflação e taxas de juros mais baixas também tendem a beneficiar essas empresas, porque elas têm fluxos de caixa esperados de muito longo prazo, e taxas de juros mais baixas significam taxas de desconto mais baixas para esses fluxos de caixa e, como resultado, avaliações mais altas.

Claro, setores específicos também podem, a qualquer momento, ser afetados por questões específicas de estoque (particularmente se o setor for dominado por uma ou duas grandes empresas) e podem ser afetados por regulamentações e mudanças no cenário competitivo, incluindo possível consolidação ou novos participantes, junto com uma série de outros fatores.

Como resultado dessas complicações, os investidores costumam agrupar empresas ou setores por estilos. Na medida em que as generalizações podem ser úteis, algumas relações entre estilos de investimento e sensibilidade do setor ou indústria são particularmente relevantes:

- A relação entre empresas cíclicas e defensivas.
- A relação entre empresas de valor e de crescimento.

Esses dois grupos amplos são úteis para os investidores porque tendem a ter uma relação clara com os ciclos econômicos e de investimento ao longo do tempo.

Empresas cíclicas *versus* defensivas

Não obstante os pontos mencionados sobre as mudanças na composição e no *mix* de negócios das empresas ao longo do tempo, é possível descrever os setores como cíclicos quando apresentam uma alta sensibilidade, ou beta, ao ciclo econômico. Da mesma forma, aqueles que têm uma sensibilidade baixa podem ser razoavelmente descritos como relativamente defensivos. A Figura 5.2 mostra a sensibilidade ou beta do crescimento esperado dos lucros (consenso de 12 meses à frente) por setor em relação ao PIB no mercado de ações global.

Os resultados são bastante intuitivos. Empresas automotivas, de recursos e de tecnologia têm sido os mais sensíveis ao ciclo econômico, e serviços públicos, telecomunicações e alimentos e bebidas, menos.

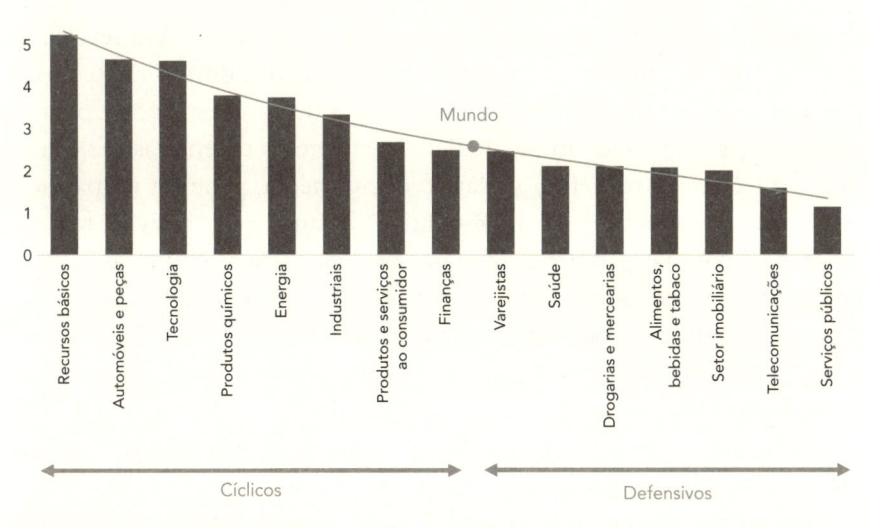

FIGURA 5.2 Beta do crescimento futuro do lucro por ação em relação ao crescimento do PIB mundial.
Fonte: Goldman Sachs Global Investment Research.

	Desespero	Esperança	Crescimento	Otimismo
1973–1980	–6%	1%	9%	10%
1980–1987	–31%	34%	–18%	–7%
1987–1990	–14%	6%	–4%	–12%
1990–2000	–17%	7%	17%	70%
2000–2007	–47%	16%	9%	–
2007–2019	–37%	30%	0%	9%
Média	**–25%**	**16%**	**2%**	**14%**
Mediana	**–24%**	**12%**	**4%**	**9%**

FIGURA 5.3 Desempenho anualizado cíclico/defensivo dos EUA; a fase de desespero é de longe o pior período para os cíclicos, e a fase de esperança é o melhor período.
Fonte: Goldman Sachs Global Investment Research.

Por causa da relação desses estilos com o ciclo econômico, pode-se encontrar um padrão de desempenho que se encaixa nas fases do "ciclo típico" observadas no Capítulo 3. Na Figura 5.3 é mostrado o desempenho anualizado de cíclicos *versus* defensivos para o mercado de ações dos EUA (S&P 500). Os padrões aqui são razoavelmente claros. A fase de desespero é de longe o pior período para empresas cíclicas em relação às defensivas. Isso é intuitivo: é nessa fase que os investidores se antecipam à recessão, perspectiva ruim para os mercados de ações em geral e para os mais sensíveis ao ciclo em particular. As empresas defensivas, pelo menos, fornecem algum refúgio relativo e, em média, geraram no passado um desempenho acima de 30% relativo durante essas fases. A fase de esperança, como esperado, é o melhor período para as empresas cíclicas em relação às defensivas, com uma superação mediana de 25%. A fase de crescimento é a fase mais longa e produz os resultados mais ambíguos. Em parte, isso ocorre porque durante esta fase pode haver vários miniciclos quando os dados de pesquisa de alta frequência, como o PMI ou ISM, melhoram (ver o Capítulo 3). A fase de otimismo é geralmente também aquela em que as empresas mais cíclicas apresentam desempenho superior, e a tolerância para avaliações crescentes no mercado tende a aumentar.

Esses padrões também são evidentes quando comparamos o desempenho relativo de empresas cíclicas e defensivas em um ciclo industrial padrão. Uma maneira fácil de fazer isso é observando os ciclos nos dados de pesquisa, como o chamado PMI ou, nos EUA, o amplamente observado índice ISM . Estes são acompanhados de perto pelos investidores porque estão intimamente relacionados ao PIB, mas têm a vantagem de serem mensais e, portanto, de maior frequência do que os relatórios trimestrais do PIB.

O PMI e o índice ISM são calibrados para mostrar expansão ou contração; normalmente, abaixo de um nível de 50, eles são consistentes com a contração e acima de 50, com a expansão.

Ao dividir as indústrias em grupos cíclicos e defensivos, com base em sua sensibilidade ao PIB, podemos ver que há uma relação estreita ao longo do tempo entre o desempenho relativo dos dois grupos e o nível desses índices. De modo geral, se houver um aumento nessas pesquisas, é provável que seja um momento em que as indústrias mais cíclicas apresentam desempenho superior, ao passo que, em um período de dados de ciclo em queda ou desaceleração, os setores mais defensivos tendem a se sair melhor (ver a Figura 5.4).

Outro impulsionador do retorno relativo entre o desempenho cíclico e o defensivo da empresa são os rendimentos dos títulos. Como mostrado na Figura 5.5, rendimentos de títulos mais baixos, geralmente con-

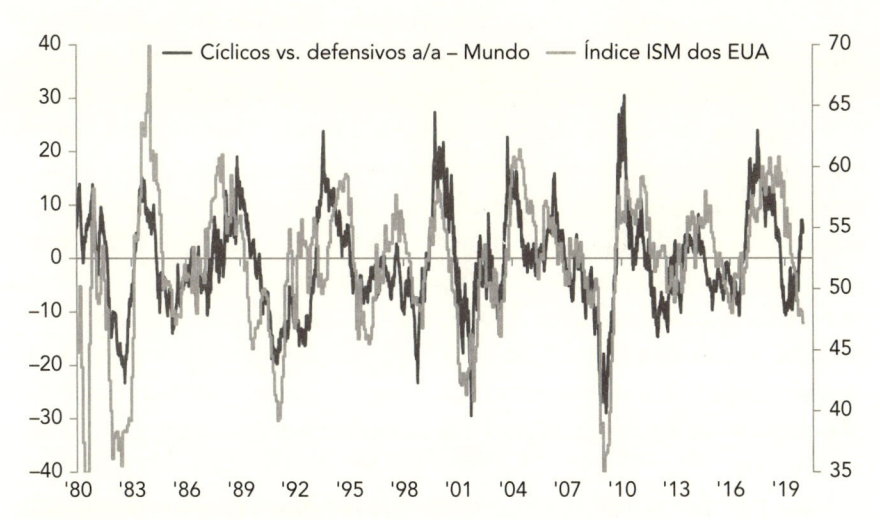

FIGURA 5.4 Cíclicos globais *versus* defensivos em ciclos industriais.
Fonte: Goldman Sachs Global Investment Research.

sistentes com perspectivas de crescimento mais fracas, tendem a resultar em desempenho inferior das empresas cíclicas, enquanto os rendimentos de títulos em alta são favoráveis para empresas cíclicas. Existem duas razões lógicas para isso. Em primeiro lugar, os rendimentos dos títulos tendem a aumentar quando o crescimento é mais forte, aumentando assim as receitas mais para empresas economicamente sensíveis do que para aquelas com fluxos de caixa estáveis. Em segundo lugar, as empresas cíclicas geralmente têm uma alta proporção de seus custos que são fixos, como mão de obra ou custo de materiais, bem como custos de produção e depreciação de capital (fábricas e equipamentos). Dessa forma, a inflação (e os altos rendimentos dos títulos associados a ela) geralmente é útil porque reduz os custos fixos de uma empresa em relação às vendas (que aumentarão com a inflação). O oposto também é verdade. Contudo, se você possui um ativo em depreciação, a inflação (até certo ponto) é na verdade bastante benéfica. Pode ser por isso que os cíclicos, excepcionalmente, tiveram um bom desempenho na fase de desespero de 1973-1980, quando a inflação estava alta.

No entanto, os investidores são sensíveis não apenas ao *nível* desses indicadores, mas também à *taxa de variação*; o índice está abaixo de 50,

FIGURA 5.5 Rendimentos de títulos mais baixos tendem a resultar em baixo desempenho de empresas cíclicas.

Fonte: Goldman Sachs Global Investment Research.

mas flexionando para cima, indicando uma melhora na chamada segunda derivada, ou talvez esteja acima de 50, mas desacelerando?

Para tornar as coisas mais complexas, a interação entre a taxa de mudança no ciclo e o que está acontecendo com os rendimentos dos títulos torna-se particularmente importante. Especificamente, quando a economia está crescendo (quando o PMI está acima de 50), mas em um ritmo mais lento, isso geralmente resultará em um setor e/ou estilo de liderança diferente se acompanhado por aumento ou queda dos rendimentos dos títulos.

Na realidade, portanto, há uma interação complexa entre o ciclo medido como o nível de crescimento e sua direção de trajeto (está melhorando ou piorando?), e se os rendimentos dos títulos estão aumentando ou diminuindo. Existem muitas permutações. Quando se trata de desempenho do setor cíclico *versus* defensivo, a combinação menos favorável é durante uma contração – quando os PMIs estão abaixo de 50 (contração) e pioram, e os rendimentos dos títulos também estão caindo (normalmente consistente com as expectativas de uma maior deterioração na inflação e crescimento).

A melhor combinação, conforme mostrado para o mercado como um todo no Capítulo 3, é durante uma recuperação – quando a economia ainda está em recessão, mas a taxa de crescimento está movendo-se para cima ou começando a parecer menos fraca. É quando os espíritos animais tendem a entrar em ação e os investidores começam a prever tempos melhores. Se isso for acompanhado pelo aumento dos rendimentos dos títulos (uma expressão de confiança no crescimento futuro), então as empresas economicamente mais sensíveis, ou aquelas que são mais cíclicas, tenderão a superar as empresas mais defensivas, que são menos alavancadas ao ciclo.

Uma maneira simples de resumir essas permutações é mostrada na Figura 5.6 para o ciclo de mercado dos Estados Unidos. Ilustra um extremo nas permutações mencionadas: neste caso, o PMI está acima de 50 (consistente com uma economia em crescimento) e começando a cair de um nível de pico exatamente quando os rendimentos dos títulos estão caindo. Isso mostra claramente que os retornos médios foram maiores nas indústrias mais defensivas do mercado, e os piores desempenhos foram aqueles que correm o maior risco de uma desaceleração econômica, como

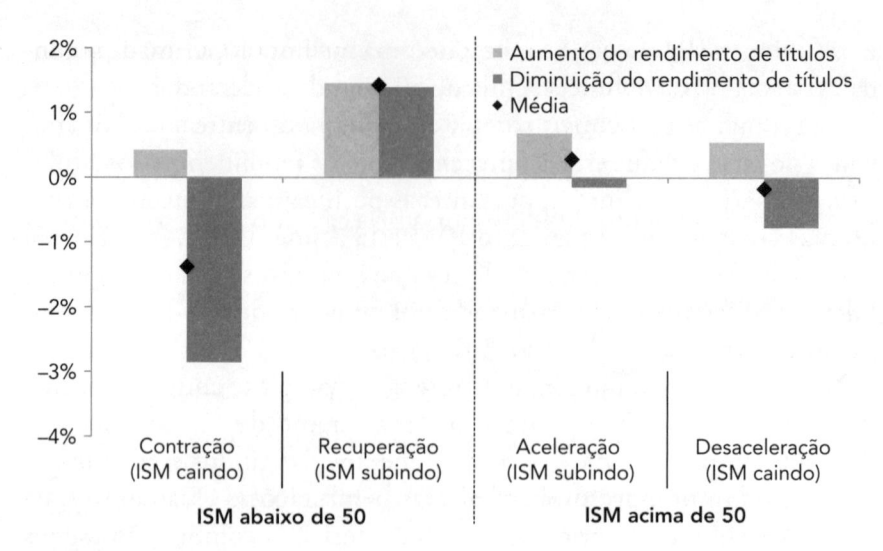

FIGURA 5.6 Desempenho mensal nos EUA de cíclicos *versus* defensivos (desde 1973).
Fonte: Goldman Sachs Global Investment Research.

os bancos, construção, mídia e tecnologia – todos os setores cuja demanda é discricionária e os pedidos podem ser facilmente atrasados.

No outro extremo – em que o PMI está abaixo de 50 (a economia provavelmente está em recessão), mas subindo de um nível mínimo exatamente quando os rendimentos dos títulos estão subindo –, o padrão de liderança no mercado se inverte.

Empresas de valor *versus* de crescimento

Embora o desempenho relativo de cíclicas *versus* defensivas seja bastante fácil de entender, a relação entre as chamadas empresas de valor e as de crescimento é um pouco menos direta, porque essas definições tendem a se espalhar por empresas em diferentes setores. Em geral, crescimento refere-se a empresas que desfrutam de um crescimento mais estável ou maior nas receitas ao longo do tempo e que tendem a ser negociadas com avaliações mais altas. Empresas de valor são geralmente definidas como aquelas que são negociadas com uma avaliação mais barata, como uma relação preço/lucro mais baixa do que a empresa média.

Capítulo 5   Estilos de investimento ao longo do ciclo   91

Os índices MSCI com base no crescimento e valor, por exemplo, incluem as seguintes definições:[1]

A segmentação de **crescimento do MSCI** é baseada em cinco variáveis:

- Taxa de crescimento do lucro por ação (EPS, do inglês *earnings per share*) a longo prazo.
- Taxa de crescimento do EPS a curto prazo.
- Taxa de crescimento interno atual.
- Tendência de crescimento do EPS histórico a longo prazo.
- Tendência de crescimento das vendas por ação históricas a longo prazo.

A segmentação de **valor do MSCI** é baseada em três variáveis:

- Razão entre valor contábil e preço.
- Razão entre lucro futuro de 12 meses e preço.
- Rendimento de dividendos.

Tende a haver algum cruzamento entre esses fatores e o eixo cíclica *versus* defensiva. Normalmente, as empresas de valor são mais cíclicas e as defensivas podem se sobrepor ao crescimento em algum grau.

Uma correlação simples entre valor relativo a crescimento e a produção industrial (uma medida do crescimento na economia real) mostra uma relação positiva, embora não muito sólida. Um crescimento econômico mais forte geralmente está associado a um melhor desempenho de ações de valor (baratas), porque estas são frequentemente mais cíclicas em termos de sensibilidade. Mas é mais complicado do que este eixo cíclico/defensivo porque a relação entre valor e crescimento mudou ao longo do tempo e, em particular, desde a crise financeira global de 2008.

Ao comparar valor e crescimento com a média das fases do ciclo (Figura 5.7), emerge um padrão muito menos claro do que em uma comparação de cíclicos e defensivos. A única imagem clara – pelo menos

---

[1] Definições completas estão disponíveis em https://www.msci.com/eqb/methodology/meth_docs/ MSCI_Dec07_GIMIVGMethod.pdf

	Desespero	Esperança	Crescimento	Otimismo
1973–1980	–	–	46%	–5%
1980–1987	16%	1%	5%	–2%
1987–1990	3%	3%	5%	–17%
1990–2000	2%	–14%	14%	–37%
2000–2007	39%	12%	18%	–
2007–2019	–17%	4%	–18%	–11%
Média	**9%**	**1%**	**12%**	**–15%**
Mediana	**3%**	**3%**	**10%**	**–11%**

FIGURA 5.7 A relação entre as empresas de valor e de crescimento dos EUA é menos direta.
Fonte: Goldman Sachs Global Investment Research.

na média – é o desempenho inferior do valor na fase de otimismo. Nesta parte final do ciclo de investimento, quando os investidores tendem a estar mais confiantes, eles permitem que as avaliações aumentem nos mercados de ações, mesmo com a desaceleração do crescimento dos lucros. É este o ambiente em que ações de crescimento normalmente têm seus retornos relativos mais fortes.

Valor, crescimento e duração

Embora a Figura 5.7 mostre retornos médios em diferentes fases, um padrão mais claro se torna visível quando olhamos para o desempenho relativo ao longo do tempo, que tende a mostrar uma tendência bastante persistente de desempenho superior do valor a longo prazo. Isso é consistente com as evidências documentadas em estudos acadêmicos. De acordo com o chamado prêmio de valor, identificado pela primeira vez por Graham e Dodd (1934)[2], ações com um alto índice *book-to-market* (razão entre valor contábil e valor de mercado) de valor de ação ou baixo índice P/L (geralmente referido como ações de valor) fornecem, em média, retornos mais elevados do que as ações com um baixo índice *book-to-market* (ações de crescimento). Isso foi amplamente corrobora-

---

[2] Graham, B. e Dodd, DL (1934). *Security analysis*. New York, NY: McGraw-Hill.

do na literatura acadêmica, e talvez o exemplo mais famoso seja o de Eugene F. Fama e Kenneth R. French,[3] que mostraram que no período de 1975 a 1995 a diferença entre os retornos médios em carteiras globais de ações de alta e baixa avaliação (usando o índice preço/valor contábil) foi de 7,68% ao ano e esse valor superou o crescimento em 12 dos 13 mercados examinados.

Um impulsionador mais importante do desempenho relativo entre valor e crescimento é sua respectiva relação com as taxas de juros e os rendimentos dos títulos, normalmente descritos como sua "duração". A definição de duração da ação segue de perto a definição de duração do título (identificada por Macaulay [1938]).[4] Semelhante à duração do título, a duração da ação se refere ao período que os investidores esperam receber fluxos de caixa futuros de seus investimentos em ações de uma empresa; portanto, nesse sentido, a duração é uma medida de maturidade do fluxo de caixa da empresa e, portanto, sensível à taxa de juros. Se uma empresa tende a pagar uma grande fração dos fluxos de caixa em um futuro distante, ela é considerada uma ação de longa duração. Um bom exemplo é uma empresa de tecnologia, ou todo o setor de tecnologia, em que as empresas estão investindo rapidamente para o crescimento futuro e provavelmente não pagam dividendos ao fazê-lo. Por outro lado, as ações de empresas maduras que exibem altos índices de dividendos para preço (como empresas de serviços públicos) são ações de curta duração. As ações de longa duração verão seu valor presente líquido aumentar mais para qualquer queda nas taxas de juros do que uma empresa de curta duração e vice-versa.

Houve uma mudança significativa na relação entre os rendimentos dos títulos e o desempenho relativo de crescimento e valor ao longo do tempo. Como mostrado na Figura 5.8, de 1980 a 2007 costumava haver uma relação negativa entre os dois. Durante as décadas de 1980 e 1990, a queda dos rendimentos dos títulos esteve associada a um crescimento geralmente forte e a riscos mais baixos – um ambiente propício para as empresas de valor. Então, no período que antecedeu a bolha de tecnologia no final da década de 1990, houve uma forte rotação em favor das

---

[3] Fama, E. e French, K. (1998). Value versus growth: The international evidence. *Journal of Finance*, 53(6), 1975–1999.

FIGURA 5.8 Houve uma mudança significativa na relação entre os rendimentos dos títulos e o desempenho relativo de crescimento e valor ao longo do tempo.
Fonte: Goldman Sachs Global Investment Research.

ações de crescimento, quando as taxas de juros baixas eram vistas como benéficas para empresas de crescimento que desfrutavam de longa duração. Além disso, as empresas de tecnologia (e, na época, ações de telecomunicações e mídia) eram vistas como empresas da "nova economia" que se beneficiariam de um crescimento futuro muito maior do que aquelas em indústrias tradicionais (muitas vezes referidas na época como "economia antiga"), nas quais a demanda estava madura.

Na esteira do colapso da bolha de tecnologia, muitas dessas ações de crescimento (e ações de tecnologia em particular) sofreram as maiores quedas nas avaliações. Na verdade, na época, o *gap* nas avaliações entre as ações de crescimento e de valor havia atingido máximas recordes, deixando-as expostas a uma reversão à medida que a confiança nas oportunidades de crescimento de longo prazo para essas ações e o valor que havia sido atribuível a elas começavam a desaparecer.

O período entre 2000 e o início da crise financeira em 2007 foi aquele em que o prêmio de valor se reafirmou. Em geral, os investidores reavaliaram o valor na "velha economia" e muitas empresas dessas indústrias maduras também se reestruturaram para melhorar suas credenciais competitivas e de crescimento. Enquanto isso, a moda do crescimento havia sofrido um forte golpe, pois os investidores sofreram enormes perdas em ações de crescimento supervalorizadas, cujos preços despencaram.

Desde a crise financeira global de 2007, a relação parece ter se revertido mais uma vez, com rendimentos de títulos mais baixos associados a um desempenho mais fraco em ações de valor em relação às ações de crescimento. O desempenho inferior do valor em relação ao crescimento foi uma das mudanças mais notáveis ocorridas nas relações do mercado de ações desde a crise financeira de 2007/2008, e esse tópico é discutido em mais detalhes no Capítulo 9.

Mais recentemente, houve quatro impulsionadores das relações de estilo no ciclo de investimento.

- As empresas de tecnologia têm visto um crescimento muito melhor nos lucros do que o resto do mercado de ações, e isso beneficia o estilo de crescimento (que tende a incluir mais empresas de tecnologia). Ao mesmo tempo, na esteira da crise financeira, os bancos tiveram retornos fracos. Isso se deve, em parte, à redução da atividade econômica em geral e, em parte, ao ambiente de taxas de juros muito baixas (e em muitos casos negativas), que dificultam a capacidade dos bancos de gerar margens sobre seus empréstimos.
- Mesmo se olharmos para as medidas de crescimento em relação às de valor tomando o quesito setorial de modo neutro – removendo o viés do setor e apenas observando o crescimento *versus* valor dentro de cada indústria –, as de crescimento superaram. Parte disso reflete a crescente escassez de crescimento. Com inflação moderada, menos empresas puderam desfrutar de um forte crescimento das vendas em comparação com outros ciclos, porque o crescimento das vendas é função do crescimento nominal e dos preços gerais.
- Desde a crise financeira, temos visto uma queda implacável nos rendimentos dos títulos, que fazem parte da taxa de desconto. Quanto mais baixo for o nível de rendimentos dos títulos, maior será o benefício para as empresas de maior duração, principalmente se essas empresas também forem vistas como "disruptivas" em setores maduros.
- A outra parte da taxa de desconto é o prêmio de risco. No ciclo pós--crise financeira, o prêmio de risco foi geralmente mais alto, dados os maiores riscos percebidos para o crescimento econômico, a deflação,

as questões geopolíticas e o impacto no ambiente competitivo da inovação tecnológica.

Dado o prêmio de risco mais alto, os investidores também valorizam cada vez mais a estabilidade ou a previsibilidade dos retornos de uma empresa ao longo do tempo. Isso também é racional. Se os retornos disponíveis em ativos menos arriscados, como títulos do governo ou títulos corporativos, são muito baixos (porque os rendimentos dos títulos caíram para níveis tão baixos), os investidores provavelmente pagarão mais por ativos com retornos mais elevados (talvez um alto dividendo ou rendimento do fluxo de caixa livre), desde que os retornos esperados sejam previsíveis e relativamente seguros. É por isso que, no ciclo pós-crise financeira, ações "semelhantes a títulos", como empresas de infraestrutura e concessões apoiadas pelo governo (p. ex., algumas estradas com pedágio ou serviços públicos que têm um contrato fixo ou um retorno sobre o capital protegido pela inflação) também tiveram um forte desempenho.

Tomados em conjunto, portanto, podemos ver que existem algumas relações entre o ciclo de investimento e os estilos de ações. Talvez o mais consistente deles esteja relacionado ao desempenho relativo de empresas cíclicas *versus* defensivas.

Também houve alguma evidência de ciclos em seus relacionamentos de estilo, como valor *versus* crescimento. Mas esses estilos são mais complicados, porque são afetados por uma variedade de fatores diferentes, além do ciclo econômico – em particular, o impacto da duração nas empresas, juntamente com outras tendências seculares relacionadas às mudanças no setor e à concorrência.

Outros estilos ou fatores dentro do mercado, como capitalização grande *versus* pequena ou desempenho de ações específicas, tendem a ser ainda menos consistentes ao longo do tempo e entre os ciclos, o que torna muito mais difícil fazer generalizações fortes e confiáveis.

PARTE II

A natureza e as causas das altas e baixas no mercado: por que ocorrem e como perceber os sinais

6

Necessidades básicas*: a natureza e a configuração dos mercados em baixa

A baixa dos mercados é um momento natural, ou mesmo inevitável, de um ciclo de investimento. Mas esse momento pode variar enormemente em duração e gravidade, dependendo dos elementos desencadeadores e das condições, incluindo as avaliações que os antecedem. A baixa dos mercados pode ser violenta e exigir muitos meses, ou anos, para a recuperação das perdas. Isso significa que ter alguma compreensão sobre o que impulsiona a baixa dos mercados pode ser valioso para os investidores, especialmente no caso de baixas de natureza estrutural e duradoura.

Embora evitar os mercados em baixa seja uma meta compreensível, o momento certo de agir é crucial. Vender ações muito cedo, na expectativa de uma baixa do mercado, pode ser tão custoso quanto permanecer totalmente alocado e esperar o início do período de baixa. Por exemplo, os investidores em ações perderam, em média, a mesma quantia nos primeiros três meses de uma baixa do mercado do que teriam ganho nos meses finais de uma alta. Em outras palavras, vender ações muito cedo pode colocá-lo na mesma posição de uma venda após o início de uma baixa.

As baixas dos mercados não são todas iguais

A maioria dos investidores vê as altas e baixas dos mercados como uma consequência natural do ciclo de negócios. A atividade econômica tende

---

*N. de R.T. O autor faz um trocadilho no original, em inglês *Bear Necessities: The Nature and Shape of Bear Markets*, pois o termo *bear* caracteriza um mercado pessimista e em baixa, no jargão em inglês.

a gerar ciclos de crescimento: após anos de forte crescimento, restrições de capacidade geram pressões inflacionárias. A política monetária mais rígida aumenta, então, o custo de capital e a taxa de desconto, ao mesmo tempo que reduz as perspectivas de crescimento futuro. Os preços das ações mudam para baixo para se ajustar a uma queda nas expectativas de crescimento futuro. Assim como as taxas em alta tendem a desencadear uma baixa no mercado, geralmente é necessário um período de cortes nas taxas de juros para reverter o processo e aumentar o valor dos fluxos de caixa futuros. Desse modo, a maioria das baixas e altas dos mercados costuma ser, pelo menos em parte, um fenômeno monetário.

Mas os investidores tendem a fazer generalizações em excesso sobre os mercados em baixa e falar deles como se fossem um grupo homogêneo em que as experiências ocorrem de modo muito semelhante. Na realidade, os elementos desencadeadores, o momento e o perfil de recuperação variam significativamente, e a baixa dos mercados apresenta incrível diversidade. Dito isso, apesar das diferenças ao longo do tempo, existem algumas características recorrentes, como acontece com os ciclos em geral.

A maioria das baixas dos mercados são relativamente curtas, durando cerca de dois anos. Outras vão bem além, e a duração do pico à depressão pode ser significativamente mais longa e o declínio, mais profundo. A diferença geralmente está relacionada à natureza do ciclo econômico e à interação entre esse ciclo e outros fatores. A variação em duração e profundidade também ocorre porque, embora a maioria das baixas seja consequência do aumento das taxas de juros e do início da recessão, nem sempre são esses os motivos. Alguns são desencadeados por choques e eventos inesperados. Outros estão associados a recessões, mas são mais duradouros porque são exacerbados pelo impacto de um colapso dos preços dos ativos e/ou uma grande reversão dos desequilíbrios econômicos.

Outro desafio, quando se trata de definir baixas do mercado, é que pode ser bastante difícil, em tempo real, avaliar quando a baixa realmente terminou; nem todas as baixas terminam de forma decisiva, com uma recuperação forte e sustentada dos preços. Não é incomum que a volatilidade do mercado aumente no final de uma baixa e que uma recuperação acentuada reverta para um declínio, logo depois. Isso pode acontecer, inclusive, várias vezes antes que uma queda final no mercado de baixa seja atingida de forma decisiva.

Ao longo da história, podemos ver muitos exemplos de mercados em baixa profunda que tiveram uma recuperação lenta e volátil. No Reino Unido, por exemplo, o pico do mercado de ações foi alcançado em 1825. Uma queda acentuada de 70% ocorreu nos dois anos seguintes. Embora recuperações e outras baixas se seguissem, o pico de 1825 não foi superado por mais de 100 anos. Este seria apenas um longo período de baixa ou uma série de altas e baixas do mercado em meio a declínio estrutural de longo prazo?

Da mesma forma, o índice de preços composto S&P caiu 86% entre setembro de 1929 e junho de 1932. O índice aumentou acentuadamente, em 135%, entre junho de 1932 e julho de 1933. Somente em 1954, entretanto, o índice excedeu seus níveis de setembro de 1929. Mesmo em termos de retorno total, não se recuperou aos níveis anteriores a 1929 até 1945.

A baixa do mercado japonês, na década de 1990 é outro exemplo de volatilidade que se manteve mesmo após a baixa final, em julho de 1992. Inicialmente, o índice de ações Nikkei teve uma alta acentuada de cerca de 40% quando as evidências de uma recuperação econômica finalmente surgiram, mas isso não foi o início de uma recuperação suave e estável. Desde então, houve cinco altas acentuadas, de 40% ou mais, mas o mercado continuou a definhar em cerca de metade do nível de sua alta de 1989 – portanto, mesmo neste caso, pode-se argumentar que a baixa do mercado que começou em 1989 ainda está em andamento.

Outras baixas de mercado são difíceis de datar precisamente porque uma inflação alta (ou mesmo uma deflação) significa que as medições dos retornos são significativamente diferentes em termos nominais e reais (ajustados pela inflação). A baixa do mercado de 1973/1974 é um exemplo disso. Um forte salto inicial a partir de uma queda acentuada não é um grande consolo para um investidor que comprou perto do topo.

A Figura 6.1 mostra alguns dos elementos desencadeadores de baixas nos mercados nos EUA nos últimos 50 anos. Das nove baixas ocorridas nesse período, seis foram seguidas por recessões. As outras foram mais em função de eventos políticos ou outros elementos. Duas dessas baixas foram particularmente longas e consolidadas e difíceis de sair: em 1973/1974 e em 2007-2009. Ambas foram associadas a uma recessão, mas em ambos os casos as quedas de preços foram maiores do que a média e as quedas mais persistentes. Essas baixas foram amplificadas pelo

Mercado em baixa	Fatores	Recessão?	
1961–1962	O "Kennedy Slide": tensão cada vez maior por causa da Guerra Fria, em 1959	Não	—
1966	Inflação após a implementação do programa da Johnson Great Society. O Fed aumentou as taxas em aproximadamente 1,5% em um ano	Não	—
1968–1970	Guerra do Vietnã e inflação: o Fed aumentou as taxas de 4 para 9% dois anos antes; entre o início de 1968 e meados de 1968, as taxas aumentaram 3%	Sim	Dez. de 1969– Nov. de 1970
1973–1974	O *crash* após o colapso do sistema de Bretton Woods nos dois anos anteriores, com o "Choque de Nixon" associado e a desvalorização do dólar norte-americano sob o Acordo Smithsonian Crise do petróleo de 1973: o preço do barril de petróleo subiu de US$ 3 para quase US$ 12	Sim	Nov. de 1973– Mar. de 1975
1980–1982	O Volcker Crash; a segunda crise do petróleo de 1979 foi seguida por forte inflação; o Fed elevou suas taxas de 9 para 19% em seis meses	Sim	Jan. de 1980– Julho de 1980 Jul. de 1981– Nov. de 1982
1987	Black Monday: Flash Crash: estratégias computadorizadas de "negociação por programas" inundaram o mercado; tensões entre os EUA e Alemanha sobre a valorização da moeda	Não	–
1990	Guerra do Golfo: Invasão do Kuwait pelo Iraque; os preços do petróleo dobraram	Sim	Jul. de 1990– Mar. de 1991
2000–2002	Bolha "ponto com"; empresas de tecnologia entram em falência; escândalo da Enron; ataques de 11/09	Sim	Mar. de 2001– Nov. de 2001
2007–2009	Bolha imobiliária; colapso dos empréstimos *subprime* e CDS (*credit default swaps*); colapso do mercado imobiliário dos EUA	Sim	Dez. de 2007– Jun. de 2009

FIGURA 6.1 Baixas nos mercados decorrem de diferentes fatores.
Fonte: Goldman Sachs Global Investment Research.

Capítulo 6   Necessidades básicas: a natureza e a configuração ...   **103**

desenrolar de grandes desequilíbrios (principalmente relacionados à inflação, no caso da década de 1970, e à desalavancagem das famílias, após o colapso do mercado imobiliário dos Estados Unidos no caso de 2007).

Ampliando esta análise verifica-se que, na definição padrão (de quedas de 20% ou mais), houve 27 baixas nos mercados no S&P 500 desde 1835 e 10, no período pós-guerra. Houve significativamente mais correções e quedas de preço ao longo deste período, mas podem ser ignoradas porque resultaram em quedas abaixo de 20% ou tiveram duração muito curta.

Com o tempo, a maioria das baixas nos mercados decorre de um (e, às vezes, de uma combinação) de três elementos desencadeadores:

- Aumento das taxas de juros e/ou expectativas de inflação junto com o medo de recessão.
- Um choque exógeno e inesperado que aumenta a incerteza e empurra para baixo os preços das ações (à medida que o prêmio de risco exigido aumenta).
- O estouro de uma grande bolha de preços de ativos e/ou a reversão de desequilíbrios estruturais que resultam em desalavancagem e, muitas vezes, em crise bancária.

Na Figura 6.2, usando esses elementos como ponto de partida, apliquei uma classificação para cada baixa de mercado. Embora a classificação de cada evento aqui seja um tanto subjetiva, ela tenta agrupar as baixas em categorias diferentes, com base em características semelhantes ao longo da história da série temporal. Eu os descrevi da seguinte maneira:

- **Em baixa cíclico.**   Normalmente uma decorrência do aumento das taxas de juros, recessões iminentes e quedas esperadas nos lucros. Essas baixas são parte de um ciclo econômico típico e são as mais comuns.
- **Em baixa orientado por eventos.**   Desencadeada por um choque único, que não leva necessariamente a uma recessão doméstica (como uma guerra, choque do preço do petróleo, crise dos mercados emergentes ou perturbação do mercado por motivos técnicos), mas leva a um aumento de curta duração na incerteza e aumenta o prêmio de risco (a taxa de retorno exigida).

S&P 500 – Mercado em baixa				Prazo para se recuperar de volta ao nível anterior		Volatilidade	
Tipo	Início	Final	Duração (m)	Declínio (%)	Nominal (m)	Real (m)	Pico a depressão	Depressão a recuperação
S	Maio de 1835	Mar. de 1842	82	-56	259	—	13	17
C	Ago. de 1847	Nov. de 1848	15	-23	42	—	8	9
C	Dez. de 1852	Out. de 1857	58	-65	67	—	19	25
C	Mar. de 1858	Jul. de 1859	16	-23	11	—	21	15
C	Out. de 1860	Jul. de 1861	9	-32	15	—	31	17
C	Abr. de 1864	Abr. de 1865	12	-26	48	—	14	8
S	Fev. de 1873	Jun. de 1877	52	-47	32	11	11	11
C	Jun. de 1881	Jan. de 1885	43	-36	191	17	9	11
C	Maio de 1887	Ago. de 1893	75	-31	65	49	10	12
C	Set. de 1902	Out. de 1903	13	-29	17	22	9	10
E	Set. de 1906	Nov. de 1907	14	-38	21	250	15	11
C	Dez. de 1909	Dez. de 1914	60	-29	121	159	9	12
C	Nov. de 1916	Dez. de 1917	13	-33	85	116	12	12
C	Jul. de 1919	Ago. de 1921	25	-32	39	14	15	10
S	Set. de 1929	Jun. de 1932	33	-85	266	284	30	20
S	Mar. de 1937	Abr. de 1942	62	-59	49	151	20	10
C	Maio de 1946	Mar. de 1948	21	-28	27	73	14	12
E	Ago. de 1956	Out. de 1957	15	-22	11	13	9	9

S&P 500 – Mercado em baixa

Tipo	Início	Final	Duração (m)	Declínio (%)	Prazo para se recuperar de volta ao nível anterior Nominal (m)	Prazo para se recuperar de volta ao nível anterior Real (m)	Volatilidade Pico a depressão	Volatilidade Depressão a recuperação
E	Dez. de 1961	Jun. de 1962	6	−28	14	18	15	9
E	Fev. de 1966	Out. de 1966	8	−22	7	24	10	8
C	Nov. de 1968	Maio de 1970	18	−36	21	270	9	10
S	Jan. de 1973	Out. de 1974	21	−48	69	154	15	11
C	Nov. de 1980	Ago. de 1982	20	−27	3	8	12	20
E	Ago. de 1987	Dez. de 1987	33	−34	20	49	45	13
C	Jul. de 1990	Out. de 1990	3	−20	4	6	17	14
S	Mar. de 2000	Out. de 2002	30	−49	56	148	19	11
S	Out. de 2007	Mar. de 2009	17	−57	49	55	32	16
Média			**28**	**−38**	**60**	**90**	**16**	**13**
Médio			**18**	**−32**	**39**	**49**	**14**	**11**
Estrutura média			**42**	**−57**	**111**	**134**	**20**	**14**
Média cíclica			**27**	**−31**	**50**	**73**	**14**	**13**
Campanha média de eventos			**9**	**−29**	**15**	**71**	**19**	**10**

FIGURA 6.2 Baixas no mercado dos EUA desde 1800.

Nota: S: mercado em baixa estrutural, E: mercado em baixa orientado por eventos, C: mercado em baixa cíclico.

Fonte: Goldman Sachs Global Investment Research.

- **Em baixa estrutural.** Geralmente desencadeada pela reversão de desequilíbrios estruturais e bolhas financeiras. Frequentemente, ocorre em um cenário de choque de preços, como deflação. Este tende a ser o tipo de baixa mais profunda e mais duradoura.

Baixas cíclicas de mercados

As baixas de mercados são descritas como cíclicas quando relacionadas a uma desaceleração econômica padrão desencadeada por um período de política monetária mais rígida. Também são baixas que terminaram, pelo menos em parte, como resultado da queda das taxas de juros. Definir as baixas passadas como cíclicas é mais fácil do que defini-las como tal no momento que ocorrem. Dado que muitos mercados em baixa estrutural também estão associados a taxas de juros crescentes e desacelerações econômicas, pode-se supor que há um risco de um fator estrutural estar ativo durante qualquer baixa. No entanto, uma das principais distinções aqui é que os preços das ações (e títulos) tendem a responder à queda das taxas de juros e aos indicadores antecedentes em um mercado em baixa cíclica normal. Embora a queda das taxas de juros possa eventualmente contribuir para a recuperação de um mercado em baixa estrutural, as mudanças na política geralmente precisam ser mais agressivas e acontecer por um período muito mais longo. De modo geral, portanto, podemos descrever as baixas cíclicas de mercado como um fenômeno monetário que afeta os preços entre três e seis meses após o primeiro corte da taxa.

Uma das razões pelas quais a maioria dos mercados em baixa tende a se recuperar antes do fim de uma recessão é que os preços financeiros começam a antecipar a recuperação como resultado da queda das taxas de juros. Embora não haja dados suficientes sobre as taxas de juros para demonstrar isso para todas as baixas cíclicas ao longo da história, na maioria dos casos, há uma tendência de recuperação dos mercados de ações após um período de queda das taxas. Embora isso às vezes possa levar um certo tempo, porque as quedas iniciais da taxa podem não ser suficientes para gerar expectativas de uma recuperação econômica iminente, uma flexibilização da política monetária geralmente é parte importante na retomada do crescimento e impulsiona os preços de ações para patamares mais elevados.

Vários fatores são comuns nas baixas cíclicas de mercado. Examinando o conjunto de baixas é possível observar que a baixa cíclica média é de 30%, com duração de 27 meses. O mercado, na média, só recuperou o nível anterior pouco mais de quatro anos após a queda, em termos nominais, e seis anos, em termos reais (embora as médias em termos reais sejam muito variáveis). A volatilidade durante o mercado de baixa é relativamente pequena (ver a Figura 6.2). A volatilidade média dos retornos mensais do pico à depressão foi de 14% para os mercados em baixa cíclicos. Para mercados em baixa estrutural, o número é significativamente mais alto, de 20%.

Antes:

- Forte crescimento econômico.
- Aumento das taxas de juros.

Depois:

- Cortes de taxas com resposta rápida.
- Lucros se recuperando rapidamente.
- Mercado de ações respondendo à queda das taxas de juros.

Em termos de lucratividade, a história sugere que a maioria das baixas cíclicas está associada a quedas de lucratividade de curta duração. Em média, os lucros começam a se recuperar cerca de 10 meses após o fim do período de baixa.

Mais uma vez, isso é em parte uma resposta à queda nas taxas de juros, que começa a beneficiar as empresas, mas também é resultado da retomada econômica. As baixas cíclicas costumam ser de natureza global (mas não necessariamente), devido à sua dependência do ciclo econômico. Economias e taxas de juros nem sempre estão em sincronia. Consequentemente, há ocasiões em que há dissociação dos mercados de ações, produzindo baixa no mercado em um país, enquanto em outro o mercado vive período de alta. Um exemplo disso é a dissociação do mercado de ações dos EUA em relação ao da Europa, em 1991.

Baixas orientadas por eventos

Existem vários exemplos de baixa nos mercados que podem ser atribuídas a eventos. Ao contrário das baixas cíclicas, mais comuns, estes não são desencadeados pela evolução do ciclo econômico, por aumento das taxas de juros ou preocupações com o crescimento futuro. Em vez disso, geralmente são resultado de um evento exógeno inesperado, como uma questão política ou um choque (uma alta acentuada nos preços do petróleo, por exemplo), um evento que aumenta o prêmio de risco de forma a exigir um ajuste para baixo nos preços, mesmo que estes não estivessem altos. Na maioria das vezes, essas baixas do mercado causadas por eventos são de curta duração e não estão associadas a uma mudança fundamental nas condições econômicas ou corporativas.

Essa não é uma definição ideal porque, às vezes, o que começa como um acontecimento inesperado (um choque político, por exemplo) pode ter sido pelo menos parcialmente responsável pelo desencadeamento de uma baixa que se revela ameaçadora. A crise do petróleo de 1973 pode ser vista como tal. Embora não seja inteiramente resultado da crise do petróleo em si, o forte aumento da inflação e das taxas de juros que se seguiram contribuíram, em grande parte, para o colapso dos retornos reais nos mercados de ações nos anos subsequentes.

Desse modo, nem sempre é fácil reconhecer onde termina uma crise motivada por um determinado evento, pois o choque costuma desencadear ondas sucessivas de incerteza crescente, queda do investimento e, muitas vezes, uma desaceleração econômica. Frequentemente, esses eventos, especialmente se traumáticos, podem provocar uma poderosa reação política, que dá início a uma recuperação ou alimenta outro problema. Por exemplo, o *default* da dívida russa e as crises asiáticas de 1997/1998 resultaram em uma flexibilização global da política monetária em um momento em que a demanda interna nas economias desenvolvidas era forte. O custo do capital caiu ainda mais. Os custos de importação caíram drasticamente e impulsionaram as já sólidas margens corporativas. As avaliações se expandiram, pois uma combinação de taxas de juros muito baixas e fortes lucros corporativos aumentaram as expectativas de que isso poderia ser sustentado no longo prazo. O cenário estava montado para o *boom* do setor de tecnologia e a posterior quebra em 2000.

Apesar das deficiências de definição de baixas orientadas por eventos, é possível, retrospectivamente, ver algumas quedas acentuadas nos mercados de ações como consequência de um aumento pontual no prêmio de risco exigido como resultado de um evento. Como esses eventos, em muitos casos, não resultaram em uma mudança no ciclo econômico ou na tendência subjacente de crescimento econômico e de lucros, eles em geral duraram relativamente pouco.

Examinando os exemplos anteriores, houve algumas diferenças importantes em relação às baixas cíclicas de mercado. O declínio médio de 29% ocorrido em baixas orientadas por eventos é semelhante ao declínio médio de 31% para mercados em baixas cíclicas. No entanto, embora as baixas cíclicas tenham durado em média dois anos e levado quatro anos para se recuperar, as baixas orientadas por eventos duraram em média apenas nove meses e se recuperaram dos picos anteriores após pouco mais de um ano.

As baixas orientadas por eventos foram superadas com uma inflação modesta. Quando houve deflação, também foi pouca. Até certo ponto, esse ambiente monetário mais estável evitou que o evento causasse os estresses que teriam transformado a queda do mercado em uma baixa mais sustentada.

Baixas estruturais de mercado

A maioria das baixas estruturais de mercado é precedida por bolhas financeiras (que estouraram, talvez, como consequência do aumento das taxas de juros ou das condições de crédito mais restritivas) e por uma sobrevalorização aguda, e muitas vezes são acompanhadas por grandes desequilíbrios na economia, como um aumento significativo na dívida do setor, o que deixa as famílias (ou empresas) vulneráveis a qualquer choque. A recuperação é ditada pela redução dos desequilíbrios, e não simplesmente pela recuperação monetária. As baixas estruturais são muito mais profundas e nítidas do que as baixas cíclicas, e a recuperação normalmente leva cerca de uma década. A alta volatilidade é uma característica importante durante o período de recuperação.

As baixas estruturais tendem a ser muito mais severas do que as baixas cíclicas ou orientadas por eventos. Em média, estão associadas a quedas de mais de 50% e duram quatro anos. O mais preocupante é que as baixas estruturais levam cerca de oito a 10 anos para recuperar as perdas em termos nominais e reais. A taxa de crescimento anualizada dos preços na fase de recuperação mercados não é materialmente diferente da recuperação de baixas cíclicas. Só leva muito mais tempo para a recuperação ocorrer e com maior volatilidade.

As baixas estruturais são geralmente o resultado de algum tipo de má alocação de recursos. As raízes disso costumam ser encontradas em uma combinação de um novo ciclo de tecnologia e quedas no custo de capital. Em geral, isso também é acompanhado por um desequilíbrio de poupança e investimento que resulta em uma predisposição crescente a choques econômicos. Por exemplo, as baixas estruturais costumam coexistir com grandes déficits em conta corrente ou orçamentários, juntamente com altos níveis de dívida corporativa ou de consumo.

Esse era, por exemplo, o cenário no período anterior à crise financeira de 2008. Como mostra a Figura 6.3, a dívida do setor privado nos EUA (e de outras regiões) aumentou acentuadamente na década anterior à crise financeira. Na época, o nível de endividamento do setor público em

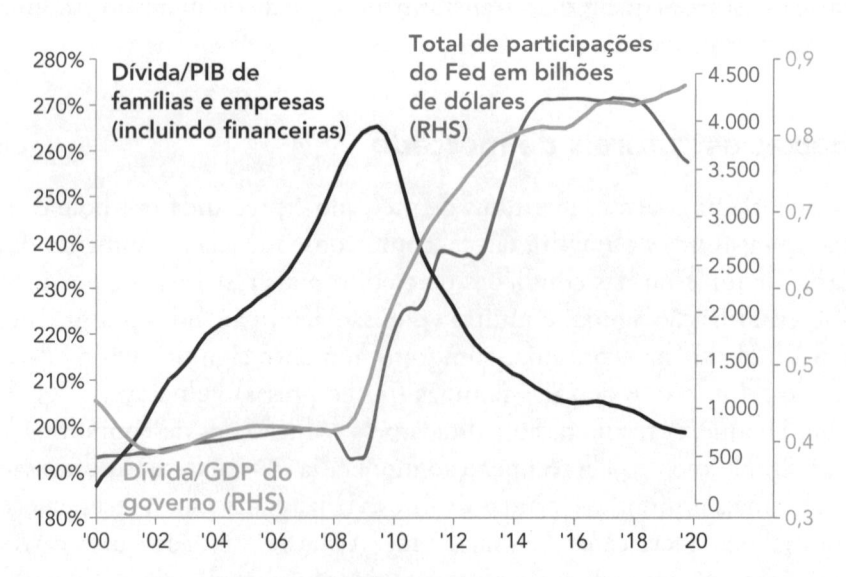

FIGURA 6.3 Desequilíbrios dos EUA mudaram do setor privado para o setor público e bancos centrais.

Fonte: Goldman Sachs Global Investment Research.

relação ao PIB se mantinha estável, como ocorria com os balanços dos bancos centrais. Na última década, esse padrão se inverteu em grande parte. A dívida não desapareceu, mas foi principalmente transferida do setor privado para o público, menos vulnerável a choques. O Capítulo 9 examina mais detalhadamente como a política e outros fatores tornaram o ciclo atual diferente do passado e resultaram em uma recuperação mais rápida dos ativos de risco.

De modo geral, os desequilíbrios econômicos costumam levar muito tempo para acabar. As taxas de poupança precisam aumentar à medida que os fluxos de caixa são usados para refazer os balanços. Esse é outro motivo pelo qual as baixas estruturais tendem a durar mais do que as cíclicas. Muitas vezes, a única maneira de acelerar o processo é por meio de algum tipo de ajuste econômico acentuado que reverta os desequilíbrios mais rapidamente do que o esperado. Por exemplo, o Reino Unido reunia muitos dos ingredientes de uma baixa estrutural no início da década de 1990, quando a economia apresentava sérios desequilíbrios, uma recessão profunda e ocorrera uma queda acentuada nos preços das propriedades e ações. Nesse caso, o processo foi acelerado por um colapso na taxa de câmbio, quando a libra esterlina caiu no MTC.[1] Esta é uma opção mais provável em uma economia aberta relativamente pequena, como a do Reino Unido (ou da Suécia, que teve uma experiência semelhante na ocasião), mas é mais difícil para uma economia grande e relativamente fechada, como a dos Estados Unidos, em que os benefícios da desvalorização são menos claros.

Tomadas em conjunto, então, as baixas estruturais nos mercados apresentam as seguintes características:

- São mais violentas em termos de magnitude e duração.
- A recuperação leva muito mais tempo.
- Estão associadas a problemas econômicos estruturais contínuos, e não a problemas cíclicos.

Dada a gravidade dessas baixas, é bom estar atento a todas as características comuns anteriores ao início desse ciclo.

---

[1] http://news.bbc.co.uk/onthisday/hi/dates/stories/september/16/newsid_2519000/2519013.stm

Os cortes nas taxas de juros têm menos impacto nos mercados em baixa estrutural

Ao contrário do que ocorre nas baixas cíclicas, o aumento das taxas de juros não costuma ser o elemento que desencadeia quedas de preços em baixas estruturais. Muitos dos mercados em baixa estrutural no passado foram precedidos por taxas de juros e inflação muito baixas, o que inicialmente ajudou no *boom* no investimento e na força nos preços das ações. Isso vale tanto para a corrida para o pico do mercado de ações de 2000 quanto no período anterior a 2008. Como o aumento das taxas de juros geralmente não é a causa da queda estrutural, a queda das taxas de juros geralmente não é a cura. Dado que o custo do dinheiro tende a ser bastante baixo nesse momento, a recuperação deve-se mais à disponibilidade e à demanda por moeda do que ao preço, embora normalmente as taxas de juros atinjam níveis baixos.

Como consequência, as baixas estruturais normalmente não se encerram até que os retornos futuros sobre o capital aumentem o suficiente para impulsionar o investimento. É certo que nem todos os exemplos são exatamente iguais. No início dos anos 1970, o forte aumento da inflação minou os retornos futuros esperados sobre o capital. Para muitos outros mercados em baixa estrutural que consigo identificar, o excesso de capacidade é necessário para a resolução. Isso pode levar mais tempo do que a queda das taxas de juros, o que explica por que os mercados em baixa cíclica parecem se recuperar mais rapidamente do que aqueles em baixa estrutural.

A Figura 6.4 mostra as quedas nas taxas de juros nos EUA que envolveram os mercados em baixa estrutural. Em média, as taxas de juros caíram mais acentuadamente durante as crises estruturais do que durante as cíclicas, particularmente nos EUA. Embora as taxas de juros tenham caído em média cerca de um terço nos mercados em baixa cíclica, elas caíram 70% em média nos mercados em baixa estrutural. Além disso, as taxas de juros tenderam a continuar caindo por um período muito mais longo nos casos das baixas estruturais. Muitos sofreram quedas nas taxas que continuaram por dois anos após a queda do mercado de ações.

Apesar dos melhores esforços das autoridades monetárias para gerar uma recuperação nos mercados financeiros e, portanto, crescimento, os preços das ações muitas vezes ainda continuavam negativos um ano após

Data		Corte nas taxas de juros		Retorno anual do mercado de ações seguindo vários pontos depois do primeiro corte nas taxas de juros				Corte de taxa de juros, como % do nível inicial
Pico	Depressão	Primeiro	Último	3 meses	6 meses	1 ano		
Maio de 1835	Mar. de 1842	–	–	–	–	–		–
Fev. de 1873	Jun. de 1877	–	–	–	–	–		–
Set. de 1929	Jun. de 1932	Nov. de 1929	Maio de 1931	-8%	-7%	-19%		-67%
Mar. de 1937	Abr. de 1942	Abr. de 1933	Out. de 1942	124%	34%	58%		-83%
Jan. de 1973	Out. de 1974	Dez. de 1974	Nov. de 1976	-14%	3%	32%		-32%
Mar. de 2000	Out. de 2002	Jan. de 2001	Jun. de 2003	-19%	-18%	-15%		-82%
Out. de 2007	Mar. de 2009	Set. de 2007	Dez. de 2008	4%	-6%	-19%		-97%
Média				18%	1%	8%		-72%
Mediana				-8%	-6%	-15%		**-82%**
Desvio padrão				60%	20%	36%		25%

FIGURA 6.4 Reação aos cortes nas taxas; mercados em baixa estrutural dos EUA.
Fonte: Goldman Sachs Global Investment Research.

os primeiros cortes de juros. Isso marca uma diferença importante entre baixas cíclicas e estruturais.

O ciclo mais recente, após a crise financeira, foi particularmente incomum no que se refere à recuperação monetária. O colapso das taxas de juros a zero e a introdução da flexibilização quantitativa, em grande parte para desviar as consequências deflacionárias do colapso da atividade econômica e dos preços dos ativos na esteira da crise, é uma característica particular desta crise (discuto isso em mais detalhes no Capítulo 9).

Choques de preços: a deflação é uma característica comum

Outro fator-chave que parece ser comum durante as baixas estruturais é um choque de preços, seja inflacionário ou deflacionário. Na maioria das vezes, é deflação. As forças deflacionárias, particularmente no setor corporativo, são geralmente um subproduto de quedas no custo de capital e superinvestimento. Mais uma vez, a suscetibilidade a choques de preços é um fator adicional que retarda o processo de recuperação e prolonga o tempo que leva para o retorno potencial sobre o capital aumentar o suficiente para gerar uma recuperação.

Crença em uma nova era/novas avaliações de ativos

Muitos das grandes baixas estruturais foram precedidas por bolhas financeiras e pela crença em uma "nova era". Como Alan Greenspan declarou em depoimento perante o Congresso dos Estados Unidos em 26 de fevereiro de 1997, "lamentavelmente, a história está repleta de visões dessas 'novas eras' que, no final, provaram ser uma miragem". Um relato mais detalhado desses surtos de sentimento e como eles estão relacionados às bolhas financeiras e "manias" é fornecido no Capítulo 8.

Altos níveis de dívida

Os *booms* de investimento são em grande parte a razão dos altos níveis de dívida. Mas o aumento da dívida corporativa, assim como da dívida pessoal e governamental, costuma estar associada a baixas estruturais. Um estudo do Banco de Compensações Internacionais, que examina sistematicamente a experiência de 34 países nos últimos 40 anos, concluiu que o rápido crescimento da dívida é o melhor indicador individual de crises financeiras (ver Borio e Lowe 2002).[2]

A liderança do mercado de ações está ficando apertada

O entusiasmo Nifty Fifty do final dos anos 1960 revelou outra característica das baixas estruturais. Esta foi a época em que as 50 maiores empresas correram à frente, enquanto o resto do mercado dos Estados Unidos não obteve ganhos. No entanto, quando a baixa do início da década de 1970 chegou, essas ações despencaram mais do que o mercado como um todo. Os componentes do Cinquenta Mais tiveram desempenho inferior ao do mercado pelo resto da década de 1970.

O mesmo ocorreu no Japão no final da década de 1980, quando bancos e propriedades dominaram o mercado. Essa também era uma característica do final da década de 1990. Embora o S&P, por exemplo, tenha crescido a uma taxa média anual de 25% entre 1994 e 1999, mais da metade de seus participantes caiu durante 1999. Entre 1994 e 1996, os preços de dois terços das ações aumentaram 10%, alinhado com o aumento médio anual desde o final da Segunda Guerra Mundial. Em 1997, porém, o índice começou a mudar. Em 1999, as cinco empresas cujo valor de mercado mais aumentou representavam cerca de 42% do aumento total do mercado. As 100 maiores empresas foram responsáveis por 139% do aumento, em comparação com uma média de 87% desde 1967.

O mesmo tipo de concentração ocorreu na Europa. No final de 1999, as 20 maiores empresas por capitalização de mercado representavam cerca de 30% do mercado total.

Alta volatilidade

Não apenas o período de bolha e o colapso subsequente tendem a se concentrar em um número restrito de ações, mas também os mercados em geral tendem a ser altamente voláteis. Uma das principais caracte-

---

[2] Ver Borio, C., e Lowe, P. (2002). Asset prices, financial and monetary stability: Exploring the nexus. *BIS Working Papers Nº 114* [on-line]. Disponível em https://www.bis.org/publ/work114.html

rísticas das baixas estruturais é a alta volatilidade durante o período de quedas de preços e durante a recuperação. A taxa real anualizada de aumento dos preços das ações não é significativamente diferente das recuperações do mercado em baixa cíclica, mas tende a haver um número maior de altas e falsos começos.

A relação entre a baixa dos mercados e os lucros corporativos

A Figura 6.5 mostra as baixas dos mercados desde 1960 e a mudança no lucro por ação (LPA) ou lucros corporativos durante e perto da baixa. Em média, desde 1960, o lucro por ação aumentou apenas 5% durante a baixa. Mas isso é distorcido por dois fatores:

- o LPA normalmente não cai (ou cai pouco) em baixas orientadas por eventos – essas baixas estão relacionadas principalmente à depreciação e, portanto, a um declínio na avaliação; elas não são acionadas de forma cíclica direta.

- O período real de declínio no LPA não coincide exatamente com as datas da baixa de preços, nem seria de se esperar isso, uma vez que os investidores em ações deveriam tentar antecipar o ciclo. Além disso, o declínio nos lucros (que o mercado antecipa) frequentemente continua depois que o mercado atinge o mínimo.

Removendo da análise as baixas orientadas por eventos e observando o declínio completo do mercado em baixa (levando em consideração que o momento preciso do declínio do LPA difere em cada ciclo) vemos uma queda média do LPA de 19%. Essa queda é semelhante à queda de preço médio nos mercados em baixa desde a década de 1960 (excetuando nas baixas orientadas por eventos) de 40%.

Isso sugere que a natureza das baixas (exceto naquelas orientadas por eventos) é, em grande parte, uma questão de lucros ou ganhos por ação, embora as avaliações normalmente caiam na baixa. Isso ocorre porque as avaliações em geral começam a cair antes do declínio real na lucratividade, já que os investidores começam a antecipar o evento. A experiência em um mercado em alta é muito inversa, pois a fase de esperança é

Capítulo 6 Necessidades básicas: a natureza e a configuração ... 117

		Mercado em baixa						Período de declínio do LPA		
Tipo	Início	Fim	Duração (m)	Desempenho	% de mudança no LPA	Início	Fim	Diminuição do LPA	Duração (m)	Atraso até o início do mercado em baixa (m)
E	Dez. de 1961	Jun. de 1962	6	–28%	9%	–	–	–	–	–
E	Fev. de 1966	Out. de 1966	8	–22%	5%	Dez. de 1966	Set. de 1967	–4%	9	10
C	Nov. de 1968	Maio de 1970	18	–36%	–2%	Set. de 1969	Dez. de 1970	–11%	15	9
S	Jan. de 1973	Out. de 1974	21	–48%	51%	Set. de 1974	Dez. de 1975	–11%	15	21
C	Nov. de 1980	Ago. de 1982	20	–27%	–4%	Set. de 1981	Mar. de 1983	–14%	18	10
E	Ago. de 1987	Dez. de 1987	3	–34%	6%	Mar. de 1987	Set. de 1987	–8%	6	–5
C	Jul. de 1990	Out. de 1990	3	–20%	5%	Jun. de 1989	Mar. de 1992	–26%	33	–13
S	Mar. de 2000	Out. de 2002	30	–49%	–3%	Jan. de 2001	Dez. de 2001	–15%	11	10
S	Out. de 2007	Mar. de 2009	17	–57%	–23%	Set. de 2007	Jan. de 2010	–34%	28	0
Média			17	–34%	5%			–13%	15	**10**
Médio			14	–36%	5%			–15%	17	**5**
Mediana			18	–40%	4%			–19%	20	**6**
Desvio padrão			6	–28%	7%			–6%	8	**2**

FIGURA 6.5 LPA de mercados em baixa: o LPA cai tanto quanto os preços em baixas cíclicas e estruturais, mas o *timing* é diferente.

Nota: S: mercado em baixa estrutural, E: mercado em baixa orientada por eventos, C: mercado em baixa cíclica.

Fonte: Goldman Sachs Global Investment Research.

caracterizada por uma forte expansão da avaliação, à medida que os preços das ações começam a subir em antecipação ao crescimento do lucro futuro em um período em que os lucros reais permanecem deprimidos.

Em média (excluindo saques motivados por eventos), as quedas de LPA atrasam o início da baixa em cinco meses. Dito de outra forma, **os preços começam a cair cinco meses antes do LPA. No entanto, a variação é ampla.** Essa tendência de recuperação do mercado no final do ciclo, mesmo quando os lucros corporativos podem ter atingido o pico, reflete a fase de otimismo do final de ciclo, em que o mercado continua a subir, contrariando a evidência de que os lucros já atingiram o pico.

Um resumo das características das baixas nos mercados

Ao dividir as baixas nestes grupos, considero o seguinte:

- Baixas cíclicas e orientadas por eventos geralmente veem quedas de preços de cerca de 30%, enquanto as baixas estruturais veem quedas muito maiores, de cerca de 50%.
- As baixas orientadas por eventos tendem a ser as mais curtas, durando em média sete meses; as baixas cíclicas duram em média 27 meses; e as baixas estruturais duram em média quatro anos.
- As baixas cíclicas e orientadas por eventos tendem a reverter para as máximas anteriores após cerca de um ano, e as baixas estruturais levam em média 10 anos para retornar às máximas anteriores.

É importante notar que esses dados são em termos nominais, ao passo que, na realidade, as baixas da década de 1970 eram mais pronunciadas, uma vez que a inflação era extremamente alta (ver a Figura 6.6).

Definindo a crise financeira: um mercado em baixa estrutural com uma diferença

A crise financeira e a baixa de 2007 podem ser descritos como uma típica baixa estrutural, mas a resposta a isso em termos de política foi única

	Pré-baixa	Cíclica	Eventos	Estrutural
Taxas crescentes		✓	Talvez	✓
Choque exógeno		Talvez	✓	Talvez
Aumento especulativo nos preços das ações		✗	✗	✓
Desequilíbrios econômicos		✗	✗	✓
Aumento da produtividade		Talvez	–	✓
Força incomum na economia		✗	✗	✓
Crença em nova era		✗	✗	✓
	Pós-pico	**Cíclica**	**Eventos**	**Estrutural**
Recessão/desaceleração econômica		Normalmente	Talvez	Normalmente
Lucros entram em colapso		✓	Talvez	✓
As taxas de juros caem e provocam aumento nos preços das ações/ queda nos títulos		✓	Normalmente	✗
Choque de preços		✗	✗	✓

FIGURA 6.6 Características das baixas do mercado.
Fonte: Goldman Sachs Global Investment Research.

(talvez porque os legisladores estivessem determinados a evitar os erros do passado). Em muitos aspectos, tinha a marca de uma baixa estrutural, com desequilíbrios crescentes como característica importante do ciclo que o precedeu. Mas houve menos características de uma bolha especulativa no mercado de ações, ou crença na "nova era", do que vimos na corrida para outros baixas, pelo menos no mercado de ações. A bolha nesse ciclo foi mais evidente no mercado imobiliário nos Estados Unidos e em partes do sul da Europa do que nos preços das ações.

O que realmente diferencia a baixa de 2007-2009 de outras baixas estruturais é a resposta política. Os cortes rápidos nas taxas de juros e a adoção do QE resultaram em uma recuperação mais acentuada nos preços das ações (bem como de outros ativos financeiros) do que vimos no passado. Taxas livre de risco mais baixas desencadearam uma busca por rendimento em ativos nominais, como títulos, ao mesmo tempo que aumentava o valor presente dos fluxos de renda futuros. Esse cenário incomum, sustentado por uma inflação muito baixa, abriu caminho para um ciclo prolongado e aumento das avaliações. Examino esse ciclo específico com mais detalhes no Capítulo 9.

Encontrando um indicador para sinalizar o risco de baixa

O dano que as baixas dos mercados podem infligir ao retorno dos investidores é claro, seja qual for o tipo. Isso levanta a questão óbvia de saber se é possível identificar um conjunto de condições que alertariam sobre uma baixa iminente. Isso apresenta três problemas principais:

- **Todas as baixas são únicas.** Embora existam semelhanças em termos de perfil e desempenho quando eles começam, os elementos desencadeadores costumam ser significativamente diferentes.
- **Existem muitos falsos negativos.** O fato de que vários indicadores terem mudado antes de uma ou duas baixas no passado não significa que se possa confiar que o farão novamente; em muitas ocasiões esses indicadores se moveram em uma direção específica e, no entanto, não ocorreu recessão. A confiabilidade dos indicadores, portanto, tende a ser baixa e geralmente há muitos falsos negativos e condições necessárias, mas não suficientes, para que uma baixa evolua. Em outras palavras, um indicador pode ser útil para apontar para o risco de mercado de baixa em um ciclo, mas não em outro, ou uma determinada variável pode precisar se mover de uma maneira particular antes de uma baixa no mercado, mas apenas porque mudou dessa forma não significa necessariamente que sempre haverá um mercado em baixa.
- Mais importante: como os próprios preços das ações antecipam o futuro, é difícil encontrar algo que oriente os preços das ações.

A questão de todos os mercados em baixa serem diferentes é agravada pelo fato de que, embora algumas condições possam ser as mesmas, como altas avaliações e medo de desaceleração econômica, o principal fator varia em cada caso.

Dito isso, muitos fatores podem influenciar o momento e a forma de uma baixa no mercado. Para testar a utilidade dos fatores na previsão ou liderança de uma baixa, minha equipe na Goldman Sachs realizou uma análise observando a consistência de mais de 40 variáveis ao longo do tempo. Essas variáveis foram selecionadas em três categorias – macroeconômica, baseada no mercado e técnica – ao qual um sistema baseado em "regras" é aplicado para avaliar se cada indicador atingiu um limite predeterminado (embora subjetivo) antes de uma baixa no mercado. Por exemplo, para se qualificar, o P/L de Shiller (ou P/L com base nos preços atuais e ganhos médios nos últimos 10 anos) precisava estar subindo de um nível alto (o 70° percentil) ou ter começado em um nível mais alto do que o 90° percentil (isso visa registrar a ideia de que a avaliação precisa ser alta e crescente ou muito alta).

Talvez sem surpresa (ou seria muito fácil para os investidores), a maioria das variáveis poderia ser descartada porque não eram confiáveis: ou não mostraram um padrão consistente de comportamento antes de uma baixa, ou atrasaram os movimentos no próprio mercado de ações, ou as variáveis eram muito voláteis para serem confiáveis. Isso reduziu a lista de indicadores possíveis a apenas alguns que eram sinais estatisticamente confiáveis. Mesmo assim, nenhuma baixa havia sido sinalizada pelos indicadores, que se moviam como esperado. Da mesma forma, nenhum indicador acerta 100% antes de uma baixa. Os indicadores de mercado pré-baixa mais consistentemente úteis foram as medidas de desemprego e avaliação. A maioria das variáveis "técnicas" que analisamos (como pesquisas de posicionamento e sentimento) eram particularmente fracas, porque tendiam a ficar atrás do próprio mercado.[3]

Condições típicas anteriores às baixas nos mercados

As características mais comuns dos mercados em baixa são uma combinação de deterioração do ritmo de crescimento e aperto de política em um momento de alta valorização.

Embora tenha sido difícil encontrar variáveis que mudam consistentemente pouco antes de um pico no mercado, há um pequeno número de variáveis que, em combinação, tendem a se mover de uma maneira particular na formação de uma baixa. Embora alguns deles comecem a exibir níveis "arriscados" com bastante antecedência, é a combinação que fornece um indicador útil de risco. **No mínimo, em combinação, podem fornecer informações valiosas após o pico do mercado para**

---

[3] Oppenheimer, P., e Bell, S. (2017). *Bear necessities: Identifying signals for the next bear market.* Londres, Reino Unido: Goldman Sachs Global Investment Research.

saber se um salto do mercado em baixa é genuinamente o início de uma queda maior, em vez de uma correção mais curta.

- **Desemprego.** O aumento do desemprego tende a ser um bom indicador de recessão, especialmente nos Estados Unidos: o desemprego aumentou antes de cada recessão pós-guerra nos EUA. O problema é que o aumento do desemprego (e, claro, a recessão) responde atrasado em relação ao mercado de ações. Mas o desemprego muito baixo parece ser uma característica consistente antes da maioria das baixas no mercado. A combinação de períodos em que o desemprego atingiu seu ponto mais baixo em um momento em que a valorização das ações é particularmente alta fornece um sinal bastante útil do risco potencial no mercado de ações: a combinação de ciclo de desemprego baixo e altas avaliações tende a ser seguida por retornos negativos.
- **Inflação.** O aumento da inflação tem contribuído de forma importante nas recessões anteriores e, por associação, nos mercados em baixa, porque o aumento da inflação tende a tornar a política monetária mais rigorosa. Este indicador não é útil no pico preciso do mercado porque o pico da inflação normalmente acontece depois do pico do mercado de ações (e frequentemente do ciclo econômico). Mas o aumento da inflação foi uma característica importante do ambiente anterior às baixas no passado, especialmente antes do período de "grande moderação" nos anos 1990. Por extensão, a falta de inflação e de expectativas de inflação no ciclo pós-crise financeira é um dos fatores que tem sustentado um ciclo econômico muito mais longo e com menor volatilidade. Na ausência de pressões inflacionárias, a política monetária pode permanecer muito mais frouxa e reduzir os riscos de recessão e, por associação, às baixas no mercado.
- **A curva de rendimento.** Relacionada ao ponto sobre a inflação, uma política monetária mais rígida frequentemente leva a um achatamento, ou mesmo a uma curva de rendimento invertida. Como muitas baixas, embora não todas, são precedidas por períodos de aperto da política monetária, descobrimos que as curvas de rendimento planas, antes da inversão, também são seguidas por retornos baixos ou mercados em baixa. Nos últimos anos, o impacto do QE e a queda das expectativas de inflação (prêmios de termo) podem ter enfraquecido a confiabili-

dade desse sinal.[4] Como consequência, usamos a medida da diferença dos rendimentos de títulos com maturidade de três meses e de 10 anos, com foco no final da curva de rendimento (0 a 6 meses). O *spread* de 0 a 6 trimestres captura mais claramente a perspectiva de curto prazo do mercado por meio de suas expectativas de taxas de fundos do que as medidas de *back-end*, que são mais distorcidas pelos prêmios de termo. Consistente com a pesquisa do Fed, descobrimos que o *spread* de curto prazo de 0 a 6 trimestres também foi um preditor um pouco mais significativo do risco de recessão do que, por exemplo, a diferença dos rendimentos de títulos com maturidade de 10 anos e de 3 meses. Mais uma vez, ao combinar o sinal com a avaliação, uma combinação de curvas de rendimento planas ou invertidas junto com a alta avaliação pode ser um indicador de mercado em baixa útil.

- **Momento de crescimento em alta.** Normalmente, os períodos de crescimento econômico forte e acelerado (embora sejam bons para investidores em ações em geral) tendem a ser seguidos por retornos de ações mais baixos quando o ritmo de crescimento começa a moderar. A Figura 6.7 ilustra isso para os EUA. Os retornos mais altos são quando o ISM está baixo, mas se recuperando, e os mais baixos, quando está baixo e se deteriorando. Em média, a fase de desaceleração, quando os indicadores de *momentum* estão altos, mas se deteriorando, tende a ser acompanhada por retornos mais baixos e, portanto, quando os indicadores de *momentum* estão muito elevados, há uma chance razoável de que eles se deteriorem e, eventualmente, caiam abaixo dos níveis de recessão.

Como mostra a Figura 6.7, isso se encaixa muito nas fases do ciclo discutidas no Capítulo 3.

Os períodos em que o ISM está no quartil histórico mais alto tendem a ser seguidos por retornos mais baixos.

- **Avaliação.** As altas avaliações são uma característica da maioria dos períodos de baixa nos mercados. A avaliação raramente é o elemento

---

[4] Uma discussão útil sobre o valor da curva de rendimentos na previsão de recessões pode ser encontrada em Benzoni, L., Chyruk, O., e Kelley, D. (2018). Why does the yield-curve slope predict recessions? *Chicago Fed Letter Nº 404*.

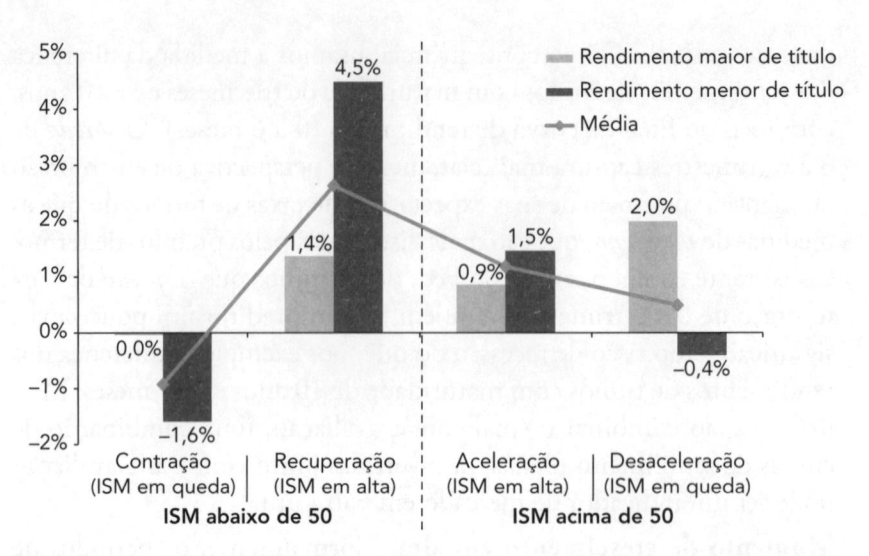

FIGURA 6.7 Desempenho das ações dos EUA durante diferentes permutações em ISMs e rendimentos de títulos (% de retorno de preço mensal, manufatura nos EUA, ISM, rendimento do título de 10 anos dos EUA, dados de 1990).
FONTE: Goldman Sachs Global Investment Research.

desencadeador de uma queda do mercado; muitas vezes, as avaliações podem ser altas por um longo período antes de uma correção ou de uma baixa. Mas quando outros fatores fundamentais combinam com a avaliação como um elemento desencadeador, os riscos de uma baixa tornam-se elevados.

- **Equilíbrio financeiro do setor privado**. Nessa medida, calculamos o saldo financeiro como a receita total menos os gastos totais de todas as famílias e empresas como uma medida do risco de superaquecimento financeiro. Selecionamos o equilíbrio financeiro do setor privado, em vez de alternativas como o crescimento do crédito ou dos preços das casas, por causa de seu histórico empírico e seu apelo intuitivo como uma medida abrangente dos gastos excessivos do setor privado.[5]

---

[5] Uma discussão sobre um amplo indicador de risco de recessão e o desequilíbrio do setor privado pode ser encontrada em Struyven, D., Choi, D. e Hatzius, J. (2019). *Recession risk: Still moderate*. New York, NY: Goldman Sachs Global Investment Research.

Uma estrutura para antecipar baixas nos mercados

Embora nenhum indicador seja confiável por si só, a combinação desses seis parece fornecer um sinal razoável para o risco futuro de uma baixa no mercado. Todas essas variáveis estão relacionadas. Os mercados de trabalho restritos estão normalmente associados a expectativas de inflação mais altas. Estes, por sua vez, tendem a apertar a política e enfraquecer as expectativas de crescimento futuro. Ao mesmo tempo, altas valorizações deixam as ações vulneráveis a reduções se as expectativas de crescimento se deteriorarem ou a taxa de desconto aumentar ou, pior ainda, se ambas ocorrerem juntas.

A Figura 6.8 mostra o indicador relativo às ações mundiais MSCI desde 1955. As colunas sombreadas representam quedas no mercado global de ações de 20% ou mais (definição padrão de uma baixa no mercado). Embora o indicador esteja longe de ser perfeito, ele dá algum tipo de indicação de riscos (quando está perto de máximas) e oportunidades (quando está perto de mínimas).

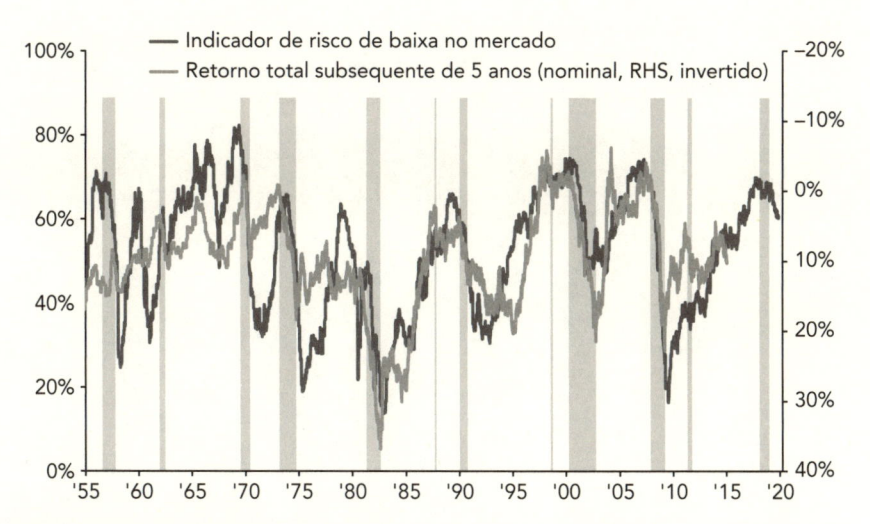

FIGURA 6.8 O indicador de risco de baixa no mercado sugere retornos baixos de um dígito para ações globais.

Nota: As áreas sombreadas mostram mercados em baixa mundiais MSCI e mercados em baixa S&P 500 antes de 1969.

Fonte: Goldman Sachs Global Investment Research.

O indicador também atua como um guia para prováveis retornos futuros. A Figura 6.8 mostra o indicador ao lado do retorno total de cinco anos (em outras palavras, retornos nos cinco anos após qualquer leitura particular do indicador no passado); os retornos são invertidos e podem ser lidos na escala da direita. Embora o indicador tenha sido razoavelmente bem-sucedido em destacar os riscos de um ponto de inflexão (tanto para cima quanto para baixo em extremos), ele também forneceu algumas informações sobre retornos prospectivos nos próximos cinco anos.

7

Bem no alvo*: a natureza e a configuração das altas nos mercados

As altas e as baixas nos mercados podem ser definidas de muitas maneiras diferentes. São compostos pelas três fases do ciclo que não estão associadas a baixas sustentadas: a esperança, o crescimento e o otimismo, que foram examinadas no Capítulo 3.

Mas assim como as baixas, também as altas nos mercados podem variar em duração e força. Algumas são extremamente longas e fortes, exibindo uma tendência secular sustentada, muitas vezes com avaliações em alta. Outras podem ser relativamente estáveis ou sem tendência, em que grande parte do retorno vem do dividendo ou do crescimento dos lucros.

O alta secular do mercado no "superciclo"

Os investidores em ações esperam um retorno mais alto sobre as ações (dado seu risco e a incerteza dos retornos futuros) do que esperariam de um ativo menos arriscado, como um título do governo (em que o retorno é conhecido de antemão em termos nominais). Mas olhar para a progressão dos mercados de ações ao longo de muitas décadas mostra que eles não são simplesmente compostos de uma série de ciclos próximos de uma tendência de alta clara e estável. Assim como dentro de um ciclo de ações, em que grande parte do retorno vem em uma alta curta

---

* N. de R. T. O autor faz um trocadilho no original, em inglês *Bull's Eye: The Nature and Shape of Bull Markets*, pois o termo *bull* caracteriza o mercado de alta no jargão em inglês.

na fase de esperança, a tendência de alta de longo prazo nos preços das ações também ocorre em fases.

Tomando uma escala logarítmica do índice de ações S&P desde 1900, por exemplo (de modo a levar em conta o fato de que os níveis recentes do índice são muito mais altos do que os de muitas décadas atrás), pode-se ver que os preços das ações aumentaram e apresentaram tendência de alta ao longo do tempo, mas isso não aconteceu em linha reta (Figura 7.1). Para simplificar, pode-se argumentar que houve três longos "superciclos", ou mercados em alta seculares, desde a Segunda Guerra Mundial. Cada um deles foi pontuado por quedas acentuadas ocasionais e "mini" mercados em baixa (muitas vezes acentuados). Por exemplo, o mercado em alta secular de 1982-2000 foi interrompido pela crise de poupança e empréstimos do início dos anos 1980, o *crash* de 1987, a crise dos títulos em 1994 (quando os rendimentos do Tesouro americano de 30 anos aumentaram cerca de 200 pontos-base em apenas nove meses) e a crise asiática de 1998. Mas ainda se pode considerar esses períodos como "superciclos" porque os retornos foram impulsionados por fatores estruturais muito específicos, que permaneceram ininterruptos por longos períodos, mesmo durante as correções.

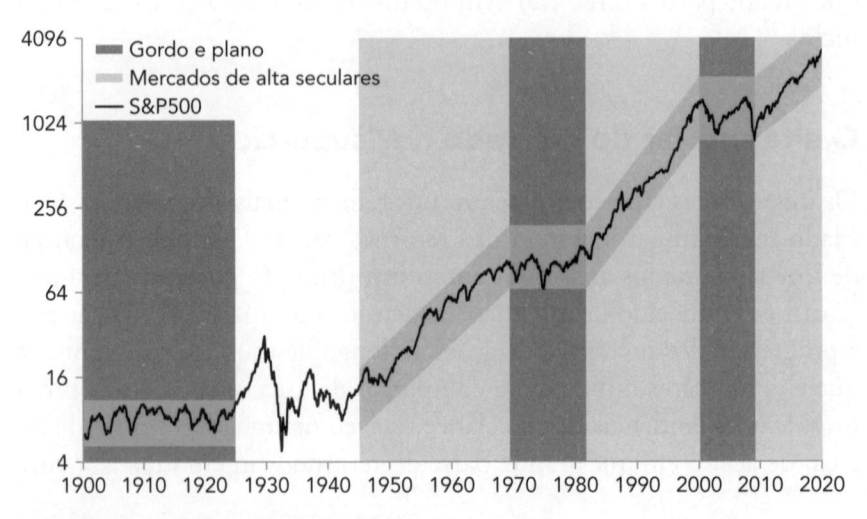

FIGURA 7.1 Períodos "gordos" e "planos" dos EUA entre mercados em alta seculares (S&P 500, escala logarítmica).

Fonte: Goldman Sachs Global Investment Research.

1945-1968: O boom *pós-guerra*

Este período foi dominado pelo *boom* econômico do pós-guerra e é frequentemente chamado "a Idade de Ouro do capitalismo". Foi sustentado pela iniciativa dos Estados Unidos de ajudar economicamente a Europa, o Plano Marshall (ou Plano de Recuperação Europeu), que ajudou a impulsionar o crescimento e a reduzir o desemprego. O crescimento da produtividade foi forte, especialmente na Europa e no Leste Asiático, e o *baby boom* do pós-guerra fortaleceu ainda mais a demanda.

Embora o ambiente econômico fosse propício a fortes retornos nos mercados de ações nesse período, as avaliações também se recuperaram de seus níveis do pós-guerra, auxiliadas por um declínio secular do prêmio de risco, à medida que muitos dos riscos para o sistema global diminuíam. Surgiram novas instituições internacionais e um sistema de comércio global baseado em regras.[1] A criação do Fundo Monetário Internacional (FMI) e do Banco Mundial, como parte do novo sistema de pagamentos internacional conhecido como sistema monetário de Bretton Woods, ajudou a reduzir a incerteza. O comércio global foi fortalecido e expandido por estruturas institucionais mais fortes, como o Acordo Geral sobre Tarifas e Comércio (GATT), criado em 1948, e a Conferência das Nações Unidas sobre Comércio e Desenvolvimento (UNCTAD), fundada em 1964. No mesmo ano, teve início a sexta rodada de negociações do GATT, comumente chamada de Rodada Kennedy de negociações comerciais multilaterais. Até 1967 as negociações resultaram em cortes nas tarifas comerciais em uma média de 35 a 40% em muitos itens e foram descritas na época como "a negociação comercial e tarifária mais importante já realizada".[2]

Ao longo da década de 1960, o surgimento de empresas globais de rápido crescimento também estimulou a confiança no mercado de ações e nas chamadas ações Cinquenta Mais nos Estados Unidos. A ideia por trás do investimento nessas ações era que você nunca precisava se preocupar com avaliação, porque essas empresas tinham forte crescimen-

---

[1] Post-war reconstruction and development in the golden age of capitalism. Nações Unidas (2017). *World Economic and Social Survey* 2017.

[2] Norwood, B. (1969). The Kennedy round: A try at linear trade negotiations. Journal of Law and Economics, 12(2), 297–319.

to de lucros ou grandes expectativas de forte crescimento no futuro, e muitas também tinham marcas fortes. Embora não houvesse um índice formal dessas empresas, havia uma lista geralmente aceita de ações de crescimento que incluía muitos líderes de tecnologia, como IBM, Xerox, Texas Instruments e Burroughs, bem como empresas farmacêuticas, como Merck, Pfizer, Eli Lilley e American Home Products. Além disso, várias empresas de varejo eram vistas como oferecendo novas e estimulantes oportunidades de crescimento, entre elas Avon, McDonald's, Polaroid e Kodak. Em 1972, o P/L na Polaroid era de 90 vezes, no McDonald's, 85 vezes e na Walt Disney, 82 vezes. O P/L médio para o S&P era 33 vezes, e para as empresas 50 + era cerca de 45 vezes (e para as cinco maiores em 1973, 35,5 vezes; ver o Capítulo 9).

À medida que a década de 1960 avançava, o dólar dos Estados Unidos, cujo valor era fixado levando em conta o ouro no sistema de Bretton Woods de taxas de câmbio fixas, tornava-se supervalorizado. Um aumento significativo nos gastos públicos nos Estados Unidos, como resultado dos programas Great Society do presidente Lyndon Johnson e o aumento dos gastos militares para financiar a Guerra do Vietnã, pressionou ainda mais o sistema. O padrão ouro sofreu pressão significativa no final da década de 1960 e foi finalmente dissolvido pelo presidente Richard Nixon em 1971, quando ele anunciou uma suspensão "temporária" da conversibilidade do dólar em ouro.[3] A bolha das ações das 50 + estourou.

Na maioria dos mercados de ações, os preços já haviam atingido um platô por volta de 1966, após um aumento surpreendente nos 15 anos anteriores (especialmente nos Estados Unidos e no Reino Unido). Nos Estados Unidos em particular, o pico ocorreu em 1968. A baixa no mercado que se seguiu foi de natureza estrutural, e o mercado dos Estados Unidos diminuiu em termos reais em 75% entre 1966 e 1982. Mas, como no caso das baixas das décadas de 1930 e 1940, eram na realidade pelo menos dois mercados baixistas reunidos em um. Os choques políticos e econômicos foram novamente marcantes. Em 1973, o escândalo Watergate nos EUA aumentou a incerteza do mercado e, em outubro

---

[3] The end of the Bretton Woods System. IMF [on-line]. Disponível em https://www.imf.org/external/about/histend.htm

daquele ano, a guerra árabe-israelense, junto com o embargo do petróleo da OPEP e a agitação na indústria, alimentou ainda mais a instabilidade do mercado.

No final da década de 1970, os mercados de ações tiveram algumas altas acentuadas. Nos Estados Unidos, a derrota que Ronald Reagan impôs a Jimmy Carter em novembro de 1980 e o controle republicano do Senado foram considerados favoráveis ao mercado. Pela primeira vez desde 1976, o índice Dow Jones voltou a subir para 1.000. Mas o entusiasmo não durou. Uma nova alta nas taxas de juros (o Fed elevou sua taxa de desconto para o máximo histórico de 14%) forçou outra queda acentuada no mercado de ações e a maioria das economias ao redor do mundo entrou em outra recessão. Durante 1981, a inflação, o alto desemprego e a estagnação econômica fizeram com que as ações em todo o mundo caíssem ainda mais.

1982-2000: O início da desinflação

Os acadêmicos têm se concentrado na queda da inflação como um dos principais motores desse mercado em alta secular após 1982. Em particular, alguns argumentaram que os investidores sofreram da "ilusão de dinheiro" após a grande inflação dos anos 1970. Isso resultou em dois erros: primeiro, os investidores capitalizaram os lucros futuros à taxa nominal de então (muito alta) em vez de à taxa real; segundo, eles não levaram em consideração os ganhos gerados pela depreciação do valor real dos passivos nominais.[4] Certamente, aumentos bruscos da inflação na década de 1970 contribuíram para o colapso das avaliações tanto nos mercados de títulos como de ações. Essa era inflacionária, que tanto prejudicou os mercados financeiros, chegou ao fim em parte como resultado da chamada contração do crédito de Volker (período conhecido pela recessão causada pelo ciclo de aperto do Fed iniciado em 1977), que levou as taxas de fundos do Fed dos EUA (políticas de taxas de juros) de cerca de 10 a quase 20%. A partir daí, a inflação começou a cair em todo o mundo e, associada a uma vigorosa recuperação da atividade econômi-

---

[4] Modigliani, F., e Cohn, R. A. (1979). Inflation, rational valuation and the market. *Financial Analysts Journal*, 35(2), 24–44.

ca, a confiança – e a valorização dos ativos – começou a aumentar. De agosto de 1982 a dezembro de 1999, o retorno real composto do Dow Jones Industrial Average foi de 15% ao ano, bem acima dos retornos médios de longo prazo ou mesmo do aumento nos ganhos ou valor contábil durante o período.[5] Grande parte desse mercado em alta secular, portanto, refletiu a expansão da avaliação – um fenômeno que impulsionou os retornos de ações e de renda fixa (títulos) ao mesmo tempo.

A década de 1980 também experimentou uma onda de desregulamentaçõees, reformas e privatizações sob os governos Reagan e Thatcher nos Estados Unidos e no Reino Unido, respectivamente. Nos Estados Unidos, a Lei de Recuperação Econômica de 1981 trouxe uma reforma tributária importante, que resultou na queda das alíquotas do imposto de renda de 70% em 1980 para 28% em 1986. Os gastos não relacionados à defesa militar também caíram drasticamente e várias indústrias foram desregulamentadas, incluindo transporte aéreo e financeiro, à medida que a revogação parcial da Lei Glass-Steagall de 1933 removeu barreiras no mercado financeiro que impediam fusões entre bancos, títulos e empresas de seguros. Reformas semelhantes foram instituídas no Reino Unido, juntamente com um programa abrangente de privatização, incluindo serviços públicos. O efeito foi de longo alcance. As empresas de propriedade pública no Reino Unido representavam 12% do PIB em 1979, mas apenas cerca de 2% em 1997.[6] Em meados da década de 1990, as privatizações se espalharam pelo resto da Europa, chegando até em governos socialistas como o de Lionel Jospin, na França, que fez uma oferta pública inicial de US$ 7,1 bilhões da France Telecom em 1997 e uma oferta secundária de US$ 10,4 bilhões, um ano depois (conforme crescia o fervor pelas empresas de telecomunicações com a expansão da tecnologia).

A tendência secular foi pontuada temporariamente por um *crash* (acentuado, mas de curta duração) em 1987, antes que as baixas taxas de juros e a continuação do crescimento econômico levassem as ações a níveis históricos.

---

[5] Ritter, J., e Warr, R. S. (2002). The decline of inflation and the bull market of 1982–1999. *Journal of Financial and Quantitative Analysis*, 37(01), 29–61.

[6] Privatisation in Europe, coming home to roost. (2002). *The Economist*.

A continuação da reclassificação das ações foi estimulada pela queda do muro de Berlim em 1989 e, logo depois, pelo desmembramento do bloco soviético. O Dax, o principal índice do mercado de ações alemão, subiu 30% entre outubro de 1989 e julho de 1990. Como consequência, uma economia global mais integrada surgiu na década de 1990. Ao longo deste período, os mercados de ações tiveram uma queda na taxa de desconto; não apenas as taxas de juros permaneceram baixas como resultado da eliminação da alta inflação global, mas o fim da Guerra Fria ajudou a empurrar o prêmio de risco ainda mais para baixo (a taxa mínima exigida para investir em ativos de risco em comparação com títulos de baixo risco).

Esse forte mercado em alta secular foi atingido mais uma vez, pela crise da Ásia de 1998, mas uma resposta política decisiva resultou em maior disponibilidade de fundos, o que ajudou a impulsionar a bolha de tecnologia do final dos anos 1990. Quando essa bolha estourou, acabou com a tendência de alta secular iniciada em 1982.

A partir de 2009: o início do QE e a "grande moderação"

O Capítulo 9 examina algumas das condições específicas que se seguiram à crise financeira com mais detalhes, mas esse mercado em alta também foi particularmente forte e prolongado. Tendo colapsado 57% em relação ao pico de 2007, o S&P 500 iniciou uma recuperação poderosa que resultaria no maior mercado em alta da história. Parte da força da recuperação, como ocorreu no início da década de 1990, foi função da magnitude das quedas na economia e no mercado que a precederam. Nos Estados Unidos, em particular, o colapso do mercado imobiliário resultou em uma enorme perda de riqueza das famílias. Com mais de US$ 1 trilhão em hipotecas de alto risco pendentes, a distribuição das perdas por toda a economia e instituições financeiras foi significativa. Ao mesmo tempo, de acordo com Ben Bernanke, então presidente do Fed, "as instituições financeiras grandes demais para falir foram tanto uma fonte (mas não a única) da crise e um dos principais obstáculos aos esforços dos formuladores de políticas para conter essa mesma crise".[7] Entre 2007 e 2010, a riqueza

---

[7] Bernanke, B. (2 de setembro de 2010). *Causes of the recent financial and economic crisis*. Testemunho perante a Comissão de Inquérito da Crise Financeira, Washington, DC.

mediana de uma família nos Estados Unidos caiu 44%, resultando em níveis abaixo dos de 1969.[8]

Mas a ação posta em prática para conter a crise foi sem precedentes. Em março de 2009, o Federal Reserve anunciou planos de gastar US$ 1 trilhão em dólares recém-criados com o apoio de títulos do governo e hipotecas para reduzir as taxas de juros por meio de seu programa de flexibilização "quantitativa", que foi fundamental para desencadear a recuperação nos mercados de ações.

Uma segunda e importante contribuição para esse mercado em alta foi a consolidação de grandes empresas de tecnologia que, no mercado de ações dos Estados Unidos em particular, se tornaram o maior setor e desfrutaram de retornos espetaculares (um tópico abordado com mais detalhes no Capítulo 11).

Altas cíclicas de mercados

Embora existam tendências muito longas no mercado impulsionadas por condições específicas que podem resultar em altos retornos anualizados, ainda existem ciclos dentro deles. Mas, mesmo quando olhamos para o ciclo de capital "típico", surgem questões de definição. Por exemplo, a última alta no mercado de ações que começou após a crise financeira em 2009 pode ser considerada ainda em andamento, ou pode-se dizer que terminou em outubro de 2018, quando o mercado caiu cerca de 20% (uma definição típica de um mercado em baixa) antes de se recuperar rapidamente. Vários mercados de ações violaram o nível de 20% neste período, embora o índice de referência S&P dos EUA tenha caído 19% antes de se recuperar.

Levar em consideração a hipótese de que se trata de dois mercados em alta separados altera ligeiramente as médias. Mas, como regra prática, e usando os EUA como exemplo, desde 1900 o mercado em alta médio viu os preços subirem mais de 160% (243% em termos de retorno total, quando os dividendos são incluídos) em pouco menos de cinco

---

[8] Phillips, M. (2019). The bull market began 10 years ago. Why aren't more people celebrating? *New York Times* [on-line]. Disponível em https://www.nytimes.com/2019/03/09/business/bull-market-anniversary.html

anos, anualizando um retorno de cerca de 25%. Durante o período desde 1900, houve 18 desses ciclos nos Estados Unidos; se considerarmos o período do pós-guerra, houve 11 (em comparação com as apenas três principais elevações seculares examinadas anteriormente).

A Figura 7.2 mostra os últimos grandes mercados em alta (usando o mercado de ações dos EUA como guia), junto com seus retornos anualizados.

Seguem algumas observações importantes.

- O mercado em alta médio teve retornos anualizados de 25%.
- Os retornos anualizados variam de 17 a 42%. Geralmente, os maiores retornos anualizados vêm após baixas profundas.
- Em média, nos últimos mercados em alta, 75% dos retornos totais das ações vieram do preço e 25% dos dividendos reinvestidos. A proporção dos dividendos varia de 16 a 46% (Figura 7.2).

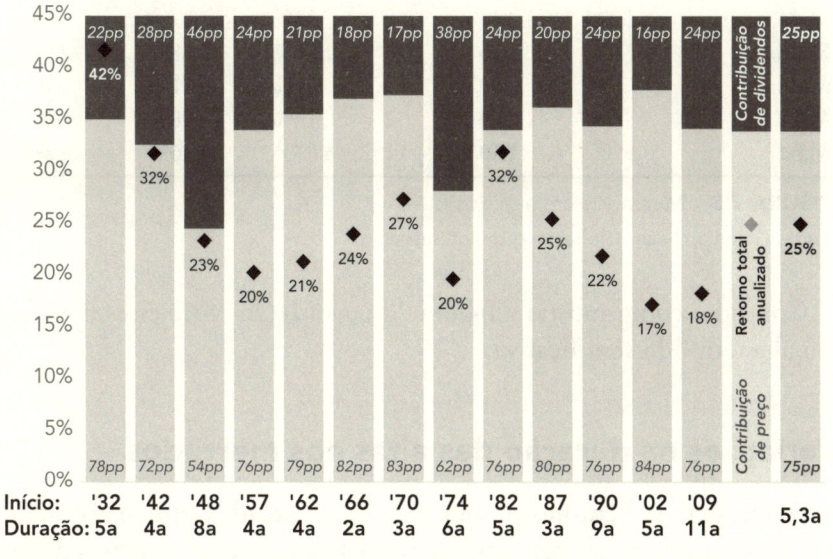

FIGURA 7.2 Decomposição de retornos do S&P durante os mercados de alta anteriores. Em média, nos últimos mercados em alta, 75% dos retornos totais das ações vieram do preço e 25% dos dividendos reinvestidos.

Fonte: Goldman Sachs Global Investment Research.

Início	Final	Meses	Anos	Retorno de preço	Retorno total	Retorno total anualizado
Out. de 03	Set. de 06	34	2,8	60%	–	–
Nov. de 07	Dez. de 09	25	2,1	65%	–	–
Dez. de 14	Nov. de 16	22	1,8	39%	–	–
Dez. de 17	Jul. de 19	19	1,6	40%	–	–
Ago. de 21	Set. de 29	96	8,0	371%	–	–
Jun. de 32	Mar. de 37	56	4,7	321%	413%	42%
Abr. de 42	Maio de 46	49	4,1	150%	208%	32%
Mar. de 48	Ago. de 56	100	8,3	259%	477%	23%
Out. de 57	Dez. de 61	49	4,1	86%	114%	20%
Jun. de 62	Fev. de 66	43	3,6	80%	101%	21%
Out. de 66	Nov. de 68	25	2,1	48%	58%	24%
Maio de 70	Jan. de 73	31	2,6	74%	89%	27%
Out. de 74	Nov. de 80	73	6,1	126%	201%	20%
Ago. de 82	Ago. de 87	60	5,0	229%	303%	32%
Dez. de 87	Jul. de 90	31	2,6	65%	81%	25%
Out. de 90	Mar. de 00	113	9,4	417%	546%	22%
Out. de 02	Out. de 07	60	5,0	101%	121%	17%
Mar. de 09	Jan. de 20	130	10,8	392%	517%	18%
Média		56	5	162%	248%	25%
Mediana		49	4	94%	201%	23%
Mín.		19	2	39%	58%	17%
Máx.		130	11	417%	546%	42%

FIGURA 7.3 Mercados em alta dos EUA.
Fonte: Goldman Sachs Global Investment Research.

Contudo, como mostra a Figura 7.3, a variação entre esses mercados em alta tem sido significativa.

Variações na duração das altas nos mercados

A Figura 7.3 também mostra que altas dos mercados variam consideravelmente em duração, com o mais curto sendo de pouco menos de dois anos e o mais longo (o atual) se expandindo por mais de 10 anos.

O mercado em alta (nos EUA) médio tem durado 56 meses e o mediano, 49 meses. Mas as variações são significativas (Figura 7.4).

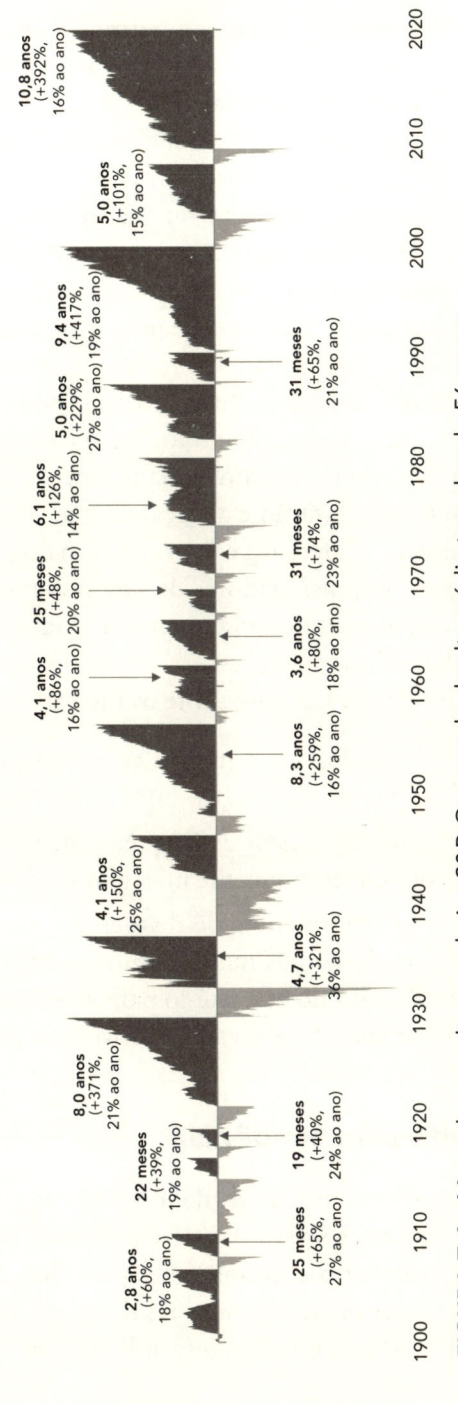

Capítulo 7   Bem no alvo: a natureza e a configuração das altas ...   137

FIGURA 7.4 Mercados em alta e em baixa S&P. O mercado de alta médio tem durado 56 meses.
Fonte: Goldman Sachs Global Investment Research.

Os mercados em alta também variam em termos de composição – ou seja, o que os orienta. Os retornos para os investidores em ações podem vir de mudanças de preço (impulsionadas por lucros) e de mudanças de avaliação, porque o múltiplo (p. ex., o índice P/L) que os investidores estão dispostos a pagar pelos lucros futuros esperados pode mudar. Quando os investidores estão otimistas e/ou quando o nível das taxas de juros cai, as avaliações tendem a subir e gerar uma proporção maior de retorno para os investidores. Da mesma forma, quando os investidores ficam preocupados e/ou o nível das taxas de juros aumenta, as avaliações tendem a cair.

A variação nos direcionadores dos retornos pode ser vista na Figura 7.2. O retorno total (mostrado no losango) é dividido em várias composições de porcentagem. Portanto, quando pensamos em mercados em alta, não é apenas a duração e a força que são relevantes para os investidores, mas também a diferença entre o retorno do preço e o retorno total. Além disso, os impulsionadores do componente de preço são importantes: quanto deverá vir do crescimento do lucro fundamental e quanto de uma mudança nas avaliações?

Em geral, podemos dizer o seguinte sobre os mercados em alta:

- Ciclos econômicos mais longos e menos voláteis significarão altas mais longas no mercado.
- Taxas de juros mais baixas e estáveis frequentemente resultarão em mercados em alta, com um componente mais alto vindo da valorização.
- Os mercados que têm rendimentos de dividendos mais altos (geralmente como resultado de setores mais maduros com preferência por pagar mais do fluxo de caixa do que retê-lo para investimentos futuros) verão uma proporção maior de seu retorno proveniente de dividendos.

Mercados em alta sem tendência

Além das tendências de alta estruturais de longo prazo e dos mercados de alta cíclicos mais típicos, há períodos de retornos relativamente baixos. Embora não sejam muito comuns, esses períodos sem tendência nos mercados muitas vezes ocorrem como resultado de altas avaliações, quando as economias e os lucros estão crescendo lentamente.

Podem ser divididos em duas categorias:

- **Mercados magros e planos** (baixa volatilidade, baixos retornos). Mercados planos em que os preços das ações estão presos em uma faixa estreita de negociação e experimentam baixa volatilidade.
- **Mercados gordos e planos** (alta volatilidade, baixos retornos). Períodos (muitas vezes bastante longos) em que os índices de ações obtêm pouquíssimo progresso agregado, mas experimentam alta volatilidade com fortes altas e correções (ou até mesmo minimercados em baixa ou alta) entre eles.

Ao contrário da maioria dos mercados em alta e em baixa, não há pico/depressão absoluto no qual fixar períodos magros e planos. São, por definição, difíceis de identificar e é difícil apontar uma data exata para quando começam e terminam. Dito isso, há vários bons exemplos de períodos relativamente planos (baixo retorno) e relativamente magros (sem mercado em baixa, sem mercado em alta com retorno > 25% em menos de dois anos). Desde a Segunda Guerra Mundial, houve sete no mercado de ações dos Estados Unidos que atendem amplamente aos critérios. Existem mais fora do país, visto que os EUA tiveram os maiores retornos globalmente durante este período; uma vez que os mercados em baixa são excluídos, a maior parte do tempo é um mercado em alta.

A Figura 7.5 mostra uma lista de mercados magros e planos, com datas aproximadas de início e término.

Embora esses períodos sejam difíceis de identificar com precisão, e cada um tenha seu próprio conjunto de circunstâncias, podemos fazer algumas observações:

- Períodos planos no mercado com uma faixa de negociação estreita não são incomuns: o mercado de ações nos Estados Unidos esteve em uma dessas fases cerca de 20% do tempo desde 1945 (no caso da Europa, no mesmo período esses tipos de mercado ambiente parecem um pouco mais comum e representam cerca de 30% do tempo; a diferença é provavelmente explicada pelo fato de que o mercado de ações dos EUA geralmente teve um crescimento de lucros mais forte, o que impulsionou o mercado para cima).

Início	Final	Duração (anos)	Desemp. (%)	Desemp. anualizado (%)	Moviment. máx. (%)	Crescim. de LPA anualiz. (%)	P/L dos últimos 12 meses no começo (x)	P/L dos últimos 12 meses no final (x)	Mudança no P/L dos últimos 12 meses (%)	Crescim. médio do PIB (%)	Mudança em títulos do Tesouro de 3 meses (pts)
Set. de 46	Maio de 48	1,7	-0,5	-0,3	-14,7	51,1	17,7	8,7	-50,6	-3,7	0,6
Ago. de 51	Jan. de 54	2,4	7,7	3,1	19,0	-2,2	8,7	9,9	13,7	5,4	-0,2
Out. de 55	Out. de 57	2,0	0,4	0,2	-17,7	0,4	12,1	12,0	-0,5	3,4	1,4
Dez. de 58	Jan. de 61	2,0	8,5	4,1	-13,9	6,3	18,6	17,8	-4,2	4,9	-0,6
Abr. de 83	Jan. de 85	1,7	6,7	3,8	-14,4	15,6	11,7	9,7	-17,1	6,1	-0,4
Jan. de 92	Dez. de 94	2,9	5,9	2,0	22,2	9,7	19,4	15,7	-19,1	3,2	1,9
Fev. de 04	Jul. de 06	2,4	6,6	2,7	24,7	16,5	22,7	16,7	-26,4	3,6	4,1
Mediana		2,0	6,6	2,7	-13,9	9,7	17,7	12,0	-17,1	3,6	0,6
Média		2,2	5,0	2,2	0,8	13,9	15,8	12,9	-14,9	3,3	1,0

FIGURA 7.5 Períodos magros e planos nos EUA (S&P 500).
Fonte: Goldman Sachs Global Investment Research.

- Eles tendem a ser relativamente curtos, durando de um a três anos.
- Frequentemente, o crescimento econômico é forte nesses períodos, com média de 3 a 4%. Consequentemente, os ganhos são em geral sólidos, causando uma redução de 10 a 15% nesses ambientes de baixo retorno.
- Por último, em média, embora as taxas de juros subam durante esses períodos planos, o forte crescimento dos lucros ajuda a proteger as taxas mais altas e as avaliações em queda; portanto, o mercado oscila em vez de cair.

8

Soprando bolhas: sinais de excesso

Quando as bolhas financeiras estouram, elas podem levar a graves baixas estruturais nos mercados, muitas vezes com com consequências para os mercados de ativos e economias de modo mais amplo. Embora as bolhas possam se concentrar em um único setor ou classe de ativos e não se espalhar para o mercado como um todo, outras podem ter uma base bastante ampla, com impacto em todo o mercado. Portanto, pode ser útil para os investidores ter alguma compreensão das causas e características comuns das bolhas, porque a recuperação pode levar muito tempo.

Assim como ocorre com mercados em baixa e em alta, não existe uma definição precisa de bolha. A dificuldade de detectar bolhas é muito comentada na literatura econômica.[1] Como argumentou um ex-vice--presidente do Banco Central, "mesmo com o benefício de um olhar retrospectivo, os testes estatísticos que tentam confirmar a existência de bolhas em episódios históricos podem permanecer inconclusivos".[2]

Uma definição aceitável é a de uma rápida aceleração nos preços e nas avaliações que resulta em uma expectativa irreal de crescimento e retornos futuros. A segunda parte desta definição é importante porque nem todos os aumentos pronunciados de preços resultam necessariamente em bolhas. Os problemas começam quando um rápido aumento de preços cria um ciclo aparentemente virtuoso, atraindo novos investidores e,

---

[1] Gurkaynak, R. (2005). Econometric tests of asset price bubbles: Taking stock. *Finance and Economics Discussion Series*. Washington, DC: Board of Governors of the Federal Reserve System.

[2] Ferguson, R. W. (2005). Recessions and recoveries associated with asset-price movements: What do we know? *Stanford Institute for Economic Policy Research*, Stanford, CA.

por fim, excesso de capital. A crença comum de que o mercado oferece lucratividade quase infinita costuma gerar um "medo de ficar de fora": quanto mais se fala sobre um tema e quanto maior a atenção que recebe, maior é o interesse dos investidores. Conforme aumenta a confiança no tema ou ativo, as avaliações sobem para níveis que não serão acompanhados por retornos futuros.

A psicologia da multidão – a crença de que se pode estar perdendo uma grande oportunidade e, ao mesmo tempo, a sensação de que há segurança nos números – é óbvia nas bolhas de mercados. Em um estudo sobre as primeiras bolhas dos séculos 17 e 18, Charles Mackay (1841) afirmou que "homens... pensam como animais em manadas; enlouquecem em manadas e recuperam os sentidos aos poucos, um a um".

Um foco semelhante de "contágio" da multidão, particularmente quando associado a uma narrativa poderosa, também é enfatizado por Robert Shiller em seu livro *Exuberância Irracional* (Makron, 2000). Na obra, Shiller descreve uma bolha como "uma situação em que notícias de aumentos de preços alimentam o entusiasmo dos investidores, e isso se espalha por contágio psicológico de uma pessoa para outra, amplificando, nesse processo, histórias que justificam o aumento de preço, atraindo cada vez mais investidores, que, apesar das dúvidas sobre o valor real do investimento, são atraídos em parte pela inveja do sucesso de outros e em parte pela excitação do jogo".

A empolgação capaz de levar investidores a um mercado com pouca consideração pelas avaliações pagas, ou os retornos implícitos por essas avaliações, é uma das marcas mais importantes de uma bolha especulativa. Exemplo disso foi o comportamento do mercado imobiliário dos EUA antes da crise do *subprime* de 2008. O trabalho de Case e Shiller (2003) mostra que os compradores de casas tinham expectativas muito otimistas sobre os preços futuros das moradias na época. De acordo com seu trabalho, de 83 a 95% dos compradores em 2003 esperavam uma taxa de crescimento anual para os preços de imóveis de cerca de 9%, em média, nos 10 anos seguintes, bem acima das médias de longo prazo.[3]

---

[3] Pasotti, P., e Vercelli, A. (2015). Kindleberger and financial crises. *FESSUD Working Paper Series Nº 104* [on-line]. Disponível em http://fessud.eu/wp-content/uploads/2015/01/Kindleberger-and-Financial-Crises-Fessud-final_Working-Paper-104.pdf

Este capítulo aborda a questão das bolhas na tentativa de identificar padrões, características e comportamentos repetidos que ecoam na história.

Houve muitas bolhas bem documentadas ao longo de um período de mais de quatro séculos. Entre as mais notáveis, embora de forma alguma as únicas, estavam as seguintes:

- Década de 1630: a mania das tulipas na Holanda
- 1720: a bolha do Mar do Sul, Reino Unido, e a bolha do Mississippi, França
- Década de 1790: a "Canal Mania" no Reino Unido
- Década de 1840: a bolha das ferrovias no Reino Unido
- 1873: a bolha das ferrovias nos EUA
- Década de 1920: o *boom* do mercado de ações nos EUA
- Década de 1980: a bolha imobiliária e de ações no Japão
- Década de 1990: a bolha da tecnologia, no mundo todo
- 2007: a bolha imobiliária/bancária nos EUA (e na Europa)

Ao revisar essas bolhas e seu eventual colapso, existem alguns fios e características comuns, ainda que originários de uma variedade de setores diferentes e em circunstâncias muito diferentes. Para simplificar, as seções a seguir reúnem algumas das semelhanças e temas comuns a esses diferentes períodos de bolha, na tentativa de organizar um guia para investidores que procuram sinais de alerta importantes. Existem muitos estudos excelentes e mais aprofundados de bolhas históricas para aqueles que procuram mais detalhes, em particular o trabalho de Edward Chancellor.[4]

Valorização espetacular do preço e colapso

Uma das características mais importantes das bolhas especulativas é a rápida valorização dos preços e das avaliações que superestimam os pro-

---

[4] Um relato abrangente pode ser encontrado em Chancellor, E. (2000). *Devil take the hindmost: A history of financial speculation*. New York, NY: Plume.

váveis retornos futuros. A simples escala de empolgação e especulação, e a consequente valorização dos preços, é realmente a marca registrada de todas as bolhas. A mania das tulipas, na década de 1630, é uma das primeiras bolhas documentadas e tornou-se sinônimo da ideia de uma "mania" nos mercados financeiros. É intrigante, não apenas pelo aumento vertiginoso dos preços no período da bolha, mas porque a mania parece ter se baseado puramente na ganância e na especulação, sem nenhum suporte fundamental.

Embora a amplitude e o impacto da mania das tulipas tenham sido questionados (ver Thompson 2007), foi, no entanto, um *boom* de proporções históricas. Entre novembro de 1636 e fevereiro de 1637, o preço de alguns bulbos de tulipa aumentou 20 vezes e, no auge da bolha, um único bulbo alcançou o mesmo valor de uma casa geminada de luxo.[5]

Quando o mercado finalmente quebrou, em fevereiro de 1637, assim como ocorreu em tantas outras ocasiões, as quedas foram tão espetaculares quanto as subidas que as precederam. Também em comum com muitas bolhas subsequentes, não está totalmente claro o que desencadeou seu colapso final. Nesse caso, provavelmente muitos fatores contribuíram. No auge do *boom*, em 1636 e no início de 1637, quando a demanda estava no ápice, os bulbos ainda precisavam ser colhidos e não seriam entregues fisicamente até a primavera seguinte. A inovação financeira contribuiu para elevar ainda mais os preços. Desenvolveu-se um mercado futuro de bulbos que permitia aos vendedores comercializar tulipas a termo por um determinado preço e por determinada qualidade e peso.

Os riscos aumentaram quando a maioria desses contratos foi paga com notas de crédito, tornando o sistema vulnerável ao colapso e, eventualmente, ao contágio. No final das contas, o medo de que a primavera que se aproximava forçasse a entrega de contratos, muitos dos quais poderiam não ser cumpridos, teve um papel importante em seu fim. Após a queda, o mercado demorou a se recuperar e os bulbos comuns de qualidade inferior – que atraíram muitos especuladores menores no auge da bolha, porque os bulbos mais raros eram muito caros – nunca se recuperaram do *crash*.

---

[5] Ver Thompson, E. (2007). The tulipmania: Fact or artifact? *Public Choice*, 130(1–2), 99–114.

As duas grandes bolhas de 1720, quase um século depois, compartilharam algumas semelhanças com a mania das tulipas. A South Sea Company, na Grã-Bretanha, experimentou uma ascensão espetacular no preço de suas ações em um curto espaço de tempo. Em janeiro de 1720, as ações da empresa custavam 128 libras. Em junho daquele ano, o parlamento britânico aprovou a lei da bolha exigindo que todas as empresas de propriedade dos acionistas recebessem uma carta real, que a South Sea Company recebeu. Esse selo de aprovação conferiu à empresa maior credibilidade e maior conforto aos investidores, ampliando assim seu apelo. No final de junho de 1720, o preço da ação havia aumentado para 1.050 libras. Quando os investidores começaram a perder a confiança, no início de julho, os preços começaram a baixa e, em setembro daquele ano, as ações chegaram a 175 libras[6]. O preço das ações da empresa aumentara em impressionantes 6.200%, antes de finalmente entrar em colapso, com uma queda de 99%.

A especulação desempenhou um papel importante na grande bolha seguinte, em meados do século 19, na indústria ferroviária britânica, impulsionada pelo rápido crescimento e pelas mudanças tecnológicas nas ferrovias. Após aumentos espetaculares nos preços, em 1850 as ações das ferrovias haviam caído, em média, 85% em relação ao seu pico, e o valor total das ações das ferrovias era menos da metade do capital gasto nelas (Chancellor, 2000). Apesar da experiência da bolha ferroviária britânica, um padrão semelhante se repetiu nos Estados Unidos algumas décadas depois. O colapso dos preços e do investimento foi tão devastador que levou a uma enorme baixa estrutural no mercado e a uma recessão econômica que ficou conhecido como a "Longa Depressão" e foi a pior recessão econômica até a Grande Depressão da década de 1930. Nos sete anos que se seguiram ao pânico de 1873, cerca de metade das fábricas do país fecharam e o desemprego aumentou significativamente. Os preços das ações despencaram – no caso das ferrovias, caíram 60% entre 1873 e 1878. As condições foram

---

[6] Evans, R. (2014). How (not) to invest like Sir Isaac Newton. *The Telegraph* [on-line]. Disponível em https://www.telegraph.co.uk/finance/personalfinance/investing/10848995/ How-not-to-invest-like-Sir-Isaac-Newton.html

exacerbadas por uma incerteza significativa na Europa após a Guerra Franco-Prussiana. Foram necessários cerca de 10 anos para o mercado se recuperar, depois que a bolha estourou, e foi somente na década seguinte que os investimentos em ferrovias aumentaram.

Um padrão semelhante iria se repetir no *boom* das ações e posterior declínio durante o *crash* da bolsa em 1929, mas, neste caso, o impacto foi mais amplo e duradouro. Na Black Monday (28 de outubro), o índice Dow Jones Industrial caiu 13% (já tendo caído 6% desde o início de setembro) e depois mais 12% nos dias seguintes. A baixa que se seguiu foi tão grave que o índice não conseguiu voltar ao pico anterior até novembro de 1954 (Ferguson, 2005). Em seus mínimos, o rendimento de dividendos no índice Dow Jones atingiu 9,5%; empresas que bombavam anteriormente eram totalmente indesejadas. Um assento na NYSE foi vendido por US$ 17 mil após o *crash*, quando, no auge do *boom*, em 1929, chegara a valer US$ 650 mil.

A lendária bolha do Japão, na década de 1980, resultou em aumentos extraordinários nos preços de ações e de imóveis. Alimentado pela queda das taxas de juros (o Banco do Japão cortou as taxas de 5 para 2,5% no início de 1987) e o Plaza Accord de 1985 (que desencadeou uma depreciação do dólar em relação ao iene com o objetivo de reduzir o déficit em conta corrente dos EUA, ao tornar as exportações mais baratas), os preços dos ativos tiveram um aumento longo e constante. As empresas japonesas usaram a valorização da moeda para uma onda de compras no exterior que incluiu a compra do Rockefeller Center, em Nova Iorque, e de campos de golfe no Havaí e na Califórnia.

A exuberância foi particularmente abundante no mercado imobiliário. Dizia-se que o Palácio Imperial de Tóquio valia mais que toda a França ou a Califórnia. O valor da terra no Japão em 1988 era teoricamente mais de quatro vezes o de todas as terras nos Estados Unidos, embora este último fosse 25 vezes maior.[7] Dizia-se que uma nota de 10.000 ienes no chão do distrito de Ginza, em Tóquio, valia menos do que o dimi-

---

[7] Cutts, R. L. (1990). Power from the ground up: Japan's land bubble. *The Harvard Business Review* [on-line]. Disponível em https://hbr.org/1990/05/power-from-the-ground-up-japans-land-bubble

nuto tamanho de terreno que cobria.⁸ Essa bolha era tão grande que os ganhos de capital combinados sobre ações e imóveis totalizaram 452% do PIB nominal para o período de 1986-1989, e as perdas subsequentes foram de 159% do PIB nominal para o período de 1990 a 1993.⁹ A alta nos preços das ações tornou as empresas japonesas algumas das maiores do mundo. As empresas Mitsui & Co, Sumitomo Corp, Mitsubishi Corp e C Itoh tiveram vendas maiores do que a General Motors, maior empresa dos Estados Unidos.¹⁰

Um novo exemplo de confiança e supervalorização surgiu pouco antes do colapso da bolha de tecnologia, no final da década de 1990. Antes de essa bolha estourar, as ações de novas empresas estavam subindo exponencialmente. Quando a empresa de internet Yahoo! fez sua oferta pública inicial (IPO), em abril de 1996, o preço de suas ações subiu de $ 13 para $ 33 em um único dia, mais do que o dobro do valor da empresa. Isso se tornou comum no período seguinte. Em 1999, por exemplo, o valor das ações da Qualcom subiu 2.619%. Essa escala de valorização de preços virou regra. Treze ações de grande capitalização aumentaram em valor em mais de 1.000% e outras sete cresceram mais de 900%.¹¹

O índice Nasdaq aumentou cinco vezes entre 1995 e 2000, finalmente alcançando uma avaliação P/L de 200 vezes, significativamente mais alta do que até mesmo o índice P/L de 70 vezes do Nikkei durante a bolha do mercado de ações japonês (Hayes, 2019). Em abril de 2000, apenas um mês após o pico, a Nasdaq havia perdido 34% de seu valor e, no ano e meio seguinte, centenas de empresas viram o valor de suas ações cair 80% ou mais. A Priceline, por exemplo, caiu 94%. Até outubro

---

⁸ Johnston, E. (2009). Lessons from when the bubble burst. *The Japan Times* [on-line]. Disponível em https://www.japantimes.co.jp/news/2009/01/06/reference/lessons-from-when-the-bubble-burst /

⁹ Okina, K., Shirakawa, M., e Shiratsuka, S. (2001). The asset price bubble and monetary policy: Experience of Japan's economy in the late 1980s and its lessons. *Monetary and Economic Studies*, 19(S1), 395–450.

¹⁰ Turner, G. (2003). *Solutions to a liquidity trap*. London, UK: GFC Economics.

¹¹ Norris, F. (2000). The year in the markets; 1999: Extraordinary winners and more losers. *New York Times* [on-line]. Disponível em https://www.nytimes.com/2000/01/03/business/the-year-in-the-markets-1999-extraordinary-winners-and-more-losers.html

de 2009, a própria Nasdaq havia caído quase 80% (ver McCullough, 2018).

Ao final da desaceleração do mercado de ações em 2002, as ações haviam perdido US$ 5 trilhões em capitalização de mercado desde o pico local. Em sua baixa, em 9 de outubro de 2002, o Nasdaq-100 havia caído para 1.114, 78% abaixo de seu pico.

Crença em uma "nova era"... Desta vez é diferente

Obviamente, observar aumentos e colapsos espetaculares de preços só interessa se houver uma causa comum, características semelhantes ou padrões de comportamento reconhecíveis que possam ajudar os investidores a detectar semelhanças no futuro. Examinando a história, um dos componentes e características mais importantes das bolhas, além da alta e subsequente declínio no preço, é a crença de que algo mudou – geralmente uma nova tecnologia, inovação ou oportunidade de crescimento. Esse componente de uma narrativa forte que impulsiona o interesse em investimentos foi observado pelo renomado economista austríaco Joseph Schumpeter, que argumentou que a especulação costuma ocorrer no início de uma nova indústria. Mais recentemente, em um depoimento perante o Congresso dos Estados Unidos, em 26 de fevereiro de 1997, Alan Greenspan, então presidente do Banco Central americano, observou que "lamentavelmente, a história está repleta de visões de 'novas eras' que, no final, provaram ser uma miragem".

Um estudo recente feito por cientistas de dados revelou que, em uma amostra de 51 grandes inovações introduzidas entre 1825 e 2000, bolhas nos preços das ações eram evidentes em 73% dos casos. Também descobriram que a magnitude dessas bolhas aumenta com a radicalidade das inovações, com potencial para gerar efeitos indiretos de rede em razão da visibilidade pública no momento da comercialização.[12]

Embora não seja óbvio que a inovação foi um elemento desencadeador no caso da mania das tulipas, pode-se argumentar que foi importan-

---

[12] Ver Sorescu, A., Sorescu, S. M., Armstrong, W. J., e Devoldere, B. (2018). Two centuries of innovations and stock market bubbles. *Marketing Science Journal*, 37(4), 507–684.

te nas bolhas financeiras da South Sea Company, na Grã-Bretanha, e da Mississippi Company, na França, em 1720.

Embora essas bolhas envolvessem especulação frenética e aumentos de preços nas ações das empresas envolvidas, e possam não parecer mais racionais do que a mania das tulipas, um século antes, interpretações mais recentes sugerem que as inovações e as novas tecnologias realmente desempenharam um papel em seu desenvolvimento. Além disso, como também é comum em períodos de bolha, uma narrativa forte ajudou a justificar o aumento nos retornos futuros esperados na época.[13] Frehen, Goetzmann e Geert Rouwenhorst (2013) argumentam que "bolhas financeiras requerem uma história plausível para justificar o otimismo do investidor". Nessas bolhas iniciais, por exemplo, as duas empresas emitiram ações em troca da dívida do governo, uma inovação que criou um instrumento para converter a dívida nacional em capital. Em troca, essas empresas tinham o direito exclusivo de explorar recursos (como o fumo e o tráfico de escravos), abrindo assim as possibilidades de lucros anormais.

A troca da dívida do governo por ações foi uma inovação (que não durou). Outra inovação, talvez mais importante, foi o estabelecimento das primeiras seguradoras de capital aberto. Foram estabelecidas na Grã-Bretanha como resultado da lei da bolha, que tentou reduzir os riscos de especulação. A criação de companhias de seguros com financiamento público, mas de responsabilidade limitada, mudou a natureza da divisão de riscos, permitindo assim um aumento significativo no apetite por financiar empreendimentos arriscados.

Enquanto isso, as mudanças tecnológicas (p. ex., na navegação marítima) possibilitaram a abertura das rotas comerciais do Atlântico, uma mudança que alterou o cenário: as novas rotas comerciais entre Europa, África e Caribe, em parte financiadas como resultado dos novos instrumentos de compartilhamento de risco, se tornaram o sistema de comércio dominante até o início do século 19 e resultaram no que foi indiscutivelmente uma das primeiras formas de globalização. A combinação de apetite pelo risco, condições de financiamento, veículo que oferecia

---

[13] Ver Frehen, R. G. P., Goetzmann, W. N., e Rouwenhorst, K. G. (2013). New evidence on the first financial bubble. *Journal of Financial Economics*, 108(3), 585–607.

retornos atraentes e avanços tecnológicos na navegação que permitiam a oportunidade de ser explorada proporcionavam um cenário fértil para a especulação.

Os avanços tecnológicos também foram fundamentais para o *boom* dos canais na Grã-Bretanha na década de 1770, porque a criação de meios de transporte novos e mais rápidos abriu perspectivas para rotas de transporte mais baratas e rápidas para carvão, têxteis e produtos agrícolas e, como resultado, gerou enorme fascínio. O primeiro canal, inaugurado em 1767 pelo duque de Bridgewater, ia das minas de carvão em sua propriedade, a noroeste de Manchester, até o sudoeste da cidade, onde novas fábricas têxteis foram construídas. Os primeiros canais construídos geraram fortes retornos sobre o capital, o que atraiu novos investidores e participantes do setor, outro padrão familiar em *booms* e bolhas posteriores. O *boom* atingiu o pico em 1793, como resultado do início das guerras revolucionárias francesas. Por volta de 1800, o retorno sobre o capital nos canais caiu de um pico pré-bolha de 50% para apenas 5% e, 20 anos depois, apenas 25% dos canais ainda eram capazes de pagar dividendos (ver Chancellor, 2000, p. 124).

A próxima grande onda de tecnologia veio com a era das ferrovias dos anos 1840 no Reino Unido e, com ela, a próxima grande bolha. As ferrovias entraram na imaginação do público de uma maneira extraordinária, e o interesse e o fascínio pela tecnologia foram alimentados por uma proliferação de jornais e revistas dedicados às ferrovias. As publicações cobriam desenvolvimentos desse mercado, muitas vezes promovendo novas ferrovias e recebendo alta remuneração com publicidade. Um fenômeno semelhante caracterizou o período dos canais, um século antes.

Muitas celebridades e políticos conhecidos investiram em ações das ferrovias. As irmãs Brontë estavam envolvidas, assim como vários pensadores e políticos importantes, como John Stuart Mill, Charles Darwin e Benjamin Disraeli.[14] E todos estavam em boa companhia: o Rei George I foi um investidor na bolha da South Sea (ver Chancellor, 2000, p. 73), assim como *Sir* Isaac Newton, que supostamente perdeu 20 mil libras,

---

[14] Odlyzko, A. (2010). Collective hallucinations and inefficient markets: The British railway mania of the 1840s. SSRN [on-line]. Disponível em https://ssrn.com/abstract=1537338

o equivalente a cerca de 3 milhões de libras em valores atuais, quando o mercado entrou em colapso.[15]

Essa amplitude de interesse levou mais pessoas a acreditar na "aposta certa" do investimento. Em 1845, um autor conhecido como "operador de sucesso" escreveu: "Uma breve e segura orientação para a especulação ferroviária – algumas regras claras sobre como especular com segurança e lucro em participações ferroviárias". Ele argumentava que "conduzido adequadamente, não há objetos para os quais o capital e a inteligência possam ser direcionados de maneira mais honrosa ou segura do que o investimento em ferrovias. [...] O capital do país [Inglaterra] nunca foi empregado de forma mais benéfica". Isso foi pouco antes do colapso épico da bolha das ferrovias na Grã-Bretanha.

Semelhante à bolha de tecnologia, cerca de um século e meio depois, os investidores identificaram corretamente o impacto transformacional das inovações mais recentes, mas acabaram exagerando os retornos potenciais que essas inovações trariam. Não há dúvida de que o crescimento das ferrovias foi importante, com uma rápida implantação da rede e infraestrutura de apoio. Por exemplo, a linha férrea da Grã-Bretanha passou de 98 milhas, em 1830, para 104.333 milhas em 1860. Mas os retornos financeiros não corresponderam a essas altas expectativas.

Uma onda semelhante de otimismo cercou o *boom* das ferrovias nos Estados Unidos, na década de 1870. O fim da Guerra Civil testemunhou um período de forte crescimento no país e um grande aumento nos gastos e investimentos em ferrovias. Entre 1868 e 1873, o volume de empréstimos dos bancos, que ajudaram a financiar a expansão, aumentou sete vezes mais rápido do que os depósitos.[16]

O *boom* dos Estados Unidos na década de 1920 também foi sustentado por mudanças tecnológicas e sociais. Esse período trouxe consigo enorme interesse e crescimento de novos produtos de consumo. Os aparelhos de rádio, em particular, tiveram um aumento exponencial na demanda. No final da década de 1920, a penetração do rádio nos Estados Unidos havia aumentado para quase um terço dos lares

---

[15] Evans, How (not) to invest like Sir Isaac Newton.

[16] Lucibello, A. (2014). Panic of 1873. Em D. Leab (Ed.), *Encyclopedia of American recessions and depressions* (pp. 227–276). Santa Barbara, CA: ABC-CLIO.

americanos. O valor das ações da Radio Corporation of America (RCA), por exemplo, subiu de US$ 5 para US$ 500 na década de 1920. Mas quando veio o *crash* da década de 1920, as ações de rádio despencaram. A maioria dos fabricantes de rádios faliu. O valor das ações da RCA, como o de muitas empresas, caiu 98% entre 1929 e 1932. Não conseguiu voltar ao seu nível anterior por 30 anos.

O setor de telecomunicações também sustentou o otimismo de crescimento liderado pela tecnologia na época. A American Telephone and Telegraph (AT&T), o agente central dessa indústria dinâmica, teve rápido crescimento e em 1913 tornou-se um monopólio aprovado pelo governo, permitindo que companhias telefônicas independentes se conectassem à sua rede de longa distância. A empresa empregava mais de 4.000 cientistas, e as patentes proliferaram durante este período. Em 1915, quase 40 anos após seu primeiro telefonema, o Dr. Bell e Thomas Watson fizeram a primeira ligação transcontinental em uma linha de 3.400 milhas entre Nova Iorque e São Francisco. A empolgação com a tecnologia e seu potencial para expandir os mercados se intensificou.

Na era de otimismo dos anos 1920, a confiança na economia não era apenas impulsionada pelas novas tecnologias, mas também pela crença de que o "sistema americano" de relações de trabalho poderia aumentar a produtividade e a demanda. Fazia parte do imaginário um bem-sucedido modelo de negociação com os sindicatos, em uma mudança de uma abordagem de confronto para uma abordagem cooperativa do trabalho, e a Lei Seca foi considerada útil para reduzir o vício do álcool e aumentar a produtividade dos trabalhadores. Esses desenvolvimentos aumentaram as expectativas de crescimento dos salários e, por sua vez, da demanda. Desenvolveu-se um ciclo virtuoso no qual a produtividade mais forte impulsionou o investimento em novas áreas de tecnologia.

Muitas das características do *boom* da década de 1920 nos Estados Unidos reapareceram no Japão da década de 1990. Essa bolha foi impulsionada por muito dinheiro fácil, juntamente com a crença de que a produtividade havia melhorado.[17] Surgiu um ciclo virtuoso, alimentado por financiamento facilmente disponível, taxas de juros baixas e forte

---

[17] Browne, E. (2001). Does Japan offer any lessons for the United States? *New England Economic Review*, 3, 3–18.

crescimento. Entre o início de 1981 e 1990, o índice Nikkei subiu cerca de 20% ao ano (um aumento de cinco vezes). As empresas conseguiram levantar grandes quantias à medida que o custo do capital entrava em colapso, o que, por sua vez, alimentou um *boom* de investimento e produtividade. Uma taxa de câmbio forte (como nos EUA no final da década de 1990) ajudou a reduzir as pressões inflacionárias. O Banco do Japão acreditava que a produtividade e o potencial de crescimento da economia do país haviam aumentado e que não era necessário endurecer a política.

O entusiasmo com a capacidade das inovações e tecnologias de gerar altos ganhos ocorreu várias vezes na segunda metade do século 20 e ficou evidente na década de 1980 no setor de biotecnologia e na nova revolução dos computadores pessoais (PC). Em 1981, a IBM, empresa líder na indústria de computadores, facilitou a comercialização de PCs. A demanda disparou e centenas de empresas começaram a fabricá-los, no início dos anos 1980. Em 1983, entretanto, Atari, Texas Instruments e Coleco anunciaram perdas decorrentes de tentativas fracassadas de comercializar PCs. No colapso que se seguiu, muitas empresas *de* do ramo fecharam as portas, incluindo Commodore, Columbia Data Systems e Eagle Computer. As ações restantes levaram vários anos para se recuperar, um padrão que também foi visto após os *booms* ferroviários do século XIX.

A bolha do Japão, na década de 1980, também refletiu a crença em uma nova era – desta vez, no potencial de o Japão se tornar a maior economia do mundo. Na época, um dos livros mais populares era *Japan as Number One Lessons for America*, de Ezra F. Vogel, professor emérito da Universidade de Harvard. O livro descrevia como o Japão se tornou a "superpotência" mais competitiva do mundo e não teve muitos dos problemas enfrentados pelos Estados Unidos e outras economias ocidentais. A mídia voltou os olhos para a ascensão econômica do Japão. Pais zelosos em todo o Ocidente estavam matriculando seus filhos em aulas de japonês, na esperança de manter relevantes as habilidades das crianças no mundo em mudança. Uma das minhas primeiras ofertas de emprego veio de um importante banco japonês na época, e quando contei às pessoas a respeito, a maioria pensava que meu futuro estava assegurado trabalhando para um banco japonês, na vanguarda das finanças globais.

Curiosamente, este também é um fenômeno crescente no período mais recente, com o foco agora no domínio chinês. Livros *best-sellers* registram o *zeitgeist* da época. O *best-seller* de Martin Jacques *Quando a China Mandar no Mundo* também reflete o foco da era e a crença em um mundo em mudança, com todos os riscos e as oportunidades inerentes. Assim como o mercado de ações japonês subiu acentuadamente e depois entrou em colapso à medida que as expectativas de mudanças futuras se esvaziaram, um padrão semelhante ocorreu na China, embora em menor grau. O índice composto de preços das ações de Xangai, refletindo o otimismo predominante, aumentou 165% (ou 61% ao ano) entre junho de 2013 e junho de 2015. Com a desaceleração do crescimento global e a intensificação das preocupações com as taxas de juros dos EUA, o mercado de ações entrou em colapso, com um índice de 48% até março de 2016.

A bolha de tecnologia que se desenvolveu em muitos países no final da década de 1990 foi ampliada e alimentou as empresas dos setores de tecnologia, telecomunicações e mídia (comumente chamados de TMT).[18] Além do forte crescimento econômico e das baixas taxas de juros, o fascínio e o entusiasmo com as inovações tecnológicas eram a chave. Tal como aconteceu com o entusiasmo sobre as possibilidades de comunicações mais rápidas após as primeiras chamadas transcontinentais em 1915, as expectativas aumentaram por conta de quedas significativas no custo da comunicação na década de 1990, quando a velocidade da comunicação alcançou um ritmo ainda mais rápido do que antes, e com semelhantes consequências. O custo de uma chamada telefônica de três minutos de Nova Iorque para Londres caiu de US$ 4,37 em 1990 (em dólares de 2000) para US$ 0,40 em 2000.[19]

---

[18] Stephen King, do HSBC, escreveu o relatório "Bubble Trouble", no qual identificou riscos significativos de supervalorizações e potenciais consequências econômicas antes do estouro da bolha de tecnologia em 2000.

[19] Veja Masson, P. (2001). Globalization facts and figures. *IMF Policy Discussion Paper Nº 01/4* [on-line]. Disponível em https://www.imf.org/en/Publications/IMF-Policy-Discussion-Papers/Issues/2016/12/30/Globalization-Facts-and-Figures-15469

Desregulamentação e inovação financeira

A regulação leve, ou desregulamentação, costuma ser um ingrediente na construção de uma bolha no mercado financeiro. No *boom* das ferrovias do início do século 19 na Grã-Bretanha, por exemplo, a revogação da lei da bolha em 1825, introduzida após o colapso da bolha da South Sea em 1720, foi um fator importante. Com o objetivo de controlar a formação de novas empresas, limitou o número de investidores em sociedades por ações a apenas cinco. Ao revogar a lei, o governo facilitou o registro e a constituição de empresas. Também tornou muito mais fácil para um público fascinado investir nas novas empresas. Enquanto isso, conforme observado anteriormente, a inovação financeira das novas seguradoras permitiu um ambiente mais propício para a tomada de riscos.

Durante o *boom* ferroviário na Grã-Bretanha, em meados do século 19, a solicitação de licenças para a construção de novas ferrovias foi facilitada. Para acelerar o processo, por volta de 1845, os requerimentos eram enviados diretamente a determinados comitês da Câmara dos Comuns para uma decisão. Mas muitos parlamentares estavam envolvidos na especulação e, portanto, tinham a ganhar. Por conta disso, foi concedido um número de novas licenças, alimentando ainda mais a especulação. Em 1846, 272 atos do parlamento foram aprovados estabelecendo novas companhias ferroviárias.

A desregulamentação e uma maior confiança nas instituições também desempenharam um papel no *boom* da década de 1920. O estabelecimento do Federal Reserve System em 1913 (semelhante à onda de independência dos bancos centrais na década de 1990) levou a uma maior confiança por parte dos investidores, e a eleição do presidente Calvin Coolidge abriu o caminho para um relaxamento das leis antitruste e uma onda de fusões.

A bolha do Japão na década de 1980 também foi facilitada em parte por um processo de desregulamentação. Em 1981, por exemplo, o Ministério das Finanças deu às empresas japonesas permissão para emitir *warrants* no mercado de Eurobonds, em Londres. Esses bônus davam a opção de comprar ações de uma empresa a um certo preço antes da data de expiração. Como o rápido aumento dos preços das ações aumentou o valor dos bônus de subscrição, as empresas japonesas puderam emitir títulos com taxas de juros muito baixas. Quanto mais as empresas tomavam emprestado a essas taxas baixas e emitiam mais *warrants*, maior era a demanda pelas ações. Um incentivo adicional foi a possibilidade de emitir os *warrants* em dólares. Após o Plaza Accord de 1985, a queda implacável no valor do dólar fez com que os investidores esperassem uma alta do iene em relação ao dólar durante a vida útil do título, criando um ciclo virtuoso percebido.

Em 1984, o Ministério das Finanças do Japão também permitiu que as empresas criassem contas especiais, chamadas Tokkin, para suas participações, o que permitia a negociação de títulos sem pagamento de impostos sobre ganhos de capital. Em meados da década de 1980, os lucros que as empresas estavam obtendo com a especulação no mercado de ações cresciam em ritmo acelerado, estimulando o ingresso de mais empresas. Muitas obtinham mais da metade de seus lucros dessas contas Tokkin. Os ganhos corporativos totais dos fundos Tokkin aumentaram de 240 bilhões de ienes em 1985 para 952 bilhões de ienes em 1987 (Chancellor 2000). O aumento do endividamento atingiu também as famílias. Quase metade dos indivíduos que buscavam ajuda da Associação de Aconselhamento de Crédito do Japão, em Tóquio, durante 1989, tinha entre 11 e 20 cartões de crédito.[20]

O *boom* de tecnologia da década de 1990 também foi estimulado pela inovação em produtos financeiros. O crescimento dos mercados de derivativos foi um importante impulsionador disso. Entre 1994 e 2000, os valores nocionais dos derivativos sobre taxas de juros e moeda aumentaram 457%, o que equivale ao crescimento de 452% de 2001 a 2007.[21]

Embora os mercados de derivativos tenham prosperado nos anos 2000, outras formas de inovação estiveram em jogo no mercado imobiliário e foram fundamentais para o *boom* do *subprime* e o posterior colapso dos bancos e do mercado de ações, em 2007/2008. Essa bolha não era realmente tão evidente na valorização do mercado de ações, embora seu colapso tenha resultado em enormes quedas nos preços das ações. A regulamentação leve das instituições financeiras, juntamente com a

---

[20] Johnston, Lessons from when the bubble burst.

[21] Perez, C. (2009). The double bubble at the turn of the century: Technological roots and structural implications. *Cambridge Journal of Economics*, 33(4), 779–805.

inovação dos produtos financeiros, foram um ingrediente importante no *boom* imobiliário que precedeu o colapso. Como disse Carlota Perez (2009), "o termo "senhores do universo", muitas vezes citado para se referir aos gênios financeiros que supostamente arquitetaram a prosperidade sem fim de meados dos anos 2000, expressa a maneira como eram vistos como inovadores poderosos, espalhando riscos e, de alguma forma, fazendo esses riscos evaporar magicamente na vasta complexidade da galáxia financeira".

Durante os anos de expansão da década de 1990, os bancos securitizaram enormes volumes de dívida hipotecária de alto risco na forma de títulos lastreados em hipotecas (MBS, do inglês *mortgage-backed securities*) e obrigações de dívida colateralizadas (CDO, do inglês *collateralised debt obligations*), que podiam ser vendidos nos mercados financeiros. Esta inovação permitiu às instituições de investimento receberem o rendimento do pagamento das hipotecas, ao mesmo tempo que as expunham ao risco de crédito subjacente.

O problema é que, quando o mercado imobiliário começou a cair, desenvolveu-se um ciclo vicioso. Os bancos entraram em colapso e o risco de crédito que se espalhou para instituições em todo o mundo resultou em fraqueza sistêmica nos mercados de ativos. Muitos dos produtos CDO[22] receberam avaliações com base na "marcação a mercado", o que, à medida que os preços caíram, causou um colapso dos mercados de crédito e, por sua vez, resultou na iliquidez do mercado. Os bancos foram forçados a fazer reduções significativas.[23]

Crédito fácil

Semelhante a muitas outras bolhas que se seguiram, o rápido aumento de novos participantes na bolha das ferrovias dos Estados Unidos de

---

[22] Uma obrigação de dívida colateralizada (CDO) é um produto financeiro estruturado que reúne ativos que geram caixa, como hipotecas, e depois reúne esse conjunto de ativos em diferentes tranches que podem ser vendidas aos investidores. Cada um varia significativamente em termos de perfil de risco.

[23] Pezzuto, I. (2012). Miraculous financial engineering or toxic finance? The genesis of the U.S. subprime mortgage loans crisis and its consequences on the global financial markets and real economy. *Journal of Governance and Regulation*, 1(3), 113–124.

1873 também foi facilitado por dinheiro fácil e novos bancos de câmbio que ofereciam empréstimos tendo por garantia as ações das ferrovias. As empresas ferroviárias também permitiram cada vez mais que investidores privados comprassem na margem, normalmente exigindo apenas um depósito de 10%, com a empresa ferroviária tendo o direito de solicitar o restante do capital a qualquer momento (uma opção que, é claro, foi acionada posteriormente, agravando assim os insucessos).

O crescimento do crédito financiou a expansão das ferrovias e, entre 1865 e 1873, a quantidade de trilhos nos Estados Unidos aumentou de 35 mil para 70 mil milhas, com 18 mil milhas instaladas somente em 1873. Como acontece com muitas outras bolhas, as avaliações das ferrovias se expandiram rapidamente. Das 364 operadoras em 1872, apenas 194 pagaram dividendos. Conforme a política se tornou mais rígida, os empresários do setor precisaram garantir mais capital para assegurar o rápido crescimento das ferrovias. Nessa bolha, uma famosa financeira, a John Crooke and Company, acabou exagerando em sua oferta para construir uma segunda ferrovia transatlântica, a Ferrovia do Pacífico Norte. Depois de receber um enorme empréstimo do governo, surgiram temores de que o crédito e a própria empresa não fossem bons, e ela declarou falência em 1873, resultando no início do *crash*. Isso, por sua vez, gerou uma série de falências corporativas. Grande número de corretoras faliu e em 1873 a Bolsa de Valores de Nova Iorque fechou por 12 dias para tentar conter o colapso.

John Kenneth Galbraith (1955) argumentou que uma explosão na margem de empréstimos também foi uma das causas do *crash* de 1929. Mais tarde, afirmou-se que esse fator contribuiu significativamente para o *crash* de 1987, e o crédito barato também foi fundamental para a bolha japonesa. Taxas de juros e custo de capital muito baixos permitiram aos bancos aumentar seus ativos. Em 1998, os dez maiores bancos do mundo eram japoneses e estavam usando suas vantagens de custo de capital para conquistar participação no mercado global. Em 1988, os bancos japoneses haviam se tornado os maiores credores do sistema bancário internacional, com uma participação de mais de 20%. O crescimento espetacular dos bancos japoneses e o aumento dos valores de mercado significaram que, no final da década de 1980, a capitalização de mercado combinada dos 13 maiores bancos do país era mais de cinco vezes maior do que os 50 maiores bancos em todo o mundo.[24] Hoje, em comparação, os quatro maiores bancos baseados em ativos são chineses.

O crédito barato e disponível também foi uma marca registrada da bolha das "ponto com" no final da década de 1990. Quantias recordes de capital fluíram para a Nasdaq em 1997. Em 1999, 39% de todos os investimentos de capital de risco foram para empresas de internet. Naquele ano, 295 das 457 IPOs estavam relacionados a empresas de internet; foram apenas 91 no primeiro trimestre de 2000 (ver Hayes, 2019).

Novas abordagens de avaliação de ativos

Muitas bolhas na história foram alimentadas pela crença de que "desta vez é diferente", e isso tem incentivado os investidores a olhar e justificar novas formas de avaliar as empresas. Durante a década de 1920, por exemplo, vários acadêmicos argumentaram que as ações não eram mais arriscadas do que os títulos, mas ofereciam maiores retornos potenciais.[25] Além disso, vários estudos enfatizaram o crescimento composto das ações.[26]

Outros, como Charles Dice, em seu livro *New Levels in the Stock Market*,[27] entendem que os preços das ações no final da década de 1920 eram muito baixos. O mercado, em sua opinião, ainda não havia precificado as triplas revoluções na produção, distribuição e finanças que estavam elevando o valor da indústria norte-americana.

Entusiasmo semelhante reinou, principalmente nos Estados Unidos, durante o *boom* do mercado de ações nas décadas de 1950 e 1960. Benjamin Graham, em *The Intelligent Investor* (1949),[28] afirma que "antigos padrões de avaliação não são mais aplicáveis", pois a tentativa do Fed de evitar a depressão por meio de taxas de juros muito baixas havia

---

[24] Cutts, Power from the ground up.

[25] Smith, E. L. (1925). *Common stocks as long-term investments*. New York, NY: Macmillan.

[26] Guild, S. E. (1931). *Stock growth and discount tables*. Boston, MA: Financial Publishing Company.

[27] Dice, C. A. (1931). New levels in the stock market. *Journal of Political Economy*, 39(4), 551–554.

[28] Graham, B. (1949). *The intelligent investor*. New York, NY: HarperBusiness.

aumentado o potencial de crescimento da economia e, portanto, o valor das ações.

Os raciocínios sobre a justificativa para avaliações mais altas também prevaleceram durante a bolha japonesa da década de 1990. Um aumento no índice P/L de ações resultou em um aumento do *spread* do rendimento durante o período do final da década de 1980 ao início da década de 1990. Conforme relatado por Okina, Shirakawa e Shiratsuka (2001), a taxa de crescimento esperada do PIB nominal calculado a partir do *spread* do rendimento em 1990 era de até oito pontos percentuais, com a suposição padrão baseada no fator de desconto. Essa era uma taxa de crescimento altamente improvável na época (ou até hoje), devido à baixa inflação e à demografia. Portanto, como acontece com muitas outras bolhas, os investidores retratavam uma intensificação das expectativas de alta que eram insustentáveis no longo prazo.

A revista *The Economist* publicou em 15 de abril de 1989 "que os investidores japoneses perceberam como as empresas de primeira linha do país mudaram as fontes de seus ganhos por meio da reestruturação. Isso tornou seus lucros muito erráticos de nada adiantando o uso de medidas rígidas, como uma relação P/L. Em vez disso, os investidores começaram a avaliar o fluxo futuro de lucros de uma empresa observando o valor total dos ativos da empresa [...] a conclusão é que as ações podem estar subvalorizadas".

Durante as bolhas, a confiança dos investidores frequentemente ajudou as avaliações a subir. Isso ocorreu durante a bolha ferroviária da década de 1870 e se repetiu na bolha da tecnologia e das empresas ponto com na década de 1990. Ao examinar o preço das ações durante a bolha das empresas ponto.com, Cooper, Dimitrov e Rau (2001) descobriram que, no final dos anos 1990, as empresas que mudaram seus nomes para um termo relacionado à internet ou à TI (como adicionar ".com" ao nome) tiveram um aumento médio do preço das ações de 53% nos dias seguintes ao anúncio de tal mudança, mesmo que a empresa tivesse pouca atividade relacionada ao setor de TI.[29]

---

[29] Cooper, M., Dimitrov, O., e Rau, P. (2001). A Rose.com by any other name. *The Journal of Finance*, 56(6), 2371–2388.

Problemas e escândalos de contabilidade

A constatação de pós-bolha de problemas contábeis é outra característica comum das bolhas ao longo da história.

Três anos após o estouro da bolha das ferrovias do Reino Unido (1848), Arthur Smith escreveu um livro intitulado *The Bubble of the Age; or, the Fallacy of Railway Investment, Railway Accounts, and Railway Dividends*.[30] O interessante sobre essa bolha é que, depois do estouro, houve uma ampla revelação de que havia ocorrido fraude contábil. Segundo Smith, o *boom* de ações do setor ferroviário nos anos anteriores resultou em fraudes contábeis. Ele afirmou que "os dividendos das companhias ferroviárias, desde a introdução da locomotiva, foram pagos cobrando somas de capital que deveriam ser creditadas na conta de receitas. Com efeito, isso constitui o pagamento de dividendos a partir do capital. As ferrovias têm exigido invariavelmente um dispêndio constante maior do que os dividendos declarados, sem referência aos gastos com ramais ou extensões". Uma dessas operações foi liderada por um membro do Parlamento, George Hudson; não deu certo, porque ele se envolveu na prática fraudulenta de pagar dividendos com o capital (uma prática que também ocorreu na bolha da South Sea).

Graham e Dodd observaram em 1934 (em *Security Analysis*) que "em 1928 e 1929 ocorreu um relaxamento total e desastroso dos padrões de segurança anteriormente observados pelas agências reguladoras de mercado em questão. Isso é evidente pela venda de muitas ofertas novas de grau inferior, ajudadas em parte por métodos questionáveis de apresentar os fatos ao público. O colapso geral dos valores afetou aquelas emissões em más condições e imprevisíveis com particular gravidade, de modo que as perdas sofridas pelos investidores em muitas dessas flutuações foram terríveis".

Na bolha do Japão da década de 1990, a criação do "Zaitech", ou contas manipuladas, permitiu que as empresas manipulassem muitos ativos, o que resultou em escândalos contábeis. O verão de 1991 expôs uma sé-

---

[30] Smith, A. (1848). *The bubble of the age; or, The fallacies of railway investment, railway accounts, and railway dividends*. London, UK: Sherwood, Gilbert and Piper.

rie deles. Um, em particular, envolveu supostos pagamentos secretos de mais de US$ 1 bilhão das maiores corretoras de valores do país a alguns clientes selecionados. O objetivo era reembolsar os clientes por perdas nas crises de mercado de 1987 e 1990. Também houve acusações de que a maior corretora do mundo na época, a Nomura Securities Ltd., trabalhava para manipular o preço das ações da Tokyu Corp.[31]

Mas as acusações de escândalos continuaram e levaram vários bancos à falência, como o Tokai Bank e o Kyowa-Saitama Bank, acusados de emitir certificados de depósito fictícios para fornecer aos clientes "garantias" para empréstimos imobiliários.[32]

Benjamin Graham e David Dodd (1934) escreveram que "em vez de julgar o mercado pelos padrões de valor estabelecidos, a nova era baseou seus padrões de valor no preço de mercado".

A bolha de tecnologia da década de 1990 também revelou seu quinhão de escândalos e irregularidades. Talvez a mais famosa tenha sido a da Enron, uma empresa que a revista *Fortune* considerou a mais inovadora da América por seis anos consecutivos, de 1996 a 2001.[33] Quando a Enron pediu falência, em 2 de dezembro de 2001, ficou claro que o balanço auditado havia subestimado a dívida de longo prazo da empresa em US$ 25 bilhões. A Worldcom foi outro escândalo que emergiu da bolha. A empresa registrou US$ 3,8 bilhões em despesas que foram relatadas como investimento de capital, e mais US$ 3,3 bilhões de irregularidades relacionadas à manipulação de reservas, quando separou reservas para cobrir perdas estimadas.

Em suma, embora todos os episódios discutidos neste capítulo sejam diferentes, as características comuns dos períodos de bolha ou mania são as seguintes:

- A crença em uma "nova era" ou tecnologia.
- Desregulamentação e inovação financeira.

---

[31] Sterngold, J. (1991). Nomura gets big penalties. *New York Times*, 9 de outubro, Seção D, p. 1.

[32] Reid, T. R. (1991). Japan's scandalous summer of '91. *Washington Post* [on-line]. Disponível em https://www.washingtonpost.com/archive/politics/1991/08/03/japans-scandal-ous-summer-of-91/e066bc12-90f2-4ce1-bc05-70298b675340/

[33] Ferguson, N. (2012). *The ascent of money*. London, UK: Penguin.

- Crédito fácil e boas condições de financiamento.
- Adoção de novas medidas de avaliação de ativos.
- O surgimento de escândalos e irregularidades contábeis.

Esses são alguns dos sinais de alerta de que um mercado em alta está se transformando em uma bolha e que, quando essa bolha estourar, poderá levar a uma baixa estrutural severa ou, pelo menos, a perdas significativas em parte do mercado.

PARTE III

Lições para o futuro: um foco na era pós-crise financeira, o que mudou e o que isso significa para os investidores

9
Como o ciclo mudou após a crise financeira

Nem todos os ciclos são iguais, mas o ambiente desde a crise financeira global de 2007-2009 tem sido particularmente incomum, dado que muitos dos padrões e das relações tradicionais entre os mercados econômicos e financeiros mudaram e, em alguns casos, parecem ter se rompido. Compreender essas mudanças é importante porque contextualiza os movimentos do mercado desde a crise financeira e nos ajuda a entender melhor como os ciclos podem evoluir no futuro.[1]

A crise financeira de 2007-2009 e suas consequências foram traumáticas, com o colapso no valor dos ativos de risco e insucessos econômicos em todo o mundo. Estima-se que o impacto foi superior a US$ 10 trilhões, equivalente a mais de um sexto da economia global em 2010, e mais de US$ 2 trilhões em perdas de ativos em instituições financeiras (Oxenford 2018). Alguns analistas sugerem que o impacto pode ter sido ainda maior. Um desses estudos estima que a crise financeira reduziu de modo continuado a produção dos EUA em cerca de sete pontos percentuais, representando uma perda de renda vitalícia em termos de valor presente descontado de cerca de US$ 70 mil para cada cidadão dos EUA.[2] *Sir* Mervyn King, presidente do Bank of England à

---

[1] Existem muitos relatos úteis sobre os elementos desencadeadores e as consequências da crise e como as coisas mudaram desde então. Veja, por exemplo, Tooze, A. (2018). *Crashed: How a decade of financial crises changed the world*. Londres, Reino Unido: Allen Lane.

[2] Romer, C., e Romer, D. (2017). New evidence on the aftermath of financial crises in advanced countries. *American Economic Review*, 107(10), 3072–3118.

época, declarou: "Esta é a crise financeira mais séria, pelo menos desde os anos 1930, se não desde sempre".[3]

Como esperado, dado o impacto econômico, o colapso nos mercados de ações também foi substancial: os mercados de ações dos EUA caíram 57% e o mercado de ações mundial (MSCI World) caiu 59%, o que colocou, decididamente, esse período no grupo dos raros mercados em baixa estrutural, com base nas definições do Capítulo 6.

Em termos do padrão de movimentos de mercado que entram em crise e no início do mercado em baixa, houve um ciclo bastante típico (embora extremo) próximo a uma recessão profunda. No entanto, a recuperação que se seguiu à depressão rompeu com os padrões do passado, porque as fases típicas do ciclo foram atenuadas por uma série de ondas de choque, à medida que os efeitos secundários da crise se espalhavam pelo mundo. Embora o epicentro tenha sido o mercado imobiliário dos Estados Unidos, com o colapso das hipotecas *subprime* e os consequentes problemas bancários e de crédito, o estresse se estendeu aos bancos europeus (que estavam altamente alavancados na época e fortemente expostos ao mercado imobiliário no sul da Europa, que também sofreu grandes perdas) e, como consequência, surgiu na crise da dívida soberana europeia (2010-2012). Uma terceira onda foi sentida, principalmente na Ásia quando, em agosto de 2015, a China desvalorizou sua moeda em relação ao dólar norte-americano após um período de fraco crescimento. Os preços das *commodities* também despencaram, com os preços do Brent caindo mais da metade em valor, de quase US$ 100 por barril no verão de 2014 para US$ 46 em janeiro de 2016.

Três ondas da crise financeira

Essas ondas podem ser descritas com referência às causas do estresse, uma vez que irromperam nas diferentes regiões.

A onda 1 nos EUA começou com o colapso do mercado imobiliário e se transformou em uma crise de crédito mais ampla, terminando com

---

[3] Mason, P. (2011). Thinking outside the 1930s box. BBC [on-line]. Disponível em https://www.bbc.co.uk/news/business-15217615

o pedido de concordata do Lehman Brothers e o início do Programa de Alívio de Ativos Problemáticos (TARP, de *Troubled Asset Relief Program*, em inglês) e flexibilização quantitativa (QE).[4]

A onda 2 na Europa começou com a exposição dos bancos a perdas alavancadas nos EUA e se transformou em uma crise soberana pela falta de um mecanismo de compartilhamento de dívida em toda a área do euro. Atingiu o auge com a crise da dívida grega e a insistência de que os investidores privados deveriam ser "resgatados" quando se tratava de perdas. Terminou com a introdução de transações monetárias definitivas (OMT, de *outright monetary transactions*, em inglês),[5] o compromisso do Banco Central europeu de fazer "o que for necessário" e, finalmente, com a introdução da QE.

A onda 3 nos mercados emergentes (ME) coincidiu com o colapso dos preços das *commodities*, que atingiu duramente as ações dos mercados emergentes, especialmente entre junho de 2013 e o início de 2016.

O impacto das três ondas nos mercados de ações dos EUA, Europa e ME é destacado na Figura 9.1. A onda dos Estados Unidos rapidamente se tornou um choque global, pois os mercados de crédito e os balanços dos bancos em todo o mundo ficaram prejudicados. Todos os principais mercados de ações caíram juntos e os mercados emergentes (que têm um beta mais alto e são mais vulneráveis a um colapso no crescimento do comércio mundial) sofreram os maiores declínios. A recuperação, desencadeada por políticas de taxa de juros zero e o início da QE nos EUA, também teve um impacto global, e as ações de mercados emergentes (que inicialmente sofreram mais) se recuperaram fortemente.

---

[4] O TARP foi um programa do governo dos Estados Unidos que ajudou a estabilizar o sistema financeiro por meio de uma série de medidas que incluíram o programa de resgate TARP, concedendo US$ 700 bilhões para o resgate de bancos, American International Group (AIG) e empresas automotivas. Também ajudou os mercados de crédito e os proprietários de imóveis. A flexibilização quantitativa (QE) – ou compras de ativos em grande escala – é a política monetária que envolve um banco central emitindo moeda usada para comprar quantias predeterminadas de títulos do governo ou outros ativos financeiros a fim de injetar liquidez na economia.

[5] As transações monetárias definitivas (OMT) são um programa do Banco Central Europeu (BCE), que compra (transações definitivas) em mercados secundários de obrigações soberanas, sob certas condições, obrigações emitidas por estados-membros da área do euro.

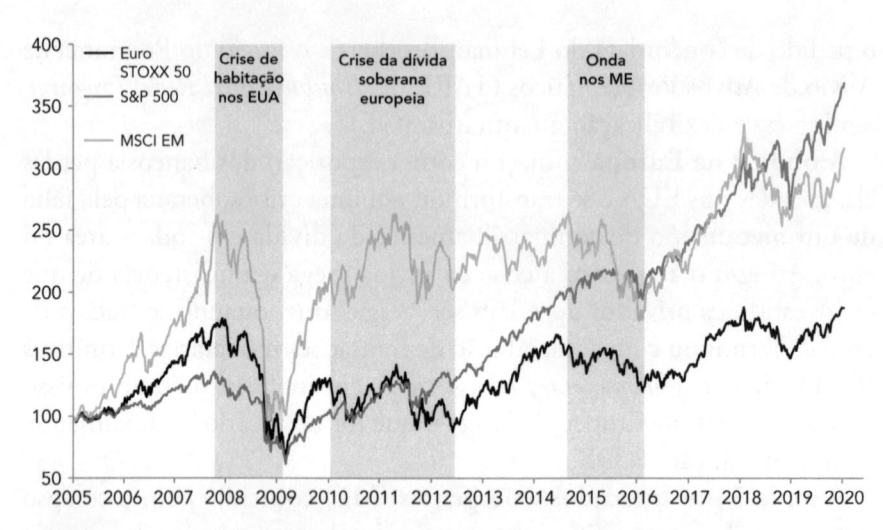

FIGURA 9.1 As três "ondas" da crise financeira (desempenho do retorno total em USD).
Fonte: Goldman Sachs Global Investment Research.

Mas a recuperação foi interrompida quando a crise se estendeu à Europa. A combinação de bancos altamente alavancados e as fragilidades institucionais do quadro fiscal da área do euro levaram a uma crise da dívida soberana e a outra severa queda nos preços do mercado. Durante grande parte desse período, entretanto, a economia e o mercado de ações dos Estados Unidos conseguiram se desvincular do resto do mundo e continuaram a progredir rapidamente.

Para a Europa, o impacto foi severo e, no final de julho de 2012, o setor financeiro da área do euro passava por uma crise aguda. No verão de 2012, os rendimentos soberanos espanhóis de 10 anos atingiram níveis acima de 7,5% e a taxa de dois anos estava se aproximando de 7%. O achatamento da curva de juros do governo espanhol em níveis inconsistentes com a sustentabilidade fiscal e macroeconômica ameaçava paralisar o mercado soberano. E, dado o papel central desempenhado por esse mercado no funcionamento mais amplo do sistema financeiro espanhol (e a profunda conectividade entre os bancos e o soberano [Tesouro Nacional]), o setor bancário espanhol viu-se ameaçado. O contágio ampliou-se para outros países periféricos, uma vez que os rendimentos soberanos italianos também subiram para 7%

e os riscos existenciais para o euro e para a área do euro eram considerados elevados para muitos analistas.

Por fim, os mercados acionários se recuperaram globalmente em meados de 2012, com a moderação dos prêmios de risco seguida de uma intervenção política agressiva do Banco Central Europeu e garantias verbais de que o BCE faria "o que fosse necessário" para preservar o euro, demonstrando, mais uma vez, o poder dos bancos centrais para mudar as expectativas do mercado. Na sequência dos seus comentários, o presidente Draghi, do BCE anunciou o programa de transações monetárias definitivas (OMT) do BCE, em setembro de 2012. Os países da área do euro que aceitaram as condicionantes do Mecanismo Europeu de Estabilidade (MEE) e, simultaneamente, mantiveram o acesso ao mercado, poderiam ter a dívida pública de prazo mais curto em montantes potencialmente ilimitados comprada pelo BCE.

Mas, assim que as coisas pareciam estar se acalmando, uma fraqueza significativa nos mercados de *commodities* e ações dos mercados emergentes desencadeou uma terceira onda de desaceleração, com a China no epicentro. A Europa foi atingida mais uma vez, dada sua grande exposição aos mercados emergentes, mas o mercado de ações dos EUA experimentou uma correção mais branda e mais curta e foi mais uma vez visto como um porto relativamente seguro.

Desde meados de 2016, os mercados de ações e de renda fixa (títulos e crédito) cresceram em conjunto, embora com diferenças significativas nos retornos relativos. A flexibilização monetária agressiva e a flexibilização quantitativa tiveram um forte efeito no aumento das avaliações nos mercados financeiros. Vários artigos acadêmicos examinaram o impacto da QE nos preços dos títulos, principalmente após seu anúncio. Outros mostraram que aconteceu um impacto significativo nos mercados de ações também, com algumas estimativas de que, no caso dos índices UK FTSE All-Share e US S&P 500, "medidas de política não convencionais adotadas causaram aumentos nos preços das ações de pelo menos 30%".[6]

---

[6] Balatti, M., Brooks, C., Clements, M. P., e Kappou, K. (2016). Did quantitative easing only inflate stock prices? Macroeconomic evidence from the US and UK. *SSRN* [on-line]. Disponível em https://papers.ssrn.com/sol3/papers.cfm?abstract_id=2838128. Os autores afirmam no artigo que as estimativas medianas indicam um impacto máximo sobre as ações, no final do horizonte de 24 meses, de cerca de 30% para o FTSE All-Share e cerca de 50% para o S&P 500.

Todos os mercados de ações subiram juntos, finalmente livrando-se do impacto da crise financeira. No contexto desta crise contínua, 2016 marcou um ponto de virada importante, uma vez que os mercados de ações globais aumentaram devido ao forte crescimento sincronizado e ao recuo dos riscos políticos/sistêmicos. A melhoria no crescimento e nos lucros significou que, pela primeira vez no ciclo, uma grande parte dos retornos sobre ações nos mercados veio do crescimento dos lucros em oposição à expansão da avaliação.

Sem surpresa, essa combinação impulsionou os mercados de ações globais de forma acentuada, com o MSCI AC World registrando um de seus maiores retornos em uma base ajustada ao risco desde meados da década de 1980.

A lacuna incomum entre mercados financeiros e a economia

Além das fases "típicas" do ciclo desde 2009 terem sido afetadas pelos problemas mencionados, a natureza e a configuração do ciclo atual também mudaram de forma importante desde 2008.

Em especial, o que torna o período pós-crise financeira tão incomum é que o ciclo econômico está sendo muito mais longo e mais fraco do que o habitual. Tomando os EUA como exemplo, a economia, no momento que este texto foi escrito, vive sua expansão econômica mais longa em 150 anos. Mas embora a economia dos Estados Unidos tenha conseguido se recuperar com mais força do que as da Ásia e da Europa nos últimos anos, essa foi uma recuperação mais lenta do que na maioria das recessões "normais". A Figura 9.2 mostra a trajetória do crescimento econômico desde a recessão de 2009, em comparação com a recuperação média das recessões anteriores, nos últimos 50 anos.

A persistência de um crescimento lento após a crise financeira é ainda mais evidente em outras partes do mundo, especialmente na Europa, onde o impacto da dívida soberana e das crises do setor bancário foi ainda maior.

A lenta recuperação da atividade e o perfil de inflação mais baixo que se seguiu à Grande Recessão são, no entanto, consistentes com o perfil de recuperações econômicas anteriores, que resultaram de recessões pro-

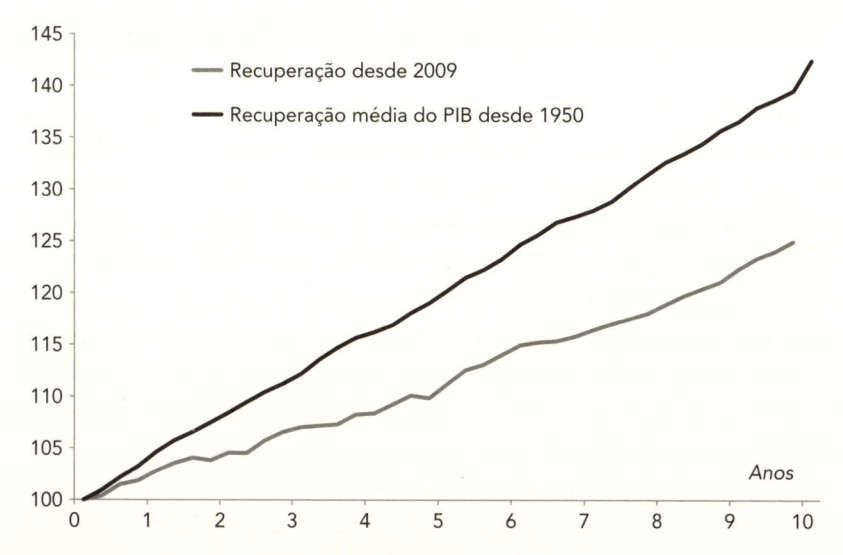

FIGURA 9.2 Uma recuperação econômica mais fraca do que a média (PIB real dos EUA a partir do vale de 10 anos em diante).
Fonte: Goldman Sachs Global Investment Research.

vocadas por colapsos do setor imobiliário ou bancário. Dada a alavancagem que precedeu a crise financeira, isso não deveria ser uma grande surpresa. Muitos estudos mostraram que os ciclos de negócios que seguem grandes ciclos de alavancagem tendem a resultar em recuperações de crescimento mais lentas e mais fracas. Em um estudo de cerca de 200 recessões desde 1850, por exemplo, o Federal Reserve Board de San Francisco[7] concluiu que o perfil da recuperação que ocorre após a recessão depende muito das condições que a precederam. Especificamente, **"um caminho de recessão e recuperação associado a um pico de crise financeira provavelmente será muito mais longo e mais doloroso do que aquele após um pico normal"**. Uma observação semelhante foi feita em outros estudos.[8]

---

[7] Jorda, O., Schularick, M., Taylor, A. M., e Ward, F. (2018). Global financial cycles and risk premiums. *Working Paper Series 2018–5*, Federal Reserve Bank of San Francisco [on-line]. Disponível em http://www.frbsf.org/economic-research/publications/working-papers/2018/05/

[8] Terrones, M., Kose, A. e Claessens, S. (2011). Financial cycles: What? How? When? *IMF Working Paper Nº 11/76* [on-line]. Disponível em https://www.imf.org/en/Publications/ WP/Issues/2016/12/31/Financial-Cycles-What-How-When-24775

Estudos de episódios de estresse financeiro anteriores em todo o mundo apontam para perdas de produção igualmente grandes e persistentes. Por exemplo, Romer e Romer (2017) estudaram um painel de países na Organização para Cooperação e Desenvolvimento Econômico (OCDE) e concluíram que, normalmente, o produto interno bruto é cerca de nove pontos percentuais menor passados cinco anos de uma crise financeira extrema.[9]

Curiosamente, o ritmo de recuperação da desaceleração da economia americana em 2008 foi muito semelhante ao alcançado pelo Japão no início dos anos 1990, após o colapso bancário e imobiliário no final dos anos 1980, embora o ritmo de recuperação no Japão tenha ficado aquém do que foi alcançado nos Estados Unidos mais recentemente (em grande parte em função de uma política mais agressiva).

O que é surpreendente sobre o ciclo pós-crise financeira, especialmente pelo cenário econômico fraco, é a força da recuperação dos preços das ações. Como mostrado na Figura 9.3, apesar de ter experimentado uma recuperação econômica relativamente semelhante ao do Japão na década de 1990, o mercado de ações (mostrado aqui nos EUA) tem sido muito

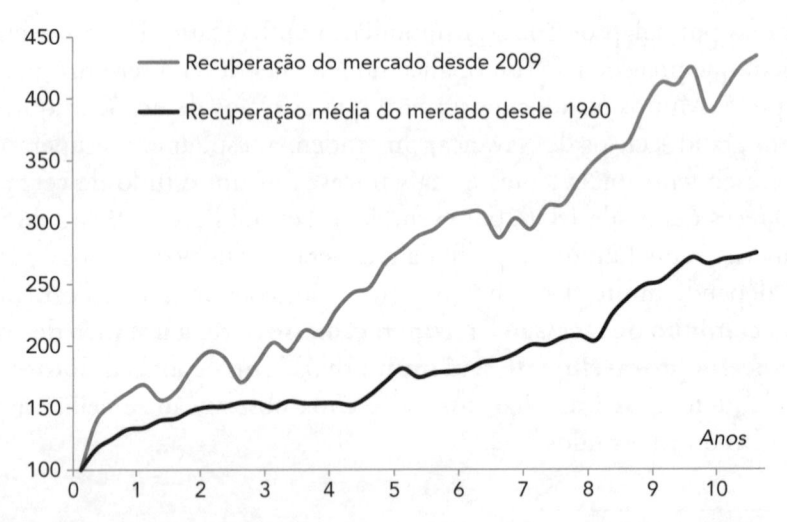

FIGURA 9.3 Recuperação financeira mais fraca, mas excepcionalmente forte (S&P 500).
Fonte: Goldman Sachs Global Investment Research.

---

[9] Romer e Romer, New evidence on the aftermath of financial crises in advanced countries.

mais poderoso do que na recuperação "média" da recessão e também mais poderoso do que a recuperação do mercado em baixa no Japão na década de 1990 (Figura 9.4). O sucesso deste ciclo tem sido sua duração. O ciclo de ações pós-crise financeira (usando o S&P 500) registrou a recuperação mais longa de todos os tempos, com um *boom* de mais de uma década.

Dito de outra forma, apesar das ondas da crise financeira, os retornos agregados têm sido fortes em todas as áreas (ainda que partindo de um mercado em baixa, em 2009). É difícil saber o quanto da recuperação nos mercados de ações é uma função de condições financeiras frouxas, taxas de juros zero e QE, mas é revelador que a recuperação nos mercados de ações neste ciclo seja mais acentuada do que após profundas baixas do mercado no passado.

A Figura 9.5 mostra o tempo de recuperação das perdas das principais baixas nos mercados. O ciclo atual (pelo menos nos EUA) tem sido muito mais rápido do ocorrido após o colapso de 1929, nos EUA, e no Japão, em 1990. Os retornos recuperaram 100% da alta anterior, no período de quatro anos a partir do início da crise neste ciclo, enquanto definharam em cerca de 50% de seus elevados retornos anteriores após os ciclos dos EUA de 1929 e do Japão de 1990.

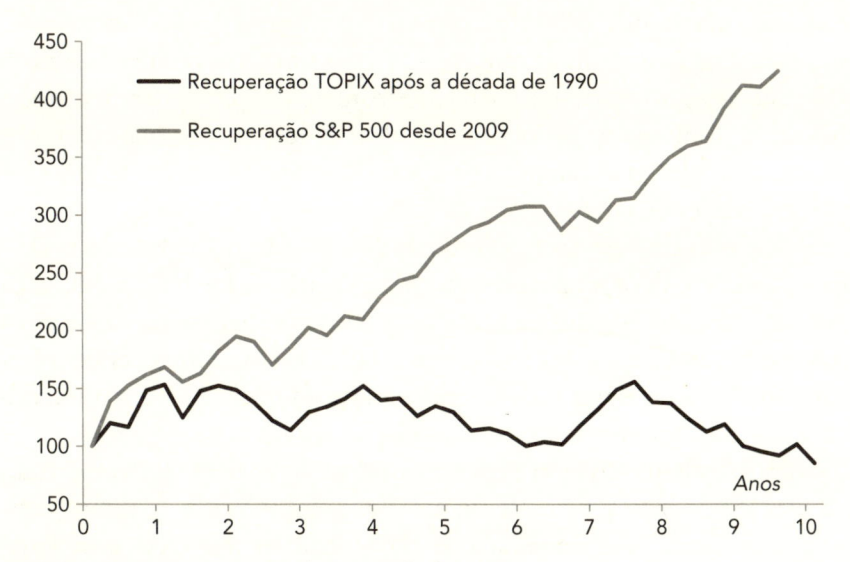

FIGURA 9.4 Recuperação do mercado financeiro.
Fonte: Goldman Sachs Global Investment Research.

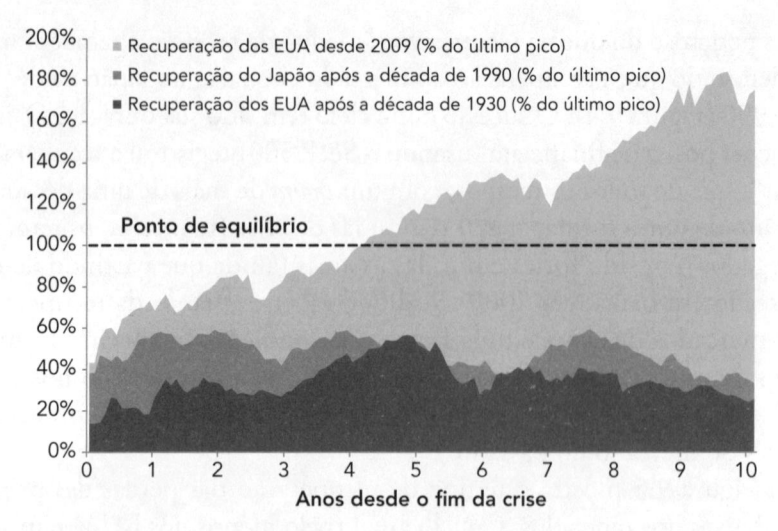

FIGURA 9.5 Ao contrário da crise dos anos 1930, nos EUA, ou da crise dos anos 1990, no Japão, os mercados dos EUA recuperaram rapidamente suas perdas após 2009 (retornos de preços nominais; EUA: S&P 500; Japão: TOPIX).
Fonte: Goldman Sachs Global Investment Research.

Todos os barcos surfaram a onda de liquidez

Parte do sucesso dos ativos financeiros nos últimos 10 anos deve-se ao fato de todos terem sido impulsionados por um fator comum: a queda das taxas de juros livre de risco, que contribuiu para o aumento das avaliações. Embora as ações tenham alcançado retornos mais elevados do que os títulos, o impacto da política monetária frouxa foi sentido em todas as classes de ativos.

O impacto da agressiva política de flexibilização (incluindo a QE) após a crise foi decisiva para os retornos dos ativos. De fato, a diferença entre a "inflação" medida na economia real e a dos ativos financeiros também foi notável neste ciclo (Figura 9.6). Os ativos financeiros sofreram uma inflação significativa, grande parte da qual refletiu o aumento das avaliações nos mercados com o colapso das taxas de juros.

Como resultado disso, o período pós-crise financeira teve o mercado em alta mais longo e forte de uma carteira "equilibrada" padrão (definida aqui como uma referência de 60% de ações dos EUA e 40% de títulos do governo dos EUA).

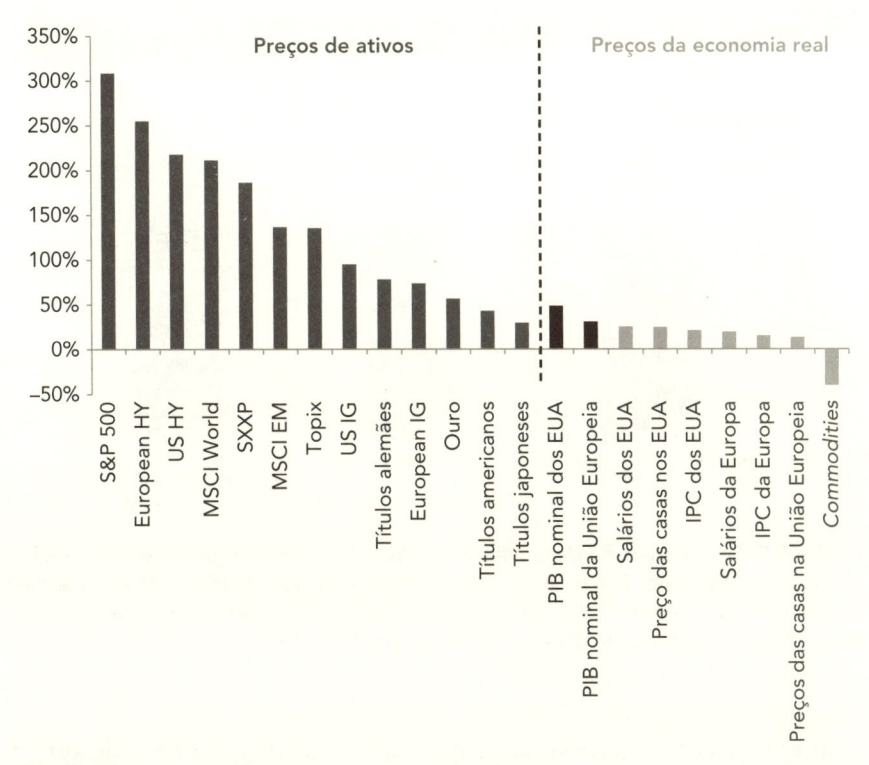

FIGURA 9.6 Ampla dispersão entre a inflação de preços de ativos e a inflação da "economia real" (desempenho do retorno total em moeda local desde janeiro de 2009).
Fonte: Goldman Sachs Global Investment Research.

Os motivadores incomuns do retorno

É difícil dizer o quanto as avaliações mais altas contribuíram para os retornos, mas, como mostra a Figura 9.7, pelo menos em relação à média dos mercados em alta do passado, a avaliação gerou uma proporção maior de retornos no período pós-crise financeira do que a média no passado, especialmente na Europa. Mesmo no mercado de ações dos EUA (onde os lucros têm sido altos), a avaliação impulsionou cerca de três vezes a proporção dos retornos do mercado em comparação com os ciclos médios no passado: cerca de um terço do retorno em comparação com a média dos ciclos anteriores (sobre um período semelhante) de pouco mais de 10%. As margens tam-

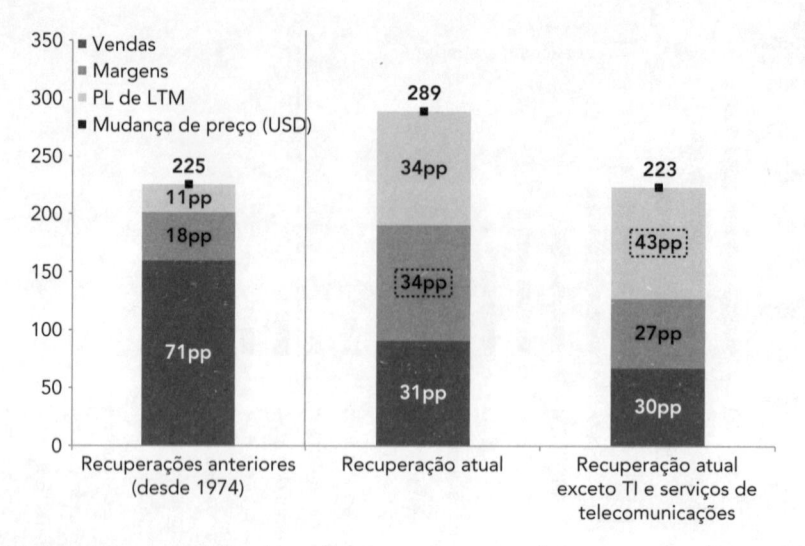

FIGURA 9.7 A expansão da avaliação e o aumento das margens explicam mais o aumento nos mercados 10 anos após a crise desta vez (contribuição das vendas e margens para os retornos dos preços: S&P 500 exceto finanças, imóveis e serviços públicos; recuperação atual a partir de março de 2009).
Fonte: Goldman Sachs Global Investment Research.

bém contribuíram para uma proporção maior dos retornos do que o habitual em ciclos anteriores (em parte devido ao aumento acentuado das margens do setor de tecnologia). Enquanto isso, o crescimento da receita tem sido mais fraco (cerca de metade da proporção dos retornos que normalmente representa), em parte como resultado de uma inflação em geral muito mais baixa.

Inflação e taxas de juros mais baixas

Outra mudança crucial desde a crise financeira foi nas taxas de juros e nos rendimentos dos títulos, um tópico discutido mais adiante no Capítulo 10.

Não foram apenas as taxas de juros nominais e a inflação que caíram: também houve uma queda significativa nas taxas reais de longo prazo (taxas nominais menos inflação) (Figura 9.8).

Existem duas razões lógicas para isso. Uma explicação é que um excesso de poupança em relação ao investimento reduziu as taxas de juros reais de equilíbrio. O argumento é que as mudanças na política monetária e nos

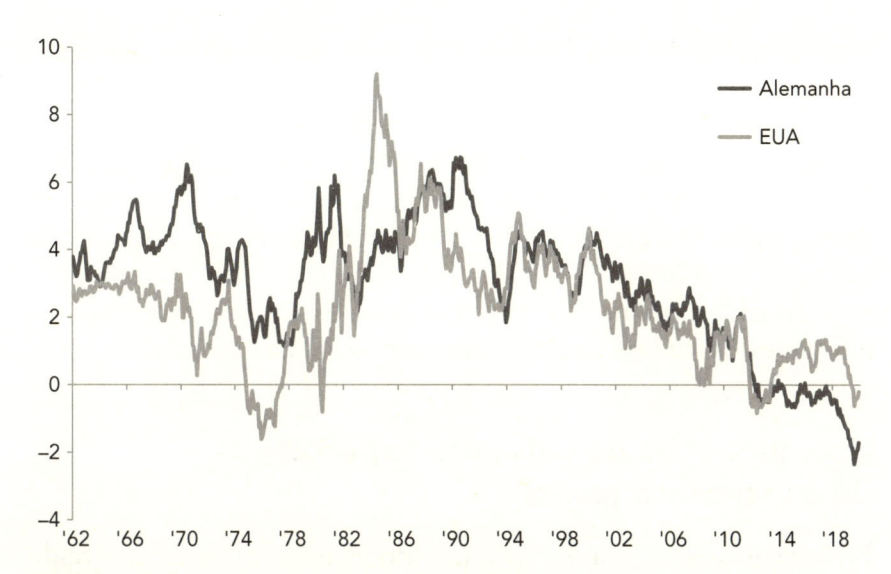

FIGURA 9.8 Os rendimentos dos títulos reais tornaram-se negativos (rendimento nominal de 10 anos menos a inflação corrente).
Fonte: Goldman Sachs Global Investment Research.

gastos fiscais não foram realmente os agentes mais importantes das taxas de juros. Por exemplo, em sua hipótese de estagnação secular, Summers (2015) sugere que a demanda agregada cronicamente fraca, junto com taxas de política ultrabaixas, manteve a poupança desejada acima do investimento e empurrou a taxa natural para baixo das taxas de mercado. O excesso de poupança global (Bernanke, 2005) e a escassez de ativos seguros (Caballero e Farhi, 2017)[10] impulsionaram o excesso de poupança nas economias dos mercados emergentes, refletido em superávits em conta corrente, nas economias avançadas, deprimindo as taxas reais nessas economias. Mas outros apontam que o crescimento econômico mais lento e a inflação mais baixa (refletindo em parte o impacto da demografia e em parte também o impacto da rápida revolução tecnológica) são os responsáveis.

Quaisquer que tenham sido as razões, as medidas de mercado futuro de inflação também caíram em comparação com ciclos anteriores. No passado, restrições do mercado de trabalho frequentemente geravam

---

[10] Caballero, R. J., e Farhi, E. (2017). The safety trap. *The Review of Economic Studies*, 85(1), 223–274.

pressões inflacionárias substanciais e persistentes, fazendo com que os bancos centrais aumentassem fortemente as taxas de juros, intensificando assim os riscos de recessão. Mas, desde a década de 2000, uma orientação futura mais eficaz dos bancos centrais contribuiu para uma inflação mais baixa e mais estável, ao lado de uma curva de Phillips (a relação entre desemprego e inflação) mais plana, resultando em expectativas de inflação muito mais estáveis.[11] Em algum grau, o impacto da QE também foi responsável.[12] Examino com mais detalhes o impacto das expectativas de inflação e dos rendimentos de títulos ultrabaixas no Capítulo 10.

Uma tendência de baixa nas expectativas de crescimento global

Embora as taxas de juros e as expectativas de inflação tenham caído, também houve uma queda significativa nas taxas de crescimento de longo prazo desde a crise financeira. Isso se refletiu nas previsões de longo prazo para a atividade econômica e no crescimento das vendas e do lucro por ação das empresas. A Figura 9.9 mostra uma média móvel de 10 anos (para simplificar os dados) do crescimento das vendas nos mercados de ações da Europa, dos EUA e do agregado mundial. A inflação mais baixa e uma recuperação mais fraca da atividade econômica resultaram em vendas mais fracas para as empresas. O gráfico também mostra que a taxa de crescimento anualizada de 10 anos nas receitas no mundo desenvolvido convergiu para os níveis que o Japão experimentou desde o colapso de sua bolha de ativos, no final da década de 1980.

---

[11] Ver Cunliffe, J. (2017). *The Phillips curve: Lower, flatter or in hiding?* Bank of England [on-line]. Disponível em https://www.bankofengland.co.uk/speech/2017/jon-cunliffe-speech-at-oxford-economics-society

[12] Borio, C., Piti, D., e Juselius, M. (2013). Rethinking potential output: Embedding information about the financial cycle. *BIS Working Papers Nº 404* [on-line]. Disponível em https://www.bis.org/publ/work404.html argumentam que "na medida em que a política monetária, que define o preço da alavancagem, pode influenciar o ciclo financeiro, ela também pode ter um impacto persistente na economia a longo prazo e, portanto, também nas taxas de juros reais. Se a definição de equilíbrio também impede a ocorrência de ciclos de expansão e contração, como se poderia razoavelmente esperar, então pode não ser possível definir uma taxa natural independentemente do regime monetário".

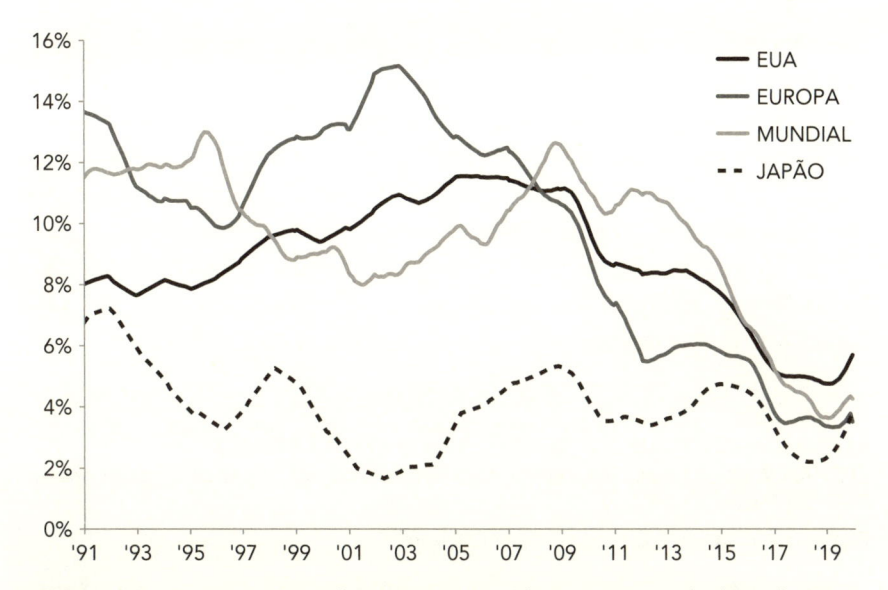

FIGURA 9.9 O crescimento da receita tem caído junto com o declínio do PIB nominal (crescimento das vendas ano a ano (média móvel de 10 anos), mercado exceto setor financeiro).

Fonte: Goldman Sachs Global Investment Research.

A queda do desemprego e aumento do emprego

Apesar das mudanças nas relações da curva de Phillips e do lento crescimento econômico, o mercado de trabalho tem sido muito mais forte do que a maioria das pessoas esperava após a crise financeira. A preocupação era que um período de baixo crescimento resultasse em desemprego muito alto e, embora isso tenha ocorrido em algumas das economias mais afetadas pela crise, especialmente no sul da Europa, essa não tem sido a regra. Nos Estados Unidos, Reino Unido, Alemanha e Japão, o desemprego caiu para níveis nunca vistos há 40 ou 50 anos.

Ao mesmo tempo, o crescimento do emprego foi impressionante, para os padrões dos ciclos anteriores. Como mostra a Figura 9.10, no momento que este texto era escrito, o emprego nos Estados Unidos crescia continuamente de forma inédita. Pode haver muitas explicações para isso: estados de bem-estar social mais débeis e impostos mais baixos tornaram o emprego mais atraente para muitos indivíduos, e também houve

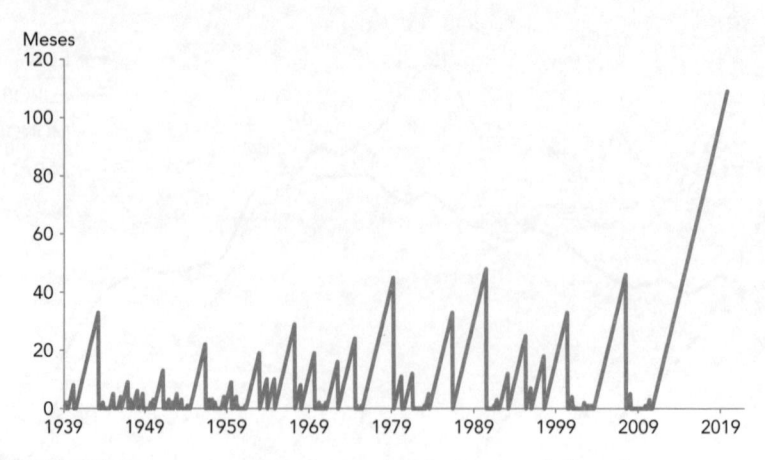

FIGURA 9.10 Meses cumulativos sem decréscimo nas folhas de pagamento nos EUA (NFP total).
Fonte: Goldman Sachs Global Investment Research.

um aumento significativo na participação feminina no trabalho.[13] Menos poder sindical e menor negociação coletiva também podem ter desencadeado um aumento de novos ingressos no mercado de trabalho, e o envelhecimento da população também é frequentemente apontado como uma razão. Talvez o mais surpreendente seja que esse aumento pós-crise do emprego coincidiu com mudanças dramáticas na tecnologia em meio a preocupações de que isso eliminasse postos de trabalho. Mas, de muitas maneiras, as inovações tecnológicas recentes ajudaram o mercado de trabalho a crescer e se tornar mais flexível. De acordo com *The Economist*, nos últimos 10 anos, o custo de preencher uma vaga caiu 80%.[14] Um estudo recente mostrou que as pessoas que usam a internet para encontrar empregos tiveram o período de desemprego reduzido em até 25%.[15]

Um dos outros resultados incomuns da crise financeira é que, apesar do aumento do emprego, os salários e a inflação permaneceram muito baixos.

---

[13] Veja mais sobre a participação feminina em Blau, FD e Kahn, LM (2013). Female labor supply: Why is the US falling behind? *NBER Working Paper Nº 18702* [on-line]. Disponível em https: // www.nber.org/papers/w18702

[14] Across the rich world, an extraordinary jobs boom is under way. (23 de maio de 2019). *The Economist*.

[15] Kuhn, P., e Mansour, H. (2014). Is internet job search still ineffective? *Economic Journal*, 124(581), 1213–1233.

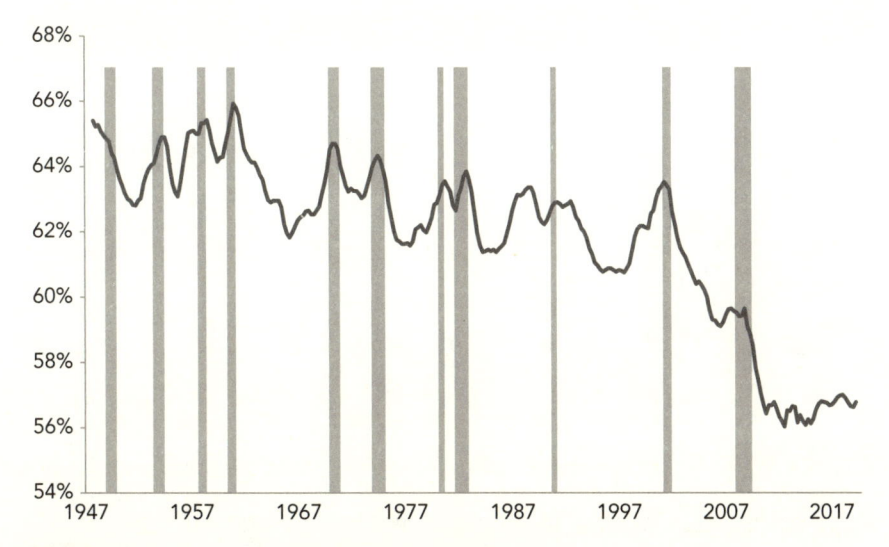

FIGURA 9.11 Participação da mão de obra em empresas (exceto setor agrícola) no PIB dos EUA.

Fonte: Goldman Sachs Global Investment Research.

Alinhado a isso, outra grande mudança desde a crise financeira foi a queda contínua da participação do trabalho e o aumento da participação dos lucros no PIB (Figura 9.11).

O aumento das margens de lucro

O aumento implacável das margens de lucro corporativo desde a crise financeira certamente ajudou a compensar o que tem sido um cenário de enfraquecimento do crescimento das vendas. Existem potencialmente muitos motivos pelos quais as margens corporativas aumentaram significativamente. A falta de poder de precificação no mercado de trabalho (refletindo o poder crescente da tecnologia) e também o rápido aumento das margens nas empresas de tecnologia de grande crescimento são responsáveis, em parte. Além disso, a tendência crescente da globalização tem sido importante. A inflação sobre os salários na Alemanha tem sido baixa nos últimos anos, apesar do baixo desemprego, em parte porque, se os trabalhadores pressionarem por salários mais altos, há uma chance maior de esses empregos mais bem remunerados se deslocarem para a

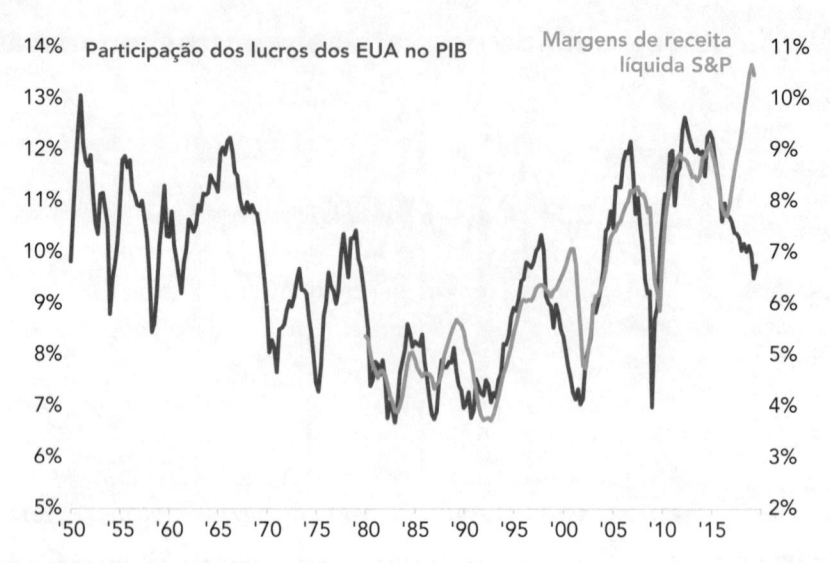

FIGURA 9.12 A participação dos lucros no PIB dos EUA tem caído, mas não se refletiu nas margens líquidas do S&P.
Fonte: Goldman Sachs Global Investment Research.

Europa Central e outros lugares onde o mercado de trabalho está intimamente ligado à economia alemã.

Dito isso, há riscos de que essas margens não sejam sustentáveis. Nos Estados Unidos, pelo menos, há uma lacuna crescente entre as margens da economia como um todo e as do mercado de ações (Figura 9.12). Isso é parcialmente explicado pelo impacto dos cortes de impostos nos Estados Unidos, em 2017, que beneficiaram grandes empresas internacionais (representadas no mercado de ações). Também é, em parte, por causa da diferença no peso dos setores: o mercado de ações nos Estados Unidos conta com grande proporção de empresas de tecnologia, que desfrutaram de uma participação de mercado crescente e margens mais altas do que as empresas típicas da economia. Mas agora houve um aumento nos salários, que está começando a desgastar as margens de lucro, e isso pode começar a afetar o mercado de ações também. Se, no futuro, as avaliações pararem de subir e as margens atingirem o pico (o que é bastante provável em um ciclo econômico de amadurecimento), então o menor crescimento das vendas implicará em menor crescimento dos lucros e, com isso, menores retornos.

Queda da volatilidade das variáveis macroeconômicas

Embora as expectativas de crescimento de longo prazo da economia tenham caído e o crescimento da receita no setor corporativo tenha desacelerado, a volatilidade do crescimento também foi moderada (Figura 9.13).

Muito disso ocorreu com a independência dos bancos centrais e o *boom* da globalização, logo após o colapso da União Soviética, no final dos anos 1990. Mas houve uma queda inédita desde a crise financeira. Embora a década de 1990 seja frequentemente citada como o período da "Grande Moderação" por causa do crescimento estável e da baixa inflação, ela foi encerrada com a bolha de tecnologia nos mercados de ações no final do século. Mas, desde então, a volatilidade macroeconômica caiu novamente. Fatores típicos de recessões anteriores, como choques industriais, choques do petróleo e superaquecimento inflacionário, tornaram-se uma ameaça menor desde a crise financeira. Junto com isso, parece provável que o ciclo atual seja ainda mais longo na ausência de aumentos significativos nas taxas de juros, bolhas financeiras ou desequilíbrios macroeconômicos.

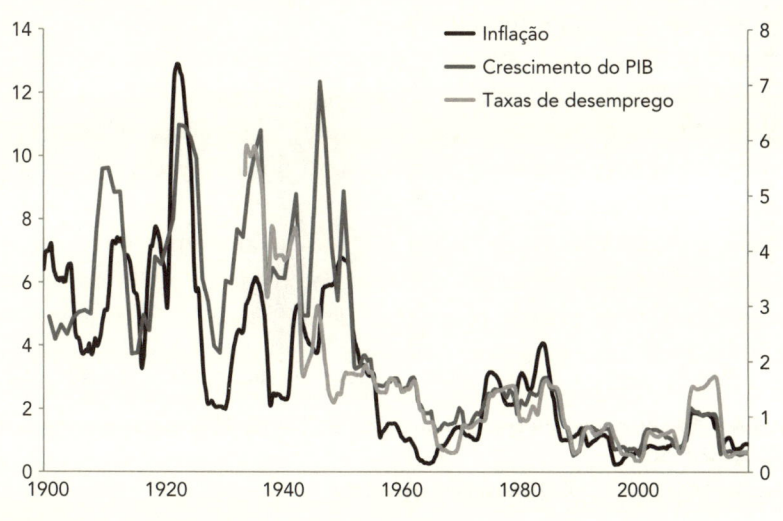

FIGURA 9.13 A volatilidade do crescimento do PIB dos EUA, da inflação e das taxas de desemprego diminuiu, especialmente desde a década de 1980 (volatilidade móvel de cinco anos).

Fonte: Goldman Sachs Global Investment Research.

Também é surpreendente que, apesar do ritmo mais lento de crescimento da receita no setor corporativo, a volatilidade dos lucros da empresa (ou EBITDA)[16] também tenha caído (Figura 9.14).

Em ciclos históricos, o crescimento do lucro tende a ser muito cíclico, aumentando muito em períodos de crescimento econômico (principalmente nos estágios iniciais de recuperação). Desde a crise financeira, o crescimento do lucro tem sido relativamente baixo, mas muito mais estável (Figura 9.15).

A menor volatilidade dos ativos financeiros deve tornar os ciclos mais previsíveis, enquanto durar, mas é plausível que a ancoragem da inflação e as baixas taxas tornem os ciclos muito mais longos no futuro. Outro fator positivo aqui é que os desequilíbrios do setor privado são muito menores, ajudando o setor privado a ser mais resistente a choques e reduzindo os riscos de desalavancagem do setor privado.

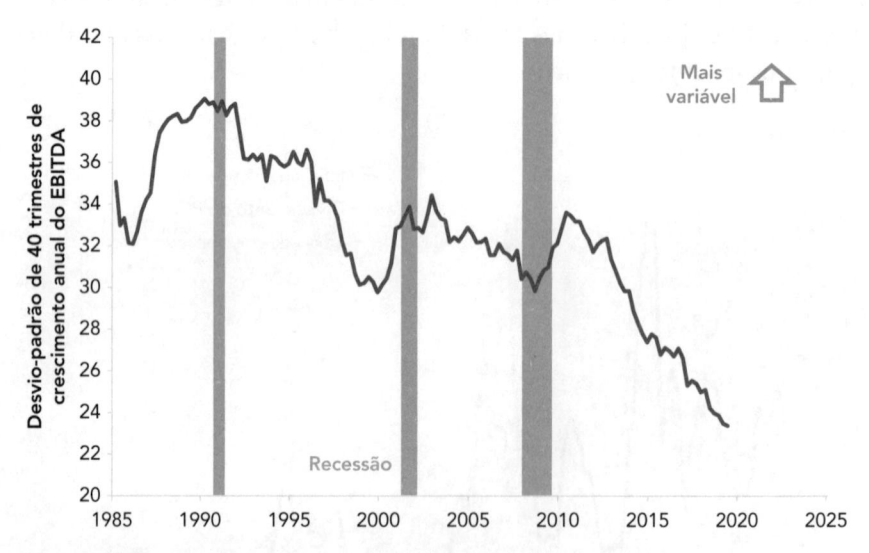

FIGURA 9.14 Variação de crescimento do EBITDA de 10 anos de empresa mediana do S&P 500.

Fonte: Goldman Sachs Global Investment Research.

---

[16] Lucro antes de juros, depreciação e impostos (ou *Earnings before interest, depreciation and tax*, em inglês).

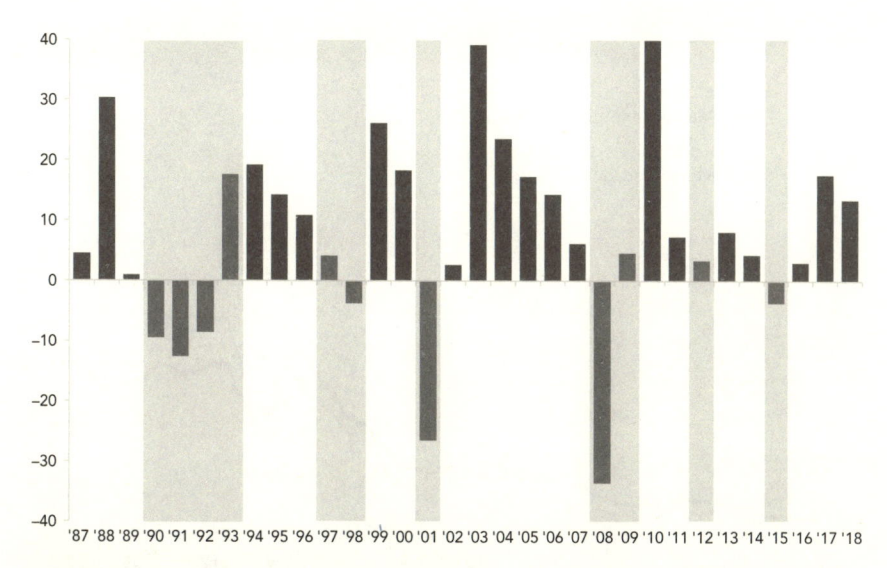

FIGURA 9.15 O lucro por ação raramente fica fora das recessões (crescimento anual dos lucros realizados do MSCI AC World – o sombreado cinza indica recessões [EUA, Europa, Japão, EM]).
Fonte: Goldman Sachs Global Investment Research.

A crescente influência da tecnologia

Outro fator que influenciou a evolução do ciclo das ações desde a crise financeira foi o impacto da tecnologia e seu efeito sobre os retornos. O crescimento significativo de algumas empresas de tecnologia (ou empresas que utilizam novas tecnologias para revolucionar indústrias tradicionais, incluindo varejo, restaurantes, táxis, hotéis e bancos) significou que a distribuição de lucros diminuiu, mesmo em comparação com os ciclos anteriores. Como mostrado na Figura 9.16, o setor de tecnologia viu um aumento considerável nos lucros desde a crise. Embora o mundo (exceto os setores de tecnologia) tenha visto uma forte melhora nos ganhos com a recuperação da economia global em 2016, ela apenas voltou aos níveis que prevaleciam antes da crise financeira. O setor de tecnologia, por sua vez, viu um aumento no lucro por ação no mesmo período.

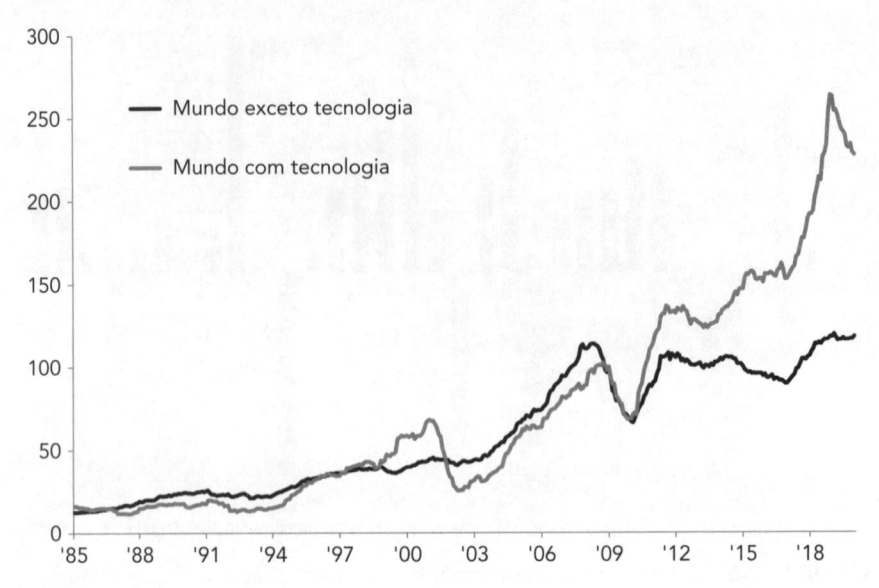

FIGURA 9.16 Os ganhos do setor de tecnologia superaram os do mercado global (ganhos mundiais dos últimos 12 meses [01/01/2009 = 100]).
Fonte: Goldman Sachs Global Investment Research.

Essa mudança significativa, discutida em mais detalhes no Capítulo 11, resultou em uma dispersão muito mais ampla de retornos entre vencedores e perdedores relativos em termos de desempenho do mercado de ações.

A lacuna extraordinária entre crescimento e valor

Abordei algumas das influências tradicionais nos estilos de investimento ao longo do ciclo no Capítulo 5, mas o ambiente após a crise financeira resultou em um padrão persistente e sustentado de retornos relativos nos mercados de ações que são mais pronunciados do que costumamos ver no passado. Em particular, olhando para agregados globais, o segmento de valor dos mercados de ações (geralmente empresas de baixa avaliação) teve um desempenho significativamente inferior às chamadas empresas de crescimento (aquelas com maior crescimento futuro esperado) (Figura 9.17).

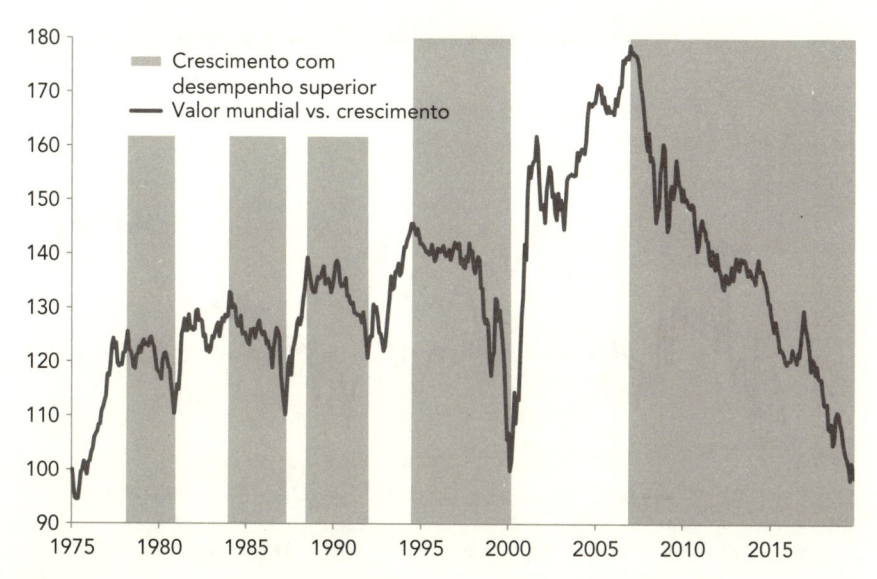

FIGURA 9.17 Valor do MSCI World *versus* crescimento.
Fonte: Goldman Sachs Global Investment Research.

Existem várias razões para isso relacionadas à natureza única deste ciclo em particular.

Primeiro, o crescimento tem sido escasso e, portanto, altamente valorizado. Já vimos que o crescimento da receita apresentou tendência de queda desde a crise financeira, mas, em geral, a proporção de empresas com alto crescimento na maioria dos mercados de ações também caiu. Na Figura 9.18, por exemplo, é mostrada a participação de empresas de alto crescimento *versus* empresas de baixo crescimento globalmente ao longo do tempo. O crescimento foi definido aqui como as empresas que devem ter receitas com crescimento acima de 8% ao ano nos três anos seguintes, e baixo crescimento é definido como aquelas que devem crescer a uma taxa abaixo de 4%.

Em segundo lugar, os rendimentos mais baixos dos títulos aumentaram o valor do crescimento *versus* o valor como resultado da "duração" mais longa das ações de crescimento e, portanto, sua sensibilidade a taxas de juros mais baixas. Este foi um ponto discutido com mais detalhes no Capítulo 5. A relação entre os rendimentos dos títulos e o desempenho relativo de crescimento *versus* valor é mostrada na Figura 9.19.

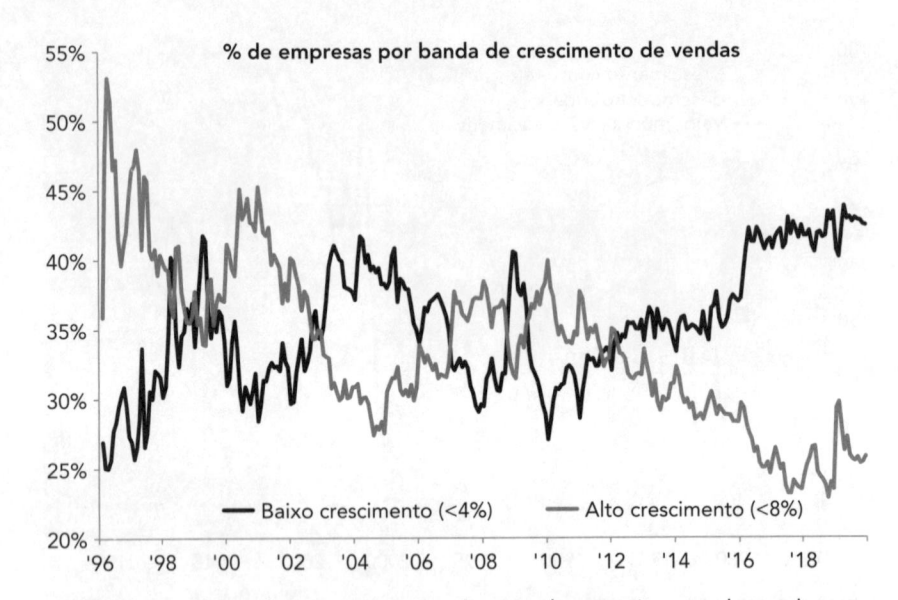

FIGURA 9.18 Pouquíssimas empresas têm um alto crescimento de vendas projetado (MSCI AC World).
Fonte: Goldman Sachs Global Investment Research.

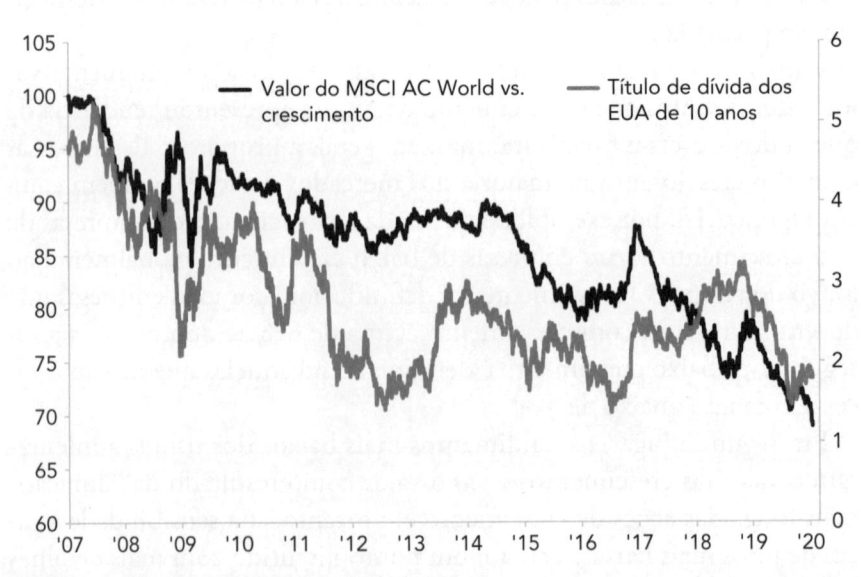

FIGURA 9.19 Rendimentos de títulos mais baixos provavelmente pesarão sobre as ações de valor.
Fonte: Goldman Sachs Global Investment Research.

FIGURA 9.20 Cíclicos *versus* defensivos também se moveram em conjunto como rendimento dos títulos.
Fonte: Goldman Sachs Global Investment Research.

Terceiro, rendimentos mais baixos aumentaram os resultados de ativos defensivos em relação aos cíclicos. Este é um tema semelhante ao crescimento *versus* valor. Muitos dos setores cíclicos são aqueles com um P/L baixo, enquanto a maioria dos defensivos parece oferecer um crescimento melhor ou, mais importante, um crescimento previsível (Figura 9.20).

Em quarto lugar, os rendimentos mais baixos dos títulos aumentaram o valor das empresas com baixa volatilidade e balanços sólidos, bem como daquelas que são frequentemente descritas como sendo de "qualidade". Esse estilo de investimento foi favorecido em um ambiente de incerteza econômica e política, resultando em um prêmio para as empresas que têm alto grau de estabilidade ou previsibilidade em seus fluxos de receita futuros (Figura 9.21).

Quinto, a mudança no sentido de favorecer o crescimento em relação ao valor também teve um impacto significativo sobre o desempenho relativo de diferentes regiões do mundo. Em particular, tem havido uma tendência persistente de desempenho superior do mercado de ações dos EUA em relação a outros mercados de ações desde a crise financeira, e isso fica particularmente claro quando comparamos o desempenho do

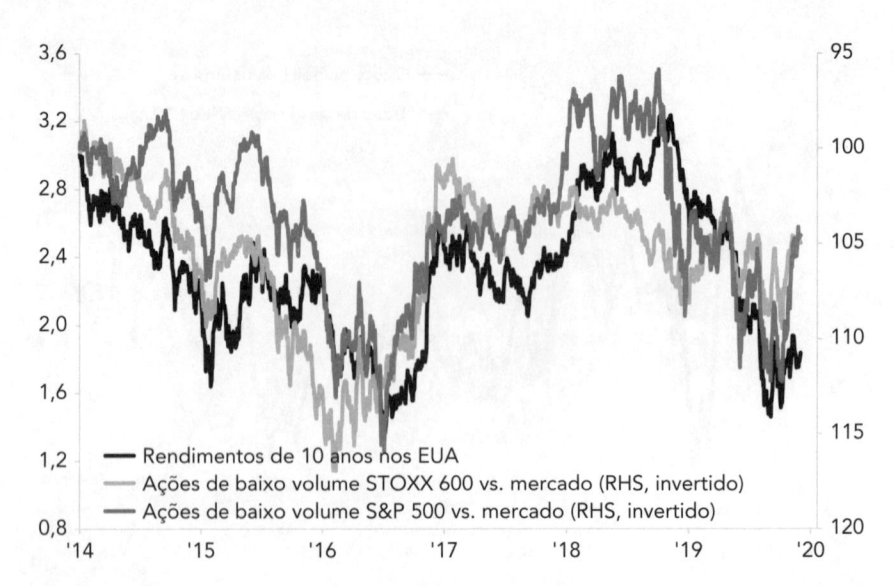

FIGURA 9.21 Ações de baixa volatilidade tiveram desempenho superior à medida que os rendimentos e as expectativas de inflação caíram.

Fonte: Goldman Sachs Global Investment Research.

mercado de ações dos EUA com o da Europa. Na Figura 9.22 é mostrado o desempenho relativo do S&P 500 e do índice Euro Stoxx (a principal referência de ações na área do euro) ao longo do tempo. Entre 1990 e 2007 não houve uma tendência clara; o desempenho relativo entre esses mercados foi bastante cíclico: às vezes, os EUA tiveram um desempenho superior e, às vezes, a Europa. O período desde a crise financeira viu uma tendência repetida de desempenho superior do mercado de ações dos EUA.

Interessante observar que essa tendência de desempenho relativo se correlaciona bem com o desempenho relativo dos índices de valor *versus* crescimento. Os EUA são considerados um mercado em crescimento, com uma alta concentração de empresas que desfrutam de crescimento rápido, enquanto o mercado europeu tem o oposto: uma alta proporção de empresas de baixo crescimento e "mais baratas", em setores relativamente maduros e uma pequena proporção do mercado composto por empresas de alto crescimento.

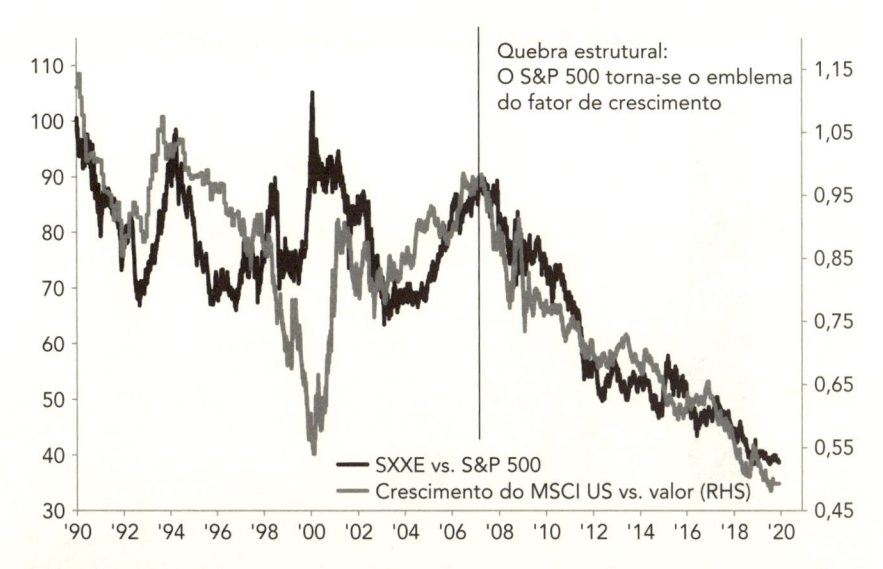

FIGURA 9.22 O desempenho relativo da Europa em relação aos EUA espelhou o desempenho relativo do valor sobre o crescimento.
Fonte: Goldman Sachs Global Investment Research.

As diferenças significativas no desempenho das ações regionais que ocorreram desde a crise financeira também refletem diferenças muito significativas entre o crescimento dos lucros por ação nos diferentes mercados principais de ações. Por exemplo, conforme mostra a Figura 9.23, desde o último pico nos níveis de LPA pouco antes do início da crise financeira, o nível de LPA dos EUA aumentou quase 90%. Boa parte disso veio do setor de tecnologia. No Japão, o aumento equivalente foi de 12%, e em toda a Europa (mostrada aqui como as maiores empresas do Stoxx 600), o aumento agregado do LPA foi de parcos 4%. Assim como nos Estados Unidos, o peso das indústrias nesses mercados de ações é importante. Nos EUA, o grande peso das empresas de tecnologia impulsionou os lucros, enquanto a Europa tem um grande peso nos bancos (onde a queda dos lucros foi ampla). Quando um ajuste é aplicado aos números europeus para ver qual teria sido o crescimento do LPA se a Europa tivesse os mesmos pesos setoriais que os EUA (p. ex., mais tecnologia e menos

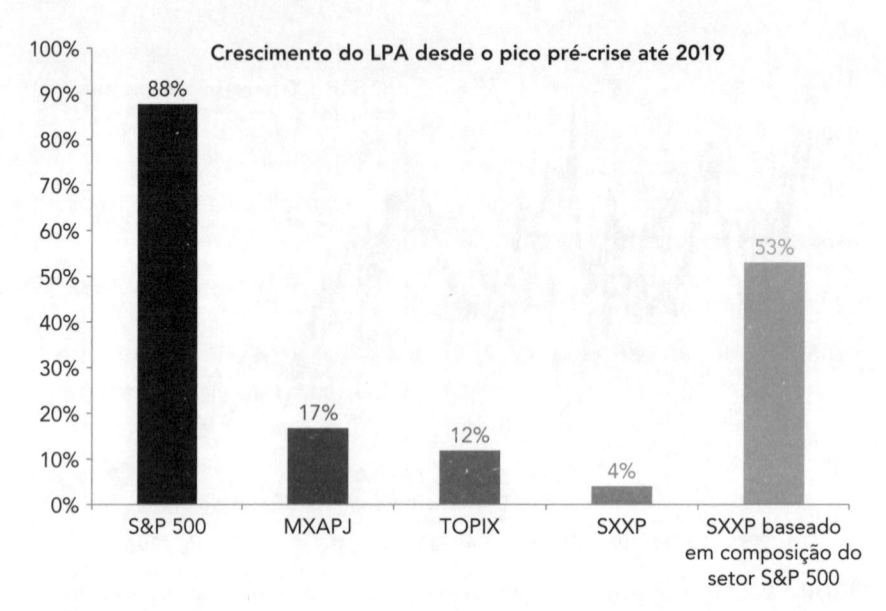

FIGURA 9.23 A lacuna entre o LPA dos EUA e da Europa diminui aproximadamente pela metade quando ajustado para a composição do setor (o LPA atingiu o pico em 2006 para o S&P 500 e TOPIX e em 2007 para SXXP e MXAPJ).
Fonte: Goldman Sachs Global Investment Research.

bancos), a progressão dos lucros teria sido muito mais forte, perto de 40%.

Lições do Japão

A redução do crescimento, da inflação e das taxas de juros, que se tornou uma tendência dominante em muitas economias desde a crise financeira, tem um precedente. O Japão, após sua crise financeira no final dos anos 1980, sofreu um colapso semelhante em seu mercado de ações e um *boom* nos preços dos títulos, uma vez que as taxas de juros entraram em um declínio implacável. Como resultado, a experiência japonesa após sua bolha financeira oferece algumas pistas sobre a sustentabilidade de algumas das tendências aqui discutidas, em relação à era pós-crise financeira. Com certeza, existem diferenças importantes entre os ciclos financeiros no Japão, desde 1990, e no resto do mundo, após 2008. Por um lado, a dimensão da bolha nos preços de terras e imóveis, no caso do

Japão, foi muito maior. Examinamos o aumento dos preços dos terrenos no Capítulo 8. A relação simbiótica entre o aumento do valor dos terrenos, os lucros das empresas e os preços das ações significou que o índice de ações Nikkei de referência atingiu uma valorização do P/L no pico de cerca de 60 vezes (lucro residual), o que é significativamente mais alto do que vimos no período de preparação para a crise financeira, em 2007.

Mas a questão da escassez de crescimento certamente teve um impacto no mercado de ações japonês, como vimos no ambiente pós-crise financeira. Embora, no caso do Japão, nem todas as ações de crescimento tenham superado aquelas de valor (os índices gerais de crescimento *versus* valor mostram claramente um desempenho inferior do crescimento no país até 2007/2008), parece haver algumas razões específicas para isso. Primeiro, a falta de rendimento nos mercados de títulos e ações no Japão tornou as ações de alto rendimento de dividendos mais atraentes do que têm sido na maioria dos outros mercados desde 2007 e, em segundo lugar, relativamente poucas empresas no país pareceram favoráveis aos acionistas – desse modo, o pagamento de dividendos foi um bom sinal desse atributo. Terceiro, o desempenho dos fatores de crescimento e valor no Japão nos últimos 20 a 30 anos tem sido semelhante ao desempenho desses fatores globalmente, enquanto o valor estava superando o desempenho do resto do mundo no início – e em meados – da década de 1990.

Dito isso, a escassez de crescimento teve um grande impacto sobre os retornos relativos no Japão, embora se manifestasse no desempenho persistente dos exportadores (que desfrutavam de forte demanda em mercados externos relativamente flutuantes), particularmente em relação aos bancos (Figura 9.24). Este padrão também foi evidente nos mercados europeus na última década, onde a fraca procura interna e o crescimento razoável em outros mercados tenderam a beneficiar as empresas com exposição à procura externa, enquanto penalizavam as empresas com elevada exposição doméstica, em média. O que é mais notável no Japão é que este tem sido o caso, apesar (pelo menos inicialmente) da valorização do iene.

As empresas defensivas, que apresentam sensibilidade relativamente baixa aos caprichos das taxas de crescimento econômico, também tiveram desempenho superior no Japão desde a década de 1990, e as mais

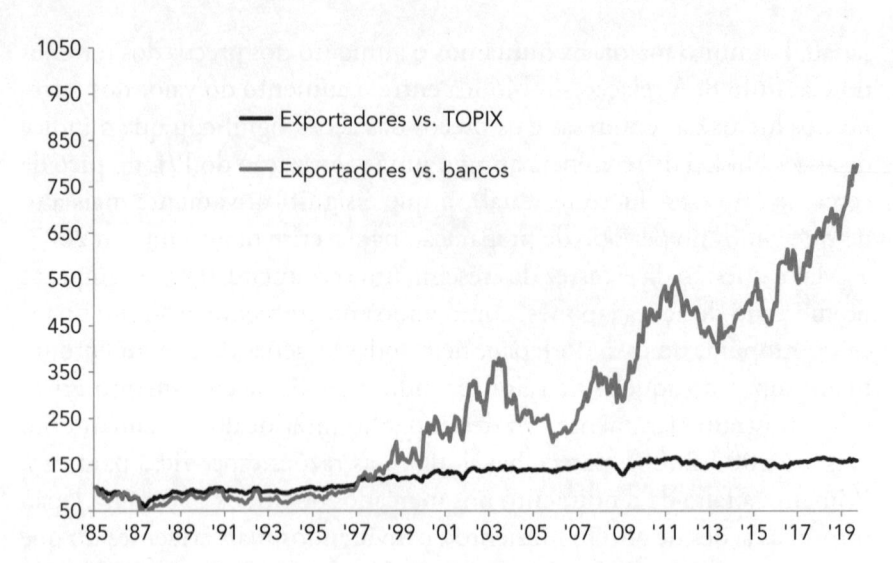

FIGURA 9.24 Os exportadores no Japão tiveram um desempenho especialmente positivo em relação aos bancos e isso tem sido persistente (indexado a 100 em 1985).
Fonte: Goldman Sachs Global Investment Research.

fortes delas foram as "defensivas com crescimento" – bens de consumo básicos e saúde (Figura 9.25); novamente, o mesmo aconteceu na Europa na última década. Dito isso, as defensivas regulamentadas ou de maior rendimento tiveram um padrão de desempenho superior menos evidente no Japão, ao passo que, na Europa, a regulamentação e a falta de poder de precificação geralmente significavam desempenho inferior para essas ações.

Outra semelhança entre o recente ciclo de mercado pós-crise na Europa e o do Japão na década de 1990 e além foi o baixo desempenho dos bancos. De fato, na Itália, onde as pressões foram mais intensas, os bancos tiveram um desempenho ainda pior do que no Japão desde o estouro da bolha.

Concluindo, desde a crise financeira, várias mudanças estruturais importantes surgiram em relação à experiência de ciclos médios no período pós-guerra:

- Houve uma duração incomum do ciclo econômico (o mais longo nos Estados Unidos em quase 150 anos).

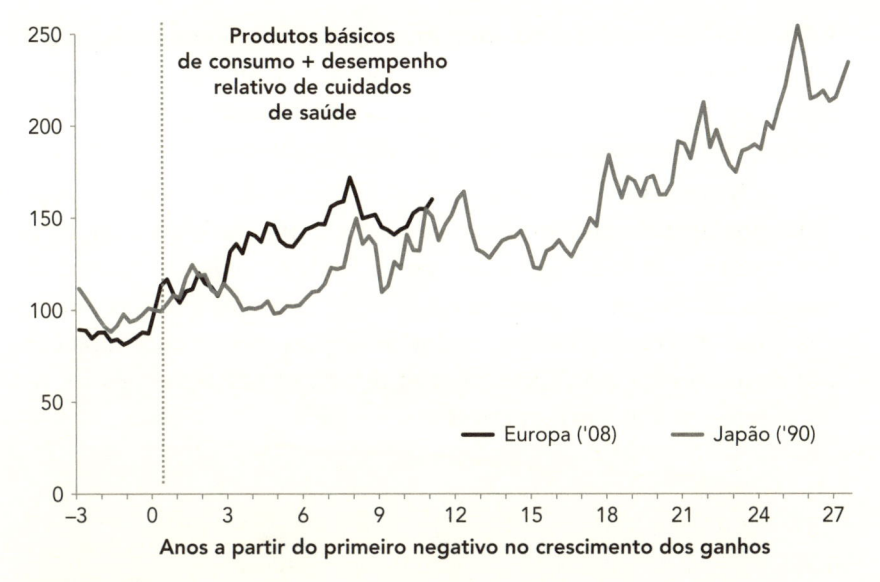

FIGURA 9.25 As "defensivas com crescimento" superam o desempenho na Europa e no Japão (tempo 0 = 4° trimestre de 1990 no Japão, 3° trimestre de 2008 na Europa).

Fonte: Goldman Sachs Global Investment Research.

- O ciclo econômico é relativamente fraco em termos de crescimento nominal e real do PIB, resultando em um período excepcionalmente agressivo de afrouxamento monetário e o advento da QE.
- Apesar dos cortes nas taxas de juros, as expectativas de crescimento de longo prazo foram moderadas e o crescimento médio da receita em todo o setor corporativo nas economias ocidentais desacelerou.
- Apesar do crescimento econômico e dos lucros mais fracos do que a média, os mercados financeiros têm sido excepcionalmente fortes tanto nos mercados de renda fixa (por conta da moderação das taxas de juros e da inflação) quanto nos mercados de ações e crédito, já que as taxas de juros mais baixas aumentaram as avaliações.
- Os prêmios de maturidade e as expectativas de inflação entraram em colapso e os rendimentos dos títulos caíram para níveis recordes, globalmente e em muitas economias individuais.
- O impacto do crescimento lento e das taxas de juros baixas recorde significa que a renda e o crescimento têm sido relativamente escassos.

O resultado disso foi uma mudança secular no desempenho relativo em direção a ativos de baixa volatilidade, qualidade e crescimento dentro de ações e ativos que podem gerar qualquer aumento no rendimento, como crédito corporativo de alto rendimento.

- A crise financeira e a recuperação subsequente também foram superadas por uma enorme mudança secular ou superciclo na tecnologia. Isso resultou em uma rápida concentração de receitas e lucros em um número relativamente pequeno de empresas muito grandes, muitas das quais estão nos Estados Unidos. Isso, juntamente com uma economia doméstica mais forte, ajudou o mercado de ações dos EUA a obter retornos relativos superiores.

10

Abaixo de zero: o impacto dos rendimentos ultrabaixos de títulos

O Capítulo 9 discute algumas das principais diferenças estruturais que surgiram desde a crise financeira em comparação com os ciclos anteriores e, nesse âmbito, as quedas significativas nos níveis das taxas de juros globais e nas taxas de rendimento dos títulos.

O colapso nos rendimentos dos títulos de longo prazo nos EUA e no Reino Unido (onde há séries de dados históricos de longo prazo) é extraordinário para os padrões históricos, no Reino Unido atingindo os níveis mais baixos desde 1700 e nos EUA, desde a década de 1880 (Figura 10.1).

As quedas nos rendimentos dos títulos é tão significativa em alguns casos que cerca de 25% da dívida total do governo tem um rendimento negativo. Em outras palavras, um investidor que deseja comprar dívida do governo está, na verdade, pagando ao governo para receber seu dinheiro. Até mesmo um quarto dos títulos corporativos com grau de investimento (ou seja, empresas com um balanço patrimonial muito forte) têm um rendimento negativo. A ideia de pagar para emprestar dinheiro é um conceito estranho, mas por que isso aconteceu e o que isso significa para os retornos das ações e para o ciclo?

Pode haver muitas razões para os rendimentos dos títulos caírem para abaixo de zero em alguns casos. Em primeiro lugar, foi um reflexo das políticas dos bancos centrais. A crise financeira global desencadeou um esforço mundial para rapidamente diminuir as taxas de juros, em uma tentativa de suavizar o golpe nas economias e evitar os erros das lentas reações após colapsos financeiros anteriores (Japão, no final dos anos 1980, e os EUA, na década de 1930, especialmente). A "ancoragem"

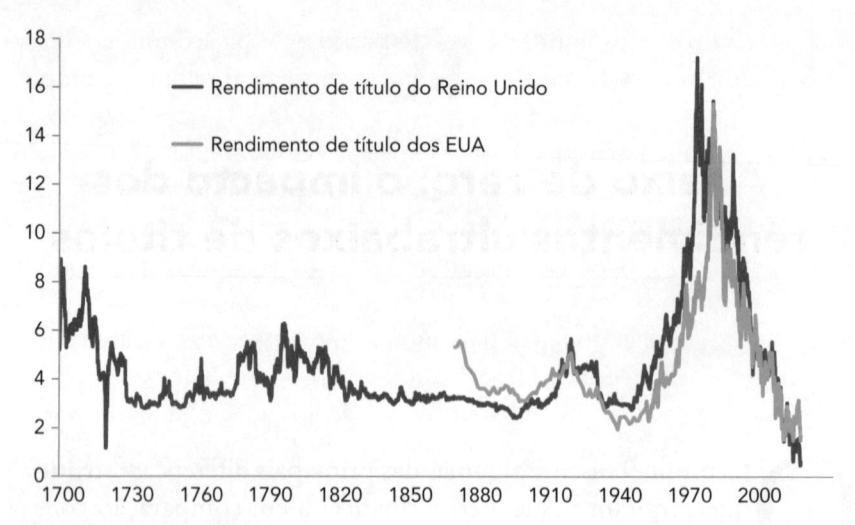

FIGURA 10.1 Rendimento dos títulos do Reino Unido desde 1700 – atualmente próximo dos mínimos históricos.
Fonte: Goldman Sachs Global Investment Research.

das taxas de juros pelos bancos centrais foi então ainda mais embasada em taxas de juros de longo prazo e rendimentos de títulos por meio dos programas de QE.

Em geral, entende-se que a QE afeta os rendimentos, reduzindo as expectativas dos investidores sobre as taxas de juros futuras por meio de um "efeito de sinalização", porque a compra de dívida do governo pelo banco central informa que o nível alvo das taxas de juros permanecerá baixo. Outro argumento é que as compras de títulos do governo pelo banco central estimulam os investidores a aumentar sua demanda por ativos mais arriscados a fim de obter um retorno aceitável, reduzindo assim os rendimentos de outros títulos de dívida, como títulos corporativos, mercados de títulos mais arriscados ou mercados de títulos de maior duração.[1] Embora varie o entendimento sobre o impacto direto da QE nos rendimentos dos títulos, a maioria dos estudos concluiu que os programas de QE do Federal Reserve (compras de ativos em grande

---

[1] Ver How quantitative easing affects bond yields: Evidence from Switzerland. Christensen, J., e Krogstrup, S. (2019). Royal Economic Society [on-line]. Disponível em https://www.res.org.uk/resources-page/how-quantitative-easing-affects-bond-yields-evidence-from- switzerland.html

escala) tiveram efeitos significativos, do ponto de vista econômico e estatístico, sobre o nível de rendimentos do Tesouro e em relação a compras de ativos em outros países.[2]

Em segundo lugar, as quedas nas expectativas de inflação, juntamente com a produção mais fraca desde a crise financeira, também justificaram a queda dos rendimentos dos títulos. Claro, é difícil desagregar o impacto sobre as expectativas de inflação da QE e do crescimento. Embora o crescimento mais baixo, por exemplo, tenha derrubado claramente as expectativas de inflação do Japão por algum tempo, quando o banco central introduziu uma política de taxa de juros negativa, em 2016, as expectativas do mercado sobre a inflação futura no médio prazo também caíram.[3]

As expectativas de inflação diminuíram desde o início do século 21, na esteira do colapso do setor de tecnologia, e desde então permaneceram estáveis. A Figura 10.2 ilustra isso no caso dos EUA.

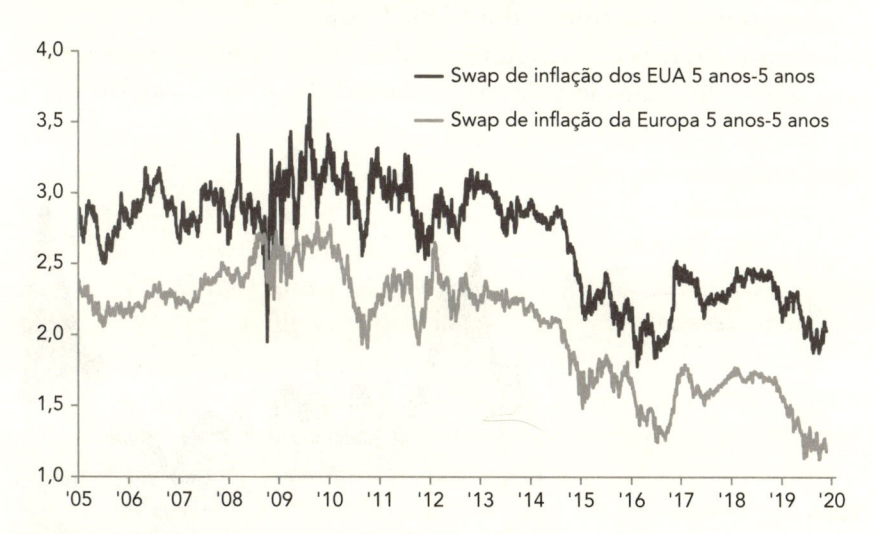

FIGURA 10.2 As expectativas de inflação implícitas no mercado permanecem baixas.
Fonte: Goldman Sachs Global Investment Research.

---

[2] Ver Gilchrist, S. e Zakrajsek, E. (2013). The impact of the Federal Reserve's large-scale asset purchase programmes on corporate credit risk. *NBER Working Paper Nº 19337* [on-line]. Disponível em https://www.nber.org/papers/w19337

[3] Ver Christensen, J. H. E., e Speigel, M. M. (2019). Negative interest rates and inflation expectations in Japan. *FEBSF Economic Letter*, 22.

O Japão e a Europa são as duas regiões onde as expectativas de inflação caíram de forma acentuada nos últimos anos, e ambas têm uma grande proporção dos títulos de rendimento negativo do mundo. Da mesma forma que no Japão, a continuação das taxas de juros negativas na Europa, nos últimos anos, teve um efeito de transbordamento nos mercados de títulos em outros lugares, incluindo os dos Estados Unidos (Figura 10.3).

No caso da Europa, a QE do BCE e os rendimentos negativos do Bund alemão também tiveram um impacto significativo nos *spreads* soberanos. Durante o epicentro da crise da dívida soberana europeia em 2011, os rendimentos dos títulos gregos chegaram a subir mais de 50%, e novamente em 2015, de modo breve. À medida que os temores de uma divisão da área do euro se dissiparam e a QE se fortaleceu, o efeito de contágio dos rendimentos alemães negativos para outros mercados de títulos europeus foi significativo, resultando nos rendimentos gregos de 10 anos convergindo com os dos EUA (Figura 10.4).

Terceiro, a queda dos rendimentos dos títulos também pode refletir um colapso do chamado prêmio de maturidade. A teoria nos diz que o

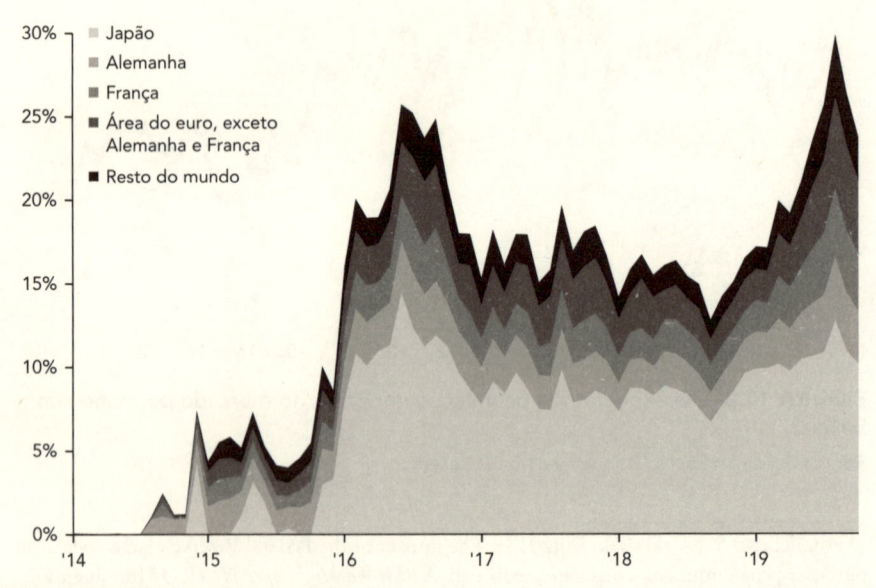

FIGURA 10.3 A área do euro lidera o recente aumento da dívida de rendimento negativo (parcela de títulos globais com rendimentos negativos, por país).
Fonte: Goldman Sachs Global Investment Research.

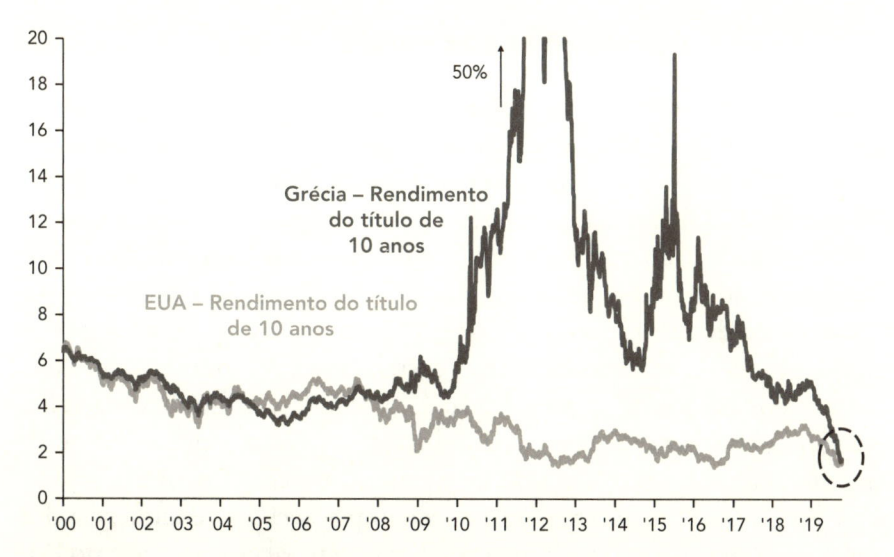

FIGURA 10.4 Convergência de rendimento de títulos (rendimento de títulos de 10 anos da Grécia e dos EUA).
Fonte: Goldman Sachs Global Investment Research.

rendimento de um título do governo sem *default* é a soma das taxas de juros esperadas ao longo da vida do título mais um prêmio de maturidade. Portanto, as mudanças no rendimento dos títulos geralmente refletem uma revisão nas expectativas das taxas de curto prazo ou nos riscos associados à duração.

Esse prêmio de maturidade existe porque os investidores precisam ser compensados por assumir riscos econômicos (assim como acontece com as ações e o prêmio de risco). Para os detentores de títulos, existem dois riscos particularmente relevantes. Um é a inflação: a inflação inesperada corrói o valor real dos pagamentos nominais fixos, reduzindo os retornos reais dos títulos nominais. Isso significa que os investidores em títulos exigirão um prêmio de prazo mais alto quando esperarem que a inflação seja alta ou quando não tiverem certeza de sua trajetória de médio prazo. O segundo é o risco de recessão. Este é, obviamente, o principal risco para os investidores em ações. Como as recessões implicam em menor crescimento esperado da riqueza e do consumo, também resultam em maior aversão ao risco, fazendo com que os investidores exijam maior remuneração pela detenção de ativos de risco e menor prêmio por ativos de renda fixa mais seguros.

Taxas zero e avaliações das ações

Então, o que um ambiente global de taxas livres de risco negativas faz pelo ciclo e pelas avaliações e retornos de ativos? Tanto a teoria quanto a história sustentam o argumento de que taxas de juros mais baixas devem aumentar o valor das ações, se todo o resto for igual. O chamado *gap* de rendimento – a diferença entre o rendimento dos lucros do S&P 500 (o inverso do P/L) e o rendimento do Tesouro dos EUA em 10 anos – é uma forma de medir essa relação e como ela mudou. Com o tempo, as mudanças nessa relação refletiram a correlação entre títulos e ações, que, como mostrado no Capítulo 4, não é constante. De um modo geral, a relação foi positiva por longos períodos, em relação aos ciclos de investimento anteriores, mas tem sido negativa desde a crise financeira.

Desde a crise financeira, com a queda implacável dos rendimentos dos títulos, o *gap* entre os dois aumentou. Em outras palavras, a avaliação P/L

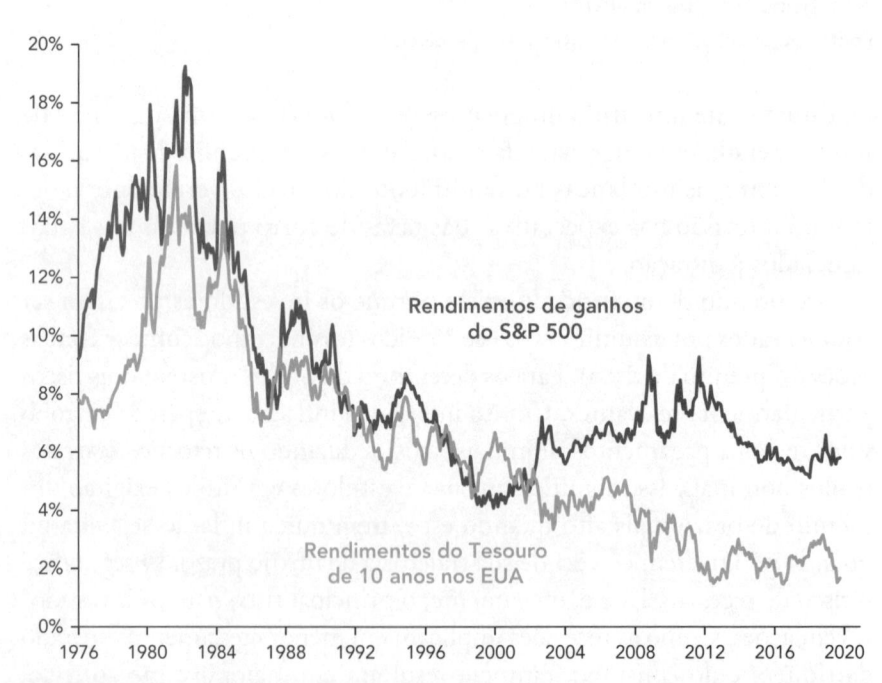

FIGURA 10.5 Rendimento de ganhos do S&P 500 e rendimentos do Tesouro dos EUA (em 26 de julho de 2019).

Fonte: Goldman Sachs Global Investment Research.

do mercado de ações é menor (seu rendimento de lucros é maior) do que o esperado, dadas as quedas nas taxas de juros sem risco, ou rendimentos de títulos de longo prazo, e esse efeito é ainda mais notável na Europa, onde os rendimentos dos títulos do governo tornaram-se negativos.

Quando a crise financeira começou, o rendimento dos títulos do governo de 10 anos sobre os títulos alemães (o rendimento do Bund) era de cerca de 4,5%, quase o mesmo que nos EUA na época. Desde então, juntamente com a queda das expectativas de inflação e da QE, o rendimento dos títulos tornou-se negativo. O cálculo do rendimento disponível para os investidores no mercado de ações (o rendimento do dividendo mais o rendimento das empresas que recompram ações) teve aumento constante nos últimos anos (Figura 10.6). O *gap* entre os dois é recorde.

Nos EUA, a diferença entre o rendimento total em caixa no mercado de ações e o rendimento em títulos do governo não é tão grande quanto na Europa, refletindo expectativas mais fortes sobre as perspectivas de crescimento de longo prazo para os lucros das empresas americanas em comparação com as europeias. Mas a relação relativa com os rendimen-

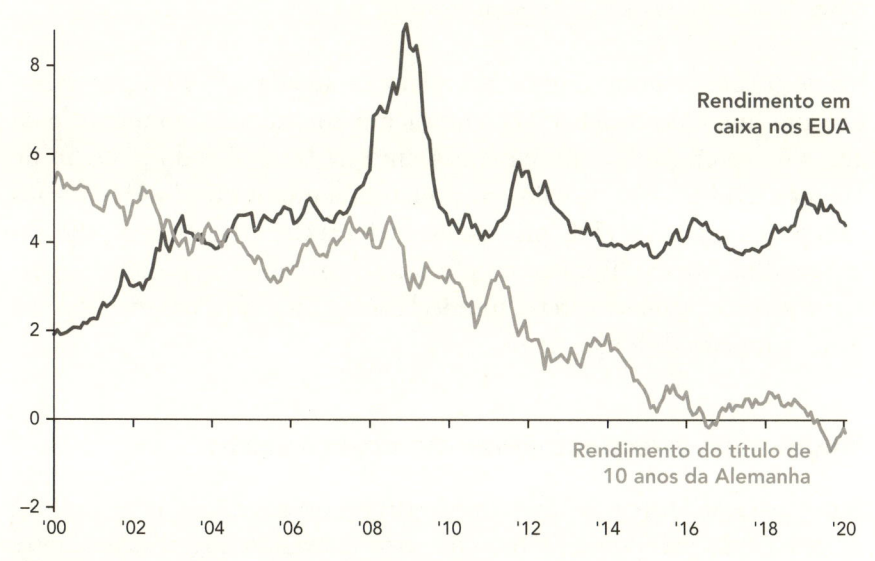

FIGURA 10.6 As ações têm um "colchão" de rendimento substancial (rendimento do Tesouro alemão de 10 anos e rendimento em caixa [rendimento de dividendos mais rendimento de recompra]).

Fonte: Goldman Sachs Global Investment Research.

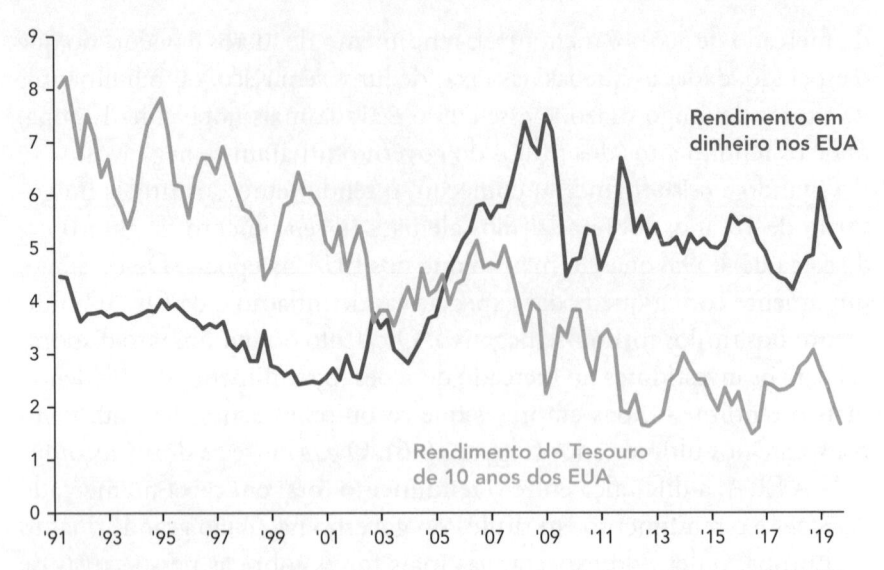

FIGURA 10.7 As ações permaneceram valorizadas de forma atraente nos últimos anos, apesar das quedas nos rendimentos dos títulos (rendimento do Tesouro dos EUA em 10 anos e rendimento em caixa [rendimento de dividendos mais rendimento de recompra]).

Fonte: Goldman Sachs Global Investment Research.

tos dos títulos mudou muito. No início da década de 1990, por exemplo, um investidor recebia um rendimento em dinheiro no mercado de ações de cerca de 4%, numa época em que os títulos do governo de 10 anos rendiam 8%. Atualmente, o rendimento dos títulos de 10 anos caiu para menos de 1,5%, mas os investidores em ações estão recebendo um rendimento em dinheiro no mercado de ações de mais de 5%. A diferença entre os dois expressa um declínio significativo nas expectativas de crescimento de longo prazo.

Taxas zero e expectativas de crescimento

A comparação entre o rendimento de títulos do governo e ações pode se aproximar do prêmio de risco ou do retorno exigido que os investidores têm em ações em relação aos títulos. Isso pode ser afetado pela incerteza e por mudanças nas expectativas de longo prazo dos investidores, e o ambiente de rendimento de títulos nulos ou negativos tende a afetar ambos.

Essas relações podem ser entendidas em uma ferramenta de avaliação padrão usada por investidores para avaliar o valor hoje de um fluxo futuro de dividendos. Essa abordagem, um modelo de desconto de dividendo simples de um estágio (também conhecido como modelo de crescimento de Gordon)[4] permite que um investidor "extraia" esse prêmio de risco – ou desista dele. A fórmula pode ser organizada da seguinte forma:

Rendimento de títulos + Prêmio de risco = Rendimento de dividendos + crescimento a longo prazo

Se o rendimento do título for zero (ou inferior), isso significa que o prêmio de risco é igual (ou superior) à soma do crescimento esperado de longo prazo e do rendimento de dividendos (referido como custo das ações).

Vamos ver um exemplo europeu: se soubermos que o rendimento de dividendos é, digamos, 4% (aproximadamente o que está disponível nos mercados de ações europeus atualmente) e o crescimento dos ganhos de longo prazo é equivalente ao PIB nominal de longo prazo em, digamos, 2% (feito de uma suposição conservadora de 1% do PIB real e 1% de inflação), então isso nos diz que o prêmio de risco é de pelo menos 6% – ou mais, se o rendimento do título for negativo ou se assumirmos uma inflação de longo prazo ligeiramente mais alta (em linha com o objetivo de 2% do BCE).

Isso sugere que uma das implicações dos rendimentos de títulos ser zero é que os investidores exigem um retorno futuro maior do que seria o caso em ações, em parte porque as taxas zero aumentam a incerteza sobre o caminho futuro e, em parte, porque também estão associadas a um menor crescimento de longo prazo. Este é um argumento semelhante à queda no prêmio de prazo para os rendimentos dos títulos. O quanto esses fatores afetam o retorno futuro necessário ou prêmio de risco é difícil de saber. O problema é que, na realidade, não há um nível observável definitivo para o prêmio de risco exigido (retorno extra) que incentive o investimento em ações sobre um ativo mais seguro, como títulos, a qualquer momento e, em qualquer caso, seja qual for o prêmio de risco, provavelmente sofrerá mudanças com o tempo.

---

[4] Ver, por exemplo, http://pages.stern.nyu.edu/~adamodar/pdfiles/eqnotes/webcasts/ ERP/ImpliedERP.ppt

No entanto, é possível calcular o prêmio de risco *ex post* – ou seja, o que os investidores realmente receberam historicamente por investir em ações em comparação com títulos. Presumindo que os investidores estavam precificando os ativos de forma mais ou menos correta no passado (naturalmente, nem sempre foi assim), isso deve fornecer uma estimativa um tanto razoável do prêmio de risco necessário ao longo do histórico. Considerando períodos de 10 anos para desempenho de ações em vez de títulos, o prêmio de risco *ex post* foi de cerca de 3,5% no período pós-guerra – pelo menos nos Estados Unidos desde os anos 1950.

Taxas zero: apoiando o crescimento futuro

Se assumirmos que 3,5% representam um prêmio de risco razoável ao longo do ciclo histórico, então é possível usar esse prêmio de risco e combiná-lo com os rendimentos dos títulos e o nível do mercado de ações para fazer frente ao crescimento implícito (em dividendos ou ganhos) esperado no futuro. Os resultados são mostrados na Figura 10.8 para a Europa (onde o crescimento econômico desacelerou e o mercado de ações é composto por uma proporção maior de setores maduros e de crescimento mais lento). A Figura 10.8 mostra o crescimento implícito usando o prêmio de risco de 3,5% e algumas alternativas mais altas. Outra maneira de interpretar isso é dizer que, se 3,5% é o excesso de retorno esperado correto em ações em relação aos títulos, então o mercado de ações está precificado de forma justa com base em que os investidores esperam lucro zero e crescimento de dividendos para a perpetuidade. Na outra extremidade do espectro, o prêmio de risco de ações teria de ser de 8% para que o mercado esperasse um crescimento de ganhos nominais de longo prazo de 4,7% (cerca de 2,7% de crescimento real dos ganhos e 2% de inflação).

Qualquer que seja o nível de prêmio de risco usado, parece que o crescimento implícito (ou esperado) de longo prazo caiu continuamente na última década. Assim, embora rendimentos de obrigações mais baixos e, em casos extremos, rendimentos negativos, possam implicar uma taxa de desconto mais baixa para ações – e, como consequência, avaliações mais elevadas –, o abrandamento do crescimento a longo prazo funciona para compensar este efeito. No caso de se esperar que o crescimento seja

FIGURA 10.8 Usar um prêmio de risco de 3,5% em um modelo de dividendos descontado de um estágio sugere que o mercado está inferindo um crescimento de dividendos < 0% ao ano (crescimento de dividendos implícito de um modelo de dividendos descontado de um estágio, usando prêmios de risco alternativos).
Fonte: Goldman Sachs Global Investment Research.

menor, o mesmo ocorrerá com os fluxos de caixa de longo prazo ou o crescimento do lucro no setor corporativo.

O rebaixamento das expectativas de crescimento é justificado? Isso pode não ser tão extremo quanto parece. Afinal, o Japão atingiu praticamente zero de PIB nominal nas últimas décadas (e os investidores temem que o atual ambiente de rendimento de títulos negativos na Europa sugira que veremos algo semelhante no futuro, na Europa e também em outros lugares).

Examinando o crescimento da receita, suas taxas históricas apresentaram tendência de queda nos últimos anos (Figura 10.9). O resto do mundo, incluindo a Europa, superou facilmente o Japão nas décadas de 1990 e 2000, embora a diferença esteja diminuindo.

O crescimento mais baixo da receita líquida é função da inflação mais baixa e do crescimento econômico real mais fraco na última década. Além disso, as expectativas de consenso para o crescimento do PIB a médio prazo caíram gradualmente, de 2,5%, em meados da década de 1990, para mais perto de 1%, na área do euro hoje.

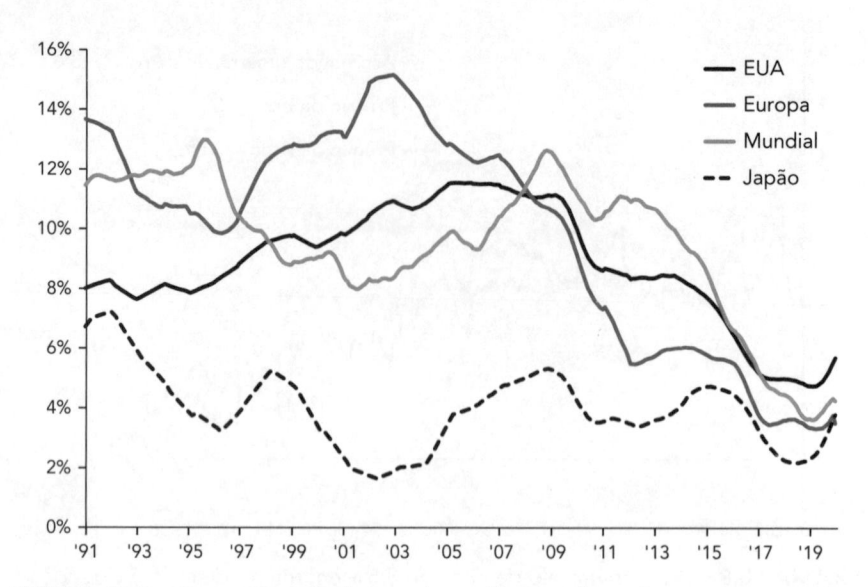

FIGURA 10.9 O crescimento das vendas na Europa desacelerou e agora está perto do nível do Japão (crescimento médio móvel de 10 anos das vendas, por região; moeda local, mundial em USD).

Fonte: Goldman Sachs Global Investment Research.

Uma olhada nas previsões de longo prazo (6 a 10 anos) dos economistas mostra que, desde a crise financeira, as expectativas de crescimento real do PIB de longo prazo têm tendência para baixo, apesar do poderoso afrouxamento da política monetária e da adoção da QE, e no caso dos EUA, um grande aumento nos gastos fiscais (Figura 10.10).

No contexto de expectativas de crescimento mais baixas em todo o mundo, é na Europa e no Japão que os rendimentos caíram mais e onde há a maior parcela dos rendimentos globais de títulos de rendimento negativo (Figura 10.11).

Embora a teoria possa sugerir que esses grandes movimentos para baixo na taxa livre de risco tenham aumentado o valor presente dos fluxos de caixa futuros e empurrado as avaliações das ações para cima, o oposto tem ocorrido. Os índices P/L em ambos os mercados de ações estão no mesmo nível, e ambos abaixo do mercado de ações dos EUA, que tem rendimentos de títulos mais elevados. A explicação para isso é que os rendimentos dos títulos negativos no Japão e na Alemanha estão associados a expectativas de crescimento de longo prazo mais baixas (Figura 10.12).

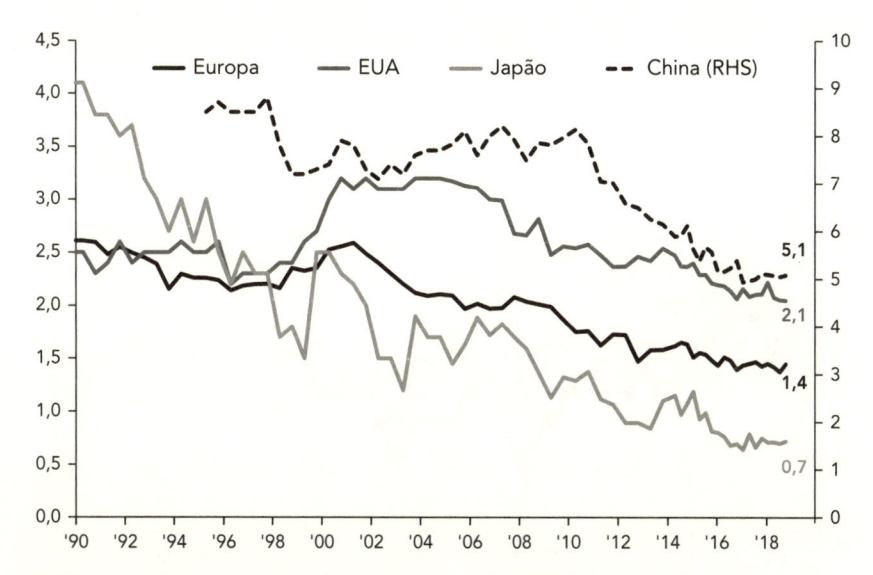

FIGURA 10.10 A previsão de crescimento do PIB global real de longo prazo está em um nível histórico baixo (crescimento do PIB de longo prazo [6 a 10 anos] de consenso de economia).

Fonte: Goldman Sachs Global Investment Research.

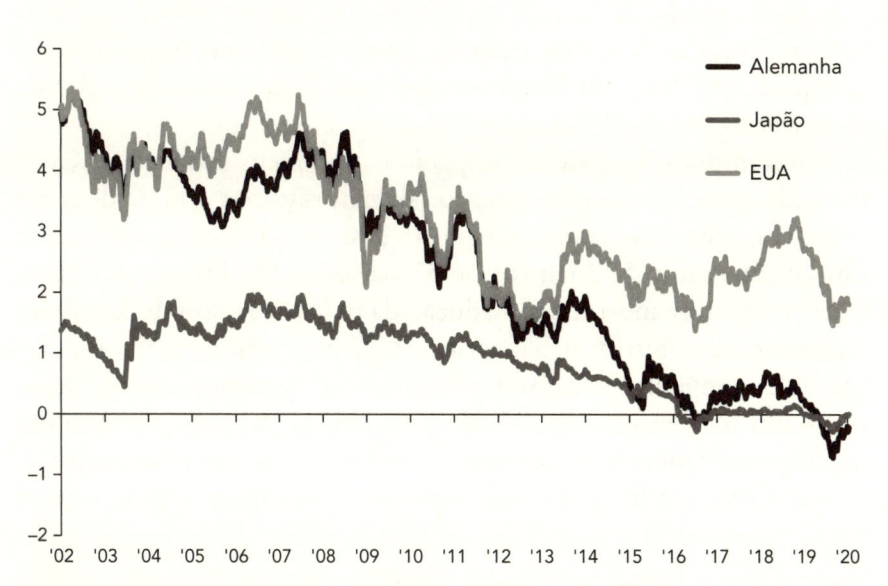

FIGURA 10.11 Os rendimentos alemães convergiram para os níveis japoneses (e abaixo) (% de rendimento dos títulos do governo de 10 anos).

Fonte: Goldman Sachs Global Investment Research.

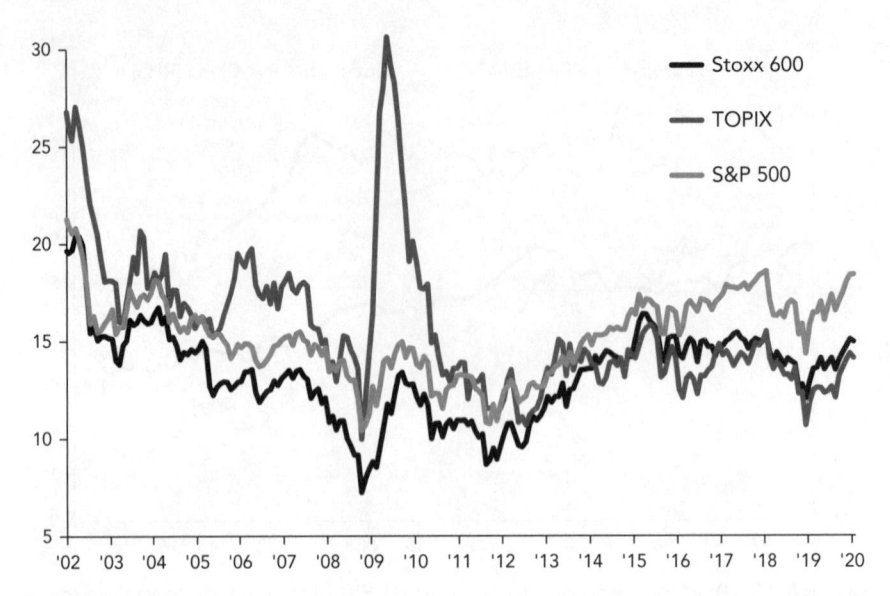

FIGURA 10.12 Europa e Japão têm P/L semelhantes (P/L de 12 meses à frente).
Fonte: Goldman Sachs Global Investment Research.

A desaceleração da taxa de crescimento de longo prazo dos ganhos corporativos, que ocorre no Japão há 20 anos, também está presente na Europa, à medida que os rendimentos de seus títulos, como os do Japão, caem abaixo de zero (Figura 10.13).

Outra implicação disso é o impacto nas margens dos bancos. Confrontado com o fraco crescimento dos empréstimos e taxas de juros negativas, existe um forte obstáculo ao desempenho. Por exemplo, em um estudo com 6.558 bancos de 33 países da OCDE entre 2012 e 2016, a pesquisa mostra que a adoção da política de taxa de juros zero reduziu os empréstimos bancários.[5] Curiosamente, uma comparação do desempenho relativo dos bancos com seus mercados de ações como um todo mostra que os bancos japoneses têm apresentado um desempenho inferior consistente, desde o fim de sua crise financeira, em 1990, e o início de baixo crescimento e taxas negativas. Um

---

[5] Ver Molyneux, P., Reghezza, A., Thornton, J., e Xie, R. (2019). Did negative interest rates improve bank lending? *Journal of Financial Services Research*, julho de 2019.

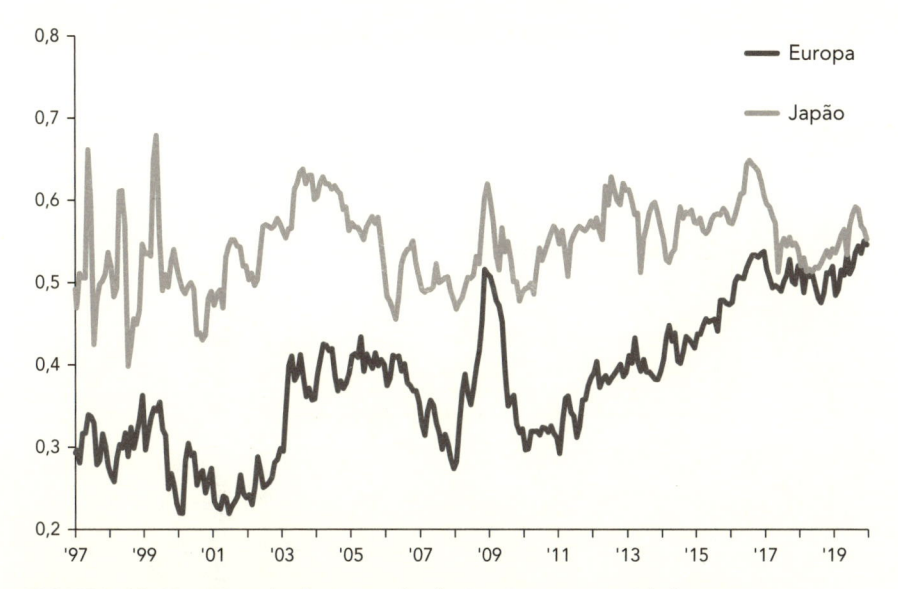

FIGURA 10.13 Metade do mercado do Japão tem cresido lentamente nos últimos 20 anos; na Europa, é mais recente (% de empresas de baixo crescimento onde as vendas devem crescer < 4% no ano fiscal 3).

Fonte: Goldman Sachs Global Investment Research.

padrão semelhante surgiu na Europa, desde o início da recente crise financeira, em 2008, e do crescimento fraco e taxas de juros negativas que se seguiram.

Taxas zero e dados demográficos

Em ambos os casos, esses rendimentos de títulos mais baixos podem ser parcialmente uma função de outros fatores estruturais relacionados à demografia. Como mostra a Figura 10.14, o quadro demográfico de longo prazo na Europa e no Japão, onde os rendimentos dos títulos estão abaixo de zero, também é onde o perfil demográfico está envelhecendo mais rapidamente. A hipótese de investimento do ciclo de vida (Modigliani e Brumberg, 1980) explica que as pessoas pedem mais empréstimos, quando são jovens, e poupam mais, quando são velhas; com uma proporção crescente de pessoas idosas ou de meia-idade, lá deveria haver

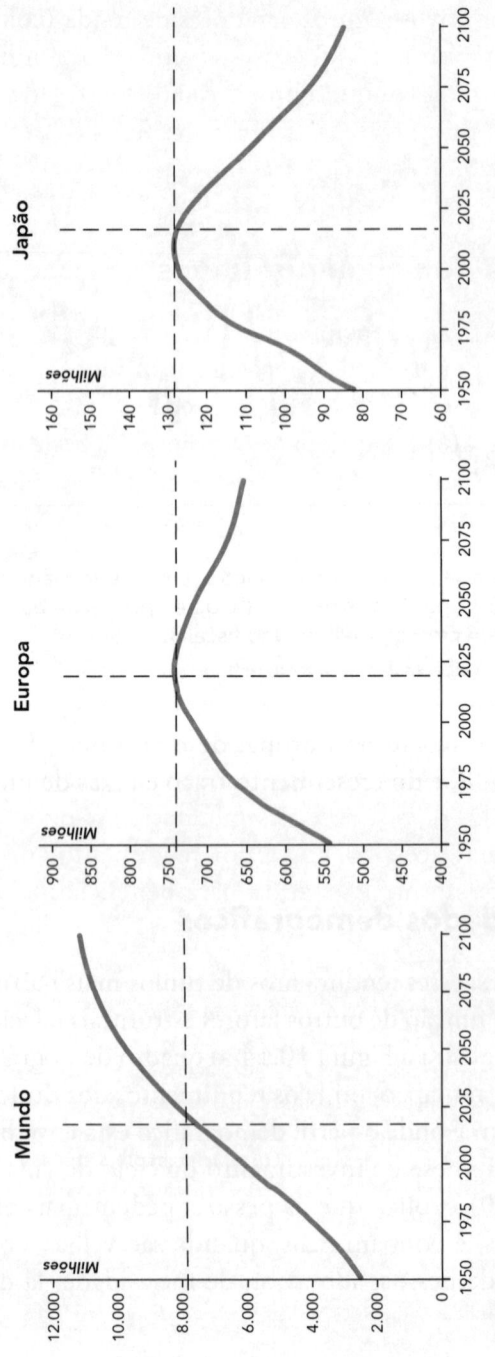

FIGURA 10.14 Declínios populacionais na Europa e no Japão nas próximas décadas, mas mais rápido no Japão.
Fonte: Goldman Sachs Global Investment Research.

mais demanda por ativos seguros geradores de renda (como títulos do governo), o que empurraria os preços para cima e os rendimentos para baixo. Outros argumentam que a proporção de pessoas de meia-idade e jovens (a chamada proporção MY) ajuda a explicar o nível das taxas de juros de longo prazo.[6]

Taxas zero e a demanda por ativos de risco

É interessante observar também como a taxa de juros zero ou negativa afeta a preferência por ativos de risco entre instituições de investimento de longo prazo, como fundos de pensão e seguradoras.

Um dos principais impactos para essas instituições é que, à medida que as taxas de juro caem, o valor presente líquido das responsabilidades futuras (o valor descontado dos fluxos de caixa futuros) de um plano de pensões ou de uma seguradora aumenta. No caso de um plano de pensão típico, uma queda de 100 pontos-base nos rendimentos dos títulos de longo prazo poderia significar, mantidas as demais condições, um aumento imediato de passivos da ordem de 20%.[7]

É possível que isso obrigue essas instituições a aumentar sua exposição a ativos de risco, a fim de cumprir suas metas de retorno de longo prazo. Como explicou a OCDE, "a principal preocupação com o futuro é até que ponto os fundos de pensão e as seguradoras estão, ou podem estar, envolvidos em uma excessiva 'busca por rendimento', na tentativa de igualar o nível de retorno prometido para beneficiários ou segurados

---

[6] Ver Gozluklu, A. (sem data). *How do demographics affect interest rates?* The University of Warwick [on-line]. Disponível em https://warwick.ac.uk/newsandevents/knowledgecentre/business/finance/interestrates/
Outros argumentaram que o efeito geral do envelhecimento da população tem sido a redução do "equilíbrio" na razão de dependência, com algumas estimativas sugerindo que a demografia reduziu a taxa de equilíbrio de juros em pelo menos um ponto e meio percentual entre 1990 e 2014 (Carvalho, C., Ferro, A., e Nechio, F. (2016). Demographics and real interest rates: Inspecting the mechanism. *Working Paper Series 2016–5*. Federal Reserve Bank de San Francisco [on-line]. Disponível em http://www.frbsf.org/economic-research/publications/working-papers/wp2016-05.pdf).

[7] Ver Antolin, P., Schich, S. e Yermi, J. (2011). The economic impact of low interest rates on pension funds and insurance companies. *OECD Journal: Financial Market Trends*, 2011(1). Consultar a nota de rodapé 2 da página 15.

quando os mercados financeiros tinham retornos elevados, o que pode aumentar os riscos de insolvência".[8]

Há evidências desse efeito nos Estados Unidos, onde, no geral, as instituições assumiram mais riscos à medida que as taxas livre de risco e as taxas de financiamento caíram.[9] Outros mostraram que buscar o rendimento não se limita às instituições, mas se aplica aos investidores também.[10]

Existem também implicações generalizadas para os fundos de pensão. As empresas com grandes passivos de pensões futuras foram fortemente afetadas pela crise e pelas subsequentes quedas nas taxas de juros (que aumentaram o valor presente líquido dos déficits).[11] No caso das seguradoras, a queda nas taxas pode ameaçar os rendimentos dos seguros de vida e torná-los menos resilientes em uma recessão ou presos a retornos estruturalmente mais baixos, se aumentarem sua ponderação em títulos do governo.[12]

Em algumas regiões, e especialmente na Europa, a alta ponderação de risco aplicada a ações de empresas de pensões e seguros para fins regulatórios torna muito mais difícil aumentar a ponderação em ativos de risco. Um possível impacto disso é que uma maior demanda

---

[8] Para uma discussão sobre o *mix* de ativos/passivos e os riscos de "busca de rendimento", consulte Can pension funds and life insurance companies keep their promises? (2015). *OECD Business and Finance Outlook 2015* [on-line]. Disponível em https://www.oecd.org/finance/oecd-business-and- finance-outlook-2015–9789264234291-en.htm

[9] Gagnon, J., Raskin, M., Remache, J., e Sack, B. (2011). The financial market effects of the Federal Reserve's large-scale asset purchases. *International Journal of Central Banking*, 7(1), 3–43. Esses autores também descobriram que os financiadores estaduais e municipais dos EUA com balanços frágeis aumentaram sua exposição ao risco à medida que os rendimentos dos títulos caíram. Eles estimam que até um terço do risco total dos fundos estava relacionado ao subfinanciamento e às baixas taxas de juros entre 2002 e 2016. Ver também Lu, L., Pritsker, M., Zlate, A., Anadu, K. e Bohn, J. (2019). Reach for yield by U.S. public pension funds. *FRB Boston Risk and Policy Analysis Unit Paper Nº RPA 19–2* [on-line]. Disponível em https:// www.bostonfed.org/publications/risk-and-policy-analysis/2019/reach- for-yield-by-us-public-pension-funds.aspx

[10] Lian, C., Ma, Y., e Wang, C. (2018). Low interest rates and risk taking: Evidence from individual investment decisions. *The Review of Financial Studies*, 32(6), 2107–2148.

[11] Ver Antolin, Schich, e Yermi, (2011). The economic impact of low interest rates on pension funds and insurance companies.

[12] Ver Belke, A. H. (2013). Impact of a low interest rate environment – Global liquidity spillovers and the search-for-yield. *Ruhr Economic Paper* Nº 429.

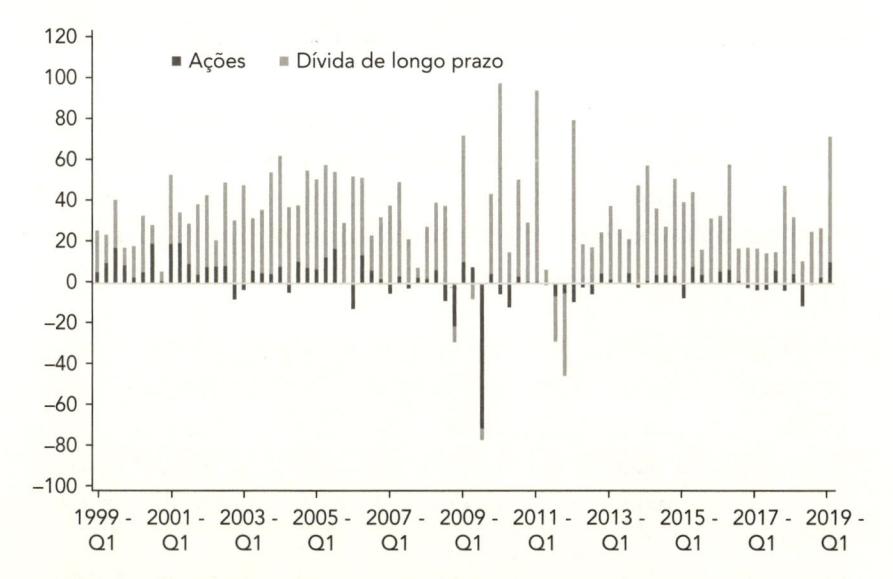

FIGURA 10.15 Os fundos de pensão e seguro continuam a se concentrar em investimentos de dívida (e ignorar amplamente ações) (bilhões de euros, fluxos trimestrais para ações e dívida de longo prazo por fundos de pensão e seguro da área do euro).

Fonte: Goldman Sachs Global Investment Research.

por títulos, com o intuito de proteger as taxas de juros e os riscos de passivos, pressiona ainda mais os rendimentos dos títulos. Isso poderia, por sua vez, piorar o problema de financiamento dos fundos de pensão e seguradoras, além de exercer uma pressão ainda maior sobre os rendimentos dos títulos em geral. De fato, como mostrado na Figura 10.15, as empresas europeias de pensões e seguros continuaram a se concentrar em investimentos em dívida, como títulos do governo, nos últimos anos, mesmo com os rendimentos dos títulos caindo abaixo de zero.

Assim, podemos fazer várias observações sobre rendimentos de títulos nulos ou negativos:

- O colapso nos rendimentos dos títulos globais desde a crise financeira não tem precedentes e resultou em cerca de um quarto de todos os títulos do governo com rendimento negativo. Parte disso reflete a queda das expectativas de inflação devido ao menor crescimento e parte reflete o impacto nas expectativas de inflação da QE e dos prêmios de maturidade mais baixos.

- Os rendimentos dos títulos no limite zero não beneficiam necessariamente as ações. Em geral, a experiência do Japão e da Europa sugere que os rendimentos mais baixos dos títulos aumentaram o prêmio de risco das ações exigido – o retorno extra que os investidores pedem para assumir riscos e comprar ações em relação aos títulos do governo livres de risco.

- Rendimentos de títulos nulos ou negativos podem afetar o ciclo, tornando-o menos volátil, mas, ao mesmo tempo, deixam as ações muito mais sensíveis às expectativas de crescimento de longo prazo. Se um choque resultar em recessão, poderemos ver um impacto negativo muito maior nas avaliações de ações do que vimos em ciclos anteriores.

- Os fundos de pensão e as seguradoras são vulneráveis à discrepância de passivos, pois os rendimentos dos títulos caem para zero ou abaixo de zero. Com isso, algumas instituições podem correr muito risco para atender retornos garantidos, mas também pode resultar em mais demanda por títulos à medida que os rendimentos caem, resultando em rendimentos ainda mais baixos.

11

O impacto da tecnologia no ciclo

No Capítulo 9, discuti as mudanças no ciclo desde a recessão de 2008 e a crise financeira que se seguiu. Este ciclo econômico foi mais fraco, mas durou mais tempo do que o normal. Ao mesmo tempo, o ciclo do mercado de ações foi mais forte.

A desaceleração do PIB nominal em relação aos ciclos anteriores, combinada com a redução da inflação, contribuiu para uma progressão mais fraca dos rendimentos das empresas. Mas nem todas as indústrias experimentaram um crescimento lento dos lucros. A exceção é a tecnologia. O impacto da tecnologia no ciclo do mercado de ações ganhou interesse na última década, devido ao aumento no tamanho e na influência das empresas de tecnologia, especialmente nos Estados Unidos. Conforme discutido no Capítulo 9, a tecnologia é o setor com o maior crescimento de lucro desde a crise financeira.

As rápidas mudanças decorrentes da revolução digital, às vezes chamada de terceira Revolução Industrial, são profundas. Elas impactaram a evolução do ciclo de ações desde a crise financeira e contribuíram para aumentar a lacuna entre vencedores e perdedores relativos, abaixo da superfície do mercado de ações.

A capacidade das empresas de tecnologia de alavancar seus produtos empregando menos capital em seus negócios também teve um impacto significativo no desempenho relativo de setores e empresas neste ciclo. Por exemplo, uma divisão simples entre indústrias de capital intensivo e de capital menos intensivo mostra como os setores de capital "mais leves" do mercado desfrutaram de retornos mais fortes desde a crise financeira (ver a Figura 11.1).

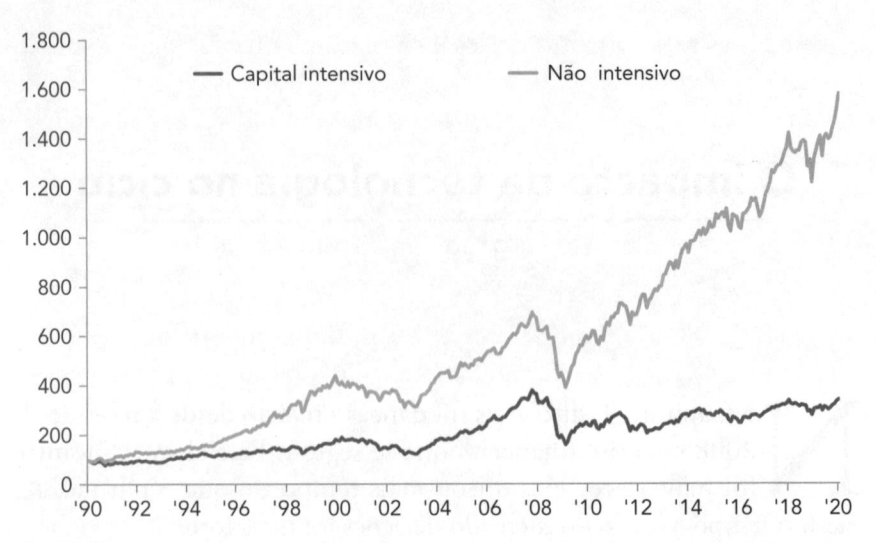

FIGURA 11.1 Setores de capital intensivo apresentam desempenho inferior desde a crise financeira (agregado mundial).

Observação: Setores de capital intensivo: silvicultura e papel, metais industriais e mineração, automóveis e peças, bens de lazer, construção e materiais, equipamentos e serviços petrolíferos, telecomunicações de linha fixa, telecomunicações móveis, eletricidade, gás, água e serviços públicos diversos. Setores que não são de capital intensivo: bebidas, produtores de alimentos, bens domésticos e construção de casas, bens pessoais, tabaco, varejistas em geral, equipamentos e serviços de saúde, produtos farmacêuticos e biotecnologia, *software* e serviços de informática, *hardware* e equipamentos de tecnologia.

Fonte: Goldman Sachs Global Investment Research.

A ascensão da tecnologia e paralelos históricos

Dado o sucesso e o domínio do setor de tecnologia, a revolução tecnológica de hoje parece sem precedentes. De acordo com muitas estimativas (ver SINTEF 2013), 90% dos dados mundiais foram gerados nos últimos dois anos.[1] Mais da metade da população mundial agora tem acesso à internet, e esse número foi alcançado, partindo do zero, em menos de 30 anos. A explosão de dados e armazenamento em nuvem está transformando não apenas as empresas que facilitam a tecnologia, mas também aquelas que a usam para revolucionar negócios tradicionais.

---

[1] Ver Internet World Stats: www.internetworldstats.com.

Muitas das características da atual revolução da tecnologia digital são similares às de exemplos históricos de outros períodos de rápida inovação tecnológica, o que ajuda a contextualizar as tendências que estamos vendo no ciclo atual.

A imprensa e a primeira grande revolução de dados

Uma das primeiras e mais importantes ondas de tecnologia que revolucionaram a maneira como as economias mundiais operavam e como as pessoas trabalhavam e se comunicavam foi desencadeada pela invenção da imprensa, em 1454. Essa tecnologia alimentou uma explosão de informações (análoga à explosão de dados dos últimos anos), lançando as sementes para a Era do Iluminismo e muitas outras tecnologias que mudaram a vida (ou "aplicativos matadores", como são frequentemente chamados no cenário contemporâneo). Antes da imprensa, as informações eram manuscritas e sua produção e o acesso a elas eram rigidamente controlados pela Igreja. Com o surgimento da imprensa, o volume de dados disponibilizados cresceu exponencialmente e, com isso, o custo da informação despencou (soa familiar?). De acordo com a pesquisa de Buring e Van Zanden (2009),[2] o número de livros publicados aumentou de nenhum para cerca de 3 milhões por ano em 1550 na Europa – mais do que o número total de manuscritos (livros pré-impressos) produzidos em todo o século XIV (ver a Figura 11.2). Até 1800, 600 milhões de livros haviam sido publicados. Como acontece com todas as inovações tecnológicas, o preço dos livros despencou à medida que os custos de produção caíram. Seguiram-se mudanças sociais massivas.

A imprensa, assim como a internet hoje, funcionou como um trampolim para gerar muitas outras tecnologias importantes, que, por sua vez, impulsionaram novos negócios, ao mesmo tempo que desestruturavam setores tradicionais e obrigavam muitos a mudar e evoluir.

---

[2] Buring, E., e van Zanden, J. L. (2009). Charting the "Rise of the West": Manuscripts and printed books in Europe; A long-term perspective from the sixth through eighteenth centuries. *The Journal of Economic History*, 69(2), 409–445.

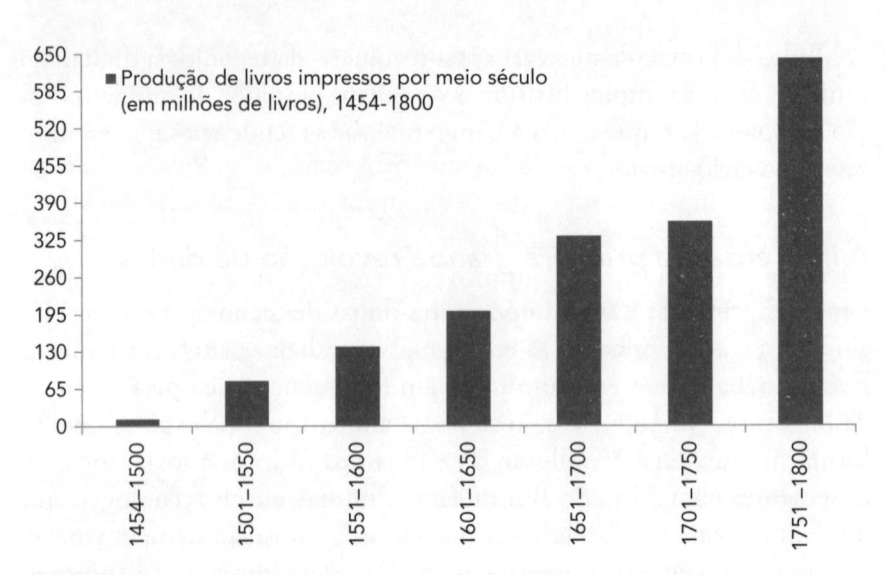

FIGURA 11.2 A grande revolução dos dados: a explosão da produção de livros (a invenção dos livros impressos resultou em um crescimento massivo de dados e gerou outras tecnologias).

Fonte: Max Roser (2017) – "Books". Publicado on-line em OurWorldInData.org.

A revolução das ferrovias e a infraestrutura conectada

Outros paralelos com a atual onda de inovações podem ser encontrados na Revolução Industrial, quando a tecnologia estava novamente no centro do crescimento. Muitas dessas tecnologias se desenvolveram a partir de outras e até dependeram umas das outras, assim como os *smartphones* hoje dependem da internet e vice-versa. O efeito de rede da inovação provou ser fundamental tanto após a invenção da prensa quanto durante a revolução ferroviária. Durante a Revolução Industrial, muitas das oportunidades foram estimuladas pelo extraordinário sucesso e crescimento das ferrovias. Em 1830, a Inglaterra tinha 98 milhas de ferrovias; em 1840, isso havia crescido para cerca de 1.500 milhas, e em 1849 cerca de 6 mil milhas de trilhos ligavam todas as suas principais cidades.[3]

---

[3] George Hudson and the 1840s railway mania. (2012). *Yale School of Management Case Studies* [on-line]. Disponível em https://som.yale.edu/our-approach/teaching-method/case- research--and-development/cases-directory/george-hudson-and-1840s

Dinheiro barato e uma nova (e revolucionária) tecnologia atraíram uma onda de investimentos, que, por sua vez, teve repercussões no crescimento do número de fábricas, na urbanização e no surgimento de novos mercados de varejo, todos os quais não eram óbvias consequências na época. A implantação de trilhos de trem ajudou no crescimento da infraestrutura de telefonia na década de 1840. Em 10 anos, o envio de telegramas (anteriormente impossível) tornou-se parte da vida cotidiana (um pouco como o crescimento da internet entre os anos 1990 e 2000). Em meados da década de 1860, Londres estava conectada a Nova Iorque e, dez anos depois, mensagens podiam ser enviadas entre Londres e Bombaim em minutos. As empresas de telegrama e telégrafo tornaram-se muito poderosas; surgiu a AT&T (1885).

Outras tecnologias criaram uma demanda massiva e atraíram grande número de novos participantes. Conforme a transmissão de rádio se tornou popular, a demanda por aparelhos de rádio aumentou rapidamente. Entre 1923 e 1930, 60% das famílias americanas compraram rádios, o que resultou em uma explosão de estações de rádio. Em 1920, a transmissão de rádio dos Estados Unidos era dominada pela KDKA, mas em 1922, 600 estações de rádio foram abertas no país.

Vimos padrões semelhantes no *boom* da tecnologia da década de 1990, quando a crença de que a tecnologia aumentaria o uso de dados resultou em um aumento no valor em empresas de telecomunicações e mídia, bem como em novas empresas de tecnologia. No final das contas, os vencedores finais nos espaços de tecnologia emergente muitas vezes não foram aqueles que as pessoas esperavam, ou mesmo existiam, na primeira onda. Além disso, muitas empresas de telecomunicações e mídia foram revolucionadas pelas próprias inovações tecnológicas que, há 20 anos, se esperava que fossem tão transformadoras. Durante o *boom* ferroviário, a máquina a vapor gerou o desenvolvimento das ferrovias, e o efeito de rede e a conectividade possibilitaram o desenvolvimento de outras tecnologias. Esse padrão também ficou evidente nas últimas duas décadas. O desenvolvimento e a rápida adoção da internet possibilitaram o desenvolvimento e a veloz penetração do *smartphone*. Isso por si só gerou uma indústria de empresas baseada nos aplicativos usados nesses telefones (p. ex., pense na revolução nos serviços de táxi e entrega de comida) e, por sua vez, na "internet de tudo" (o mundo dos aparelhos conectados).

Eletricidade e petróleo impulsionaram o século 20

Outro exemplo de ondas extraordinárias de inovação veio com o rápido crescimento da geração de eletricidade, no início do século XX. Nos Estados Unidos, em 1900, apenas 5% da energia mecânica era gerada por eletricidade, em oposição a vapor ou água (tendo aumentado de apenas 1% em 1890). Na década de 1920, a eletricidade chegava a metade de todas as empresas e a quase metade das residências. Conforme aconteceu com outras ondas de tecnologia que precederam esse momento, os preços despencaram. O preço real da eletricidade caiu cerca de 80% entre 1900 e 1920,[4] permitindo o crescimento de muitos outros produtos relacionados (p. ex., o rádio).

Tecnologia: revolução e adaptação

Ainda em relação à inovação tecnológica e seu impacto na indústria é bom salientar que os investidores muitas vezes olham para o impacto disruptivo da tecnologia, presumindo que ela substituirá a indústria existente, mas descobrem que ela é suplementar, em vez de revolucionária. Por exemplo, quando as ferrovias dominaram a tecnologia no século XIX, havia a preocupação de que os cavalos não fossem mais necessários. Como se viu, as ferrovias na verdade criaram um aumento na demanda por cavalos, porque havia uma necessidade de transporte para o destino final ou para o destino inicial de uma estação ferroviária.[5] Este "problema da primeira milha" tem paralelos interessantes com hoje, uma vez que são necessárias soluções de mobilidade e fornecimento para a demanda, conforme esta migra para a internet. Por exemplo, os alimentos podem ser comprados cada vez mais pela internet, mas a entrega em casa geralmente é feita por motocicletas, bicicletas e carros; o mesmo vale para compras *on-line* de produtos. Isso, por sua vez, cria empresas que podem usar plataformas de tecnologia para resolver esses problemas

---

[4] Brookes, M., e Wahhaj, Z. (2000). Is the internet better than electricity? *Goldman Sachs Global Economics Paper Nº 49*.

[5] Para discussão, ver Odlyzko, A. (2010). Collective hallucinations and inefficient markets: The British railway mania of the 1840s. SSRN [on-line]. Disponível em https://ssrn.com/abstract=1537338

logísticos de forma mais eficiente. Uma tendência semelhante tornou-se evidente nas cidades com o compartilhamento de bicicletas e *scooters*. Portanto, parece que a solução de problemas criados por novas tecnologias também fornece a base para o surgimento de novas oportunidades.

Além de novas oportunidades, muitas vezes algumas formas de adaptação das indústrias tradicionais são substituídas por novas tecnologias. Por exemplo, quando os relógios digitais surgiram, na década de 1970, esperava-se que os relógios mecânicos desaparecessem. Esses temores sumiram quando os relojoeiros tradicionais mudaram suas marcas e se beneficiaram da tendência de qualidade e nostalgia. Somente a indústria suíça gerou receitas de 21,8 bilhões de francos suíços em 2018.[6] O mesmo pode ser dito do cinema. O advento da tecnologia de vídeo, na década de 1980, e dos DVDs, em 1997, aumentaram as expectativas de que os cinemas fechassem, devido à conveniência de poder assistir a filmes em casa. Mais uma vez, como se viu, o cinema se reinventou e se tornou um setor de rápido crescimento na indústria do entretenimento, com vendas globais de ingressos atingindo um recorde de US$ 41,7 bilhões em 2018.[7] Até os discos de vinil estão retornando entre a geração mais jovem, atraída por seu apelo retrô, com mais de 4 milhões de álbuns comerciais vendidos, apenas no Reino Unido, em 2018.[8]

Tecnologia e crescimento no ciclo

Um aspecto do atual *boom* tecnológico que dominou o ciclo do mercado de ações nos últimos 10 anos ou mais é que o crescimento econômico e o crescimento da produtividade geralmente têm sido baixos. Alguns argumentam que isso é um paradoxo e que ilustra o impacto limitado de tais tecnologias e que os preços das ações devem, portanto, estar supervalorizando seu potencial. Mas há fortes evidências históricas de que as ondas anteriores de tecnologia também resultaram em um crescimento

---

[6] https://www.fhs.swiss/eng/statistics.html

[7] McNary, D. (2 de jan. de 2019). 2018 worldwide box office hits record as Disney dominates. *Variety* [on-line]. Disponível em https://variety.com/2019/film/news/box-office-record- disney--dominates-1203098075/

[8] https://www.classicfm.com/discover-music/millennials-are-going-nuts-for- vinyl-revival/

mais lento da produtividade e da atividade. Por exemplo, embora James Watt comercializasse um motor relativamente eficiente em 1774, demorou até 1812 para que a primeira locomotiva a vapor comercialmente bem-sucedida aparecesse, e foi somente na década de 1830 que a produção britânica *per capita* claramente acelerou.

Vários estudos acadêmicos mostraram que as melhorias na produtividade na Grã-Bretanha no final do século 19 foram pequenas.[9] O crescimento da produtividade foi lento durante as últimas décadas do século 18 e não melhorou até 1830. Isso leva a crer que as mudanças tecnológicas iniciais costumam levar muito tempo para abastecer toda a economia.

Um padrão semelhante pode ser observado na era da eletricidade, na década de 1880. Essas inovações não produziram ganhos de produtividade substanciais até a década de 1920, quando as possibilidades de reprojetos de fábrica foram concretizadas.[10] De fato, é possível que um efeito semelhante seja visto após a revolução da TI (ver David e Wright, 2001). Nesse contexto, faz sentido que a revolução digital ainda não tenha impulsionado a produtividade.[11]

As novas tecnologias costumam ter grande potencial de crescimento da produtividade, mas podem ser difíceis de serem adotadas de forma eficiente até que haja uma reorganização no processo de fabricação e, em muitos casos, exista um padrão global na tecnologia. Ao mesmo tempo, a necessidade de criar todos os efeitos de rede pode retardar a penetração inicial e, portanto, o aumento da produtividade. O uso da máquina a vapor e do carvão para fundição também estava sujeito a esses efeitos de rede. O transporte de carvão acabou sendo um grande impulso para o crescimento e produtividade, mas não pôde ser totalmente adotado até

---

[9] Ver Antras, P., e Voth, H. (2003). Factor prices and productivity growth during the British Industrial Revolution. *Explorations in Economic History*, 40(1), 52–77; ver também Harley, N. F. R., e Harley, C. K. (1992). Output growth and the British Industrial Revolution: A restatement of the Crafts-Harley view. *Economic History Review*, 45(4), 703–730.

[10] Crafts, N. (2004). Productivity growth in the Industrial Revolution: A new growth accounting perspective. *The Journal of Economic History*, 64(2), 521–535.

[11] Mühleisen, M. (2018). The long and short of the digital revolution. *Finance & Development* [on-line] 55(2). Disponível em https://www.imf.org/external/pubs/ft/fandd/2018/06/impact-of-digital-technology-on-economic-growth/muhleisen.htm

que as redes de transporte estivessem instaladas. Da mesma forma, os grandes custos fixos de investimento só poderiam ser recuperados quando um número suficiente de novos usuários mudasse para a nova fonte de energia. Por outro lado, o uso da energia a vapor exigiu a construção de fábricas e, em seguida, a construção de canais para facilitar o transporte de matérias-primas e produtos acabados. Da mesma forma, a transferência do transporte feito com motor de combustão interna para os motores elétricos pode ser tecnicamente possível, mas exigirá um sistema integrado de alimentação e pontos de reabastecimento antes de ser totalmente adotado.

A preocupação com a falta de crescimento da produtividade e, portanto, a desvalorização das empresas associadas à tecnologia, foram generalizadas na década de 1980. Em 1987, o Prêmio Nobel Robert Solow afirmou que "você pode ver a era do computador em qualquer lugar, exceto nas estatísticas de produtividade".[12] Essas preocupações desapareceram quando muitas economias viram uma melhora importante na produtividade na década de 1990. Mas o crescimento débil da produtividade em muitas economias desde a Grande Recessão (1929) e a crise financeira mais uma vez estimulou esse debate.

Embora alguns argumentem que a quantidade de tempo que as pessoas trabalham está sendo subestimada, sugerindo que a produtividade real poderia ser ainda mais fraca, outros apontam para um problema de medição incorreta. Por exemplo, os economistas do Goldman Sachs[13] analisaram os preços de mercado de iPhones não usados vendidos no eBay e descobriram que as quedas de preço de 20 a 40% nos meses próximos ao lançamento de novos modelos implicam em melhorias significativas de qualidade. A diferença de inflação entre os preços do mercado secundário e o IPC do *hardware* de telefone implica em uma melhoria de qualidade anual de cerca de 8%. Aplicando estes ajustes de qualidade às categorias de consumo para as quais são relevantes, estimaram uma

---

[12] Roach, S. S. (2015). Why is technology not boosting productivity? *World Economic Forum* [on-line]. Disponível em https://www.weforum.org/agenda/2015/06/why-is-technology-not-boosting-productivity

[13] Hatzius, J., Phillips, A., Mericle, D., Hill, S., Struyven, D., Choi, D., Taylor, B., e Walker, R. (2019). *Productivity paradox v2.0: The price of free goods*. New York, NY: Goldman Sachs Global Investment Research.

subavaliação potencial do crescimento anual do consumo entre +0,05 ponto percentual (pp) e +0,15 pp na última década. Reunindo esses resultados, estimaram que a medição incorreta combinada do crescimento do PIB dos EUA está atualmente entre ⅔ pp e ¾ pp por ano, acima dos cerca de ¼ pp de duas décadas atrás. Embora todos esses números sejam bastante incertos, a análise dos pesquisadores e os estudos recentes sugerem que o ritmo atual de crescimento da produtividade é significativamente mais alto do que parece.

Este é um ponto importante, porque sugere que o fraco crescimento econômico pós-crise financeira pode, pelo menos em pequena parte, ser explicado pela medição incorreta do impacto da tecnologia sobre o crescimento e a produtividade. Isso também pode explicar por que o crescimento dos lucros da tecnologia tem sido muito mais forte do que o crescimento do PIB medido nos últimos anos. De qualquer forma, o problema da mensuração pode explicar por que o ciclo econômico e de investimento foi bem diferente no período pós-crise financeira (ver o Capítulo 9).

Portanto, embora a velocidade da inovação e os desdobramentos que essas novas tecnologias criam nunca tenham parecido mais rápidos, a história mostra que tivemos padrões semelhantes no passado. As empresas dominantes que impulsionaram as ondas anteriores de tecnologia permaneceram dominantes por muito tempo. Mas o efeito de rede dessas empresas resultou no nascimento de mais inovações e novas empresas. Parece haver três observações relevantes em termos de oportunidades de tecnologia:

- **Empresas que inventam/inovam (imprensa, rádio, TV)**

  Embora os inovadores tendam a ser vencedores, nem todos os inovadores ou pioneiros em tecnologia são bem-sucedidos. A história está repleta de exemplos de participantes em uma nova indústria, mas pouquíssimos tiveram sucesso. Trinta fabricantes norte-americanos produziram 2.500 veículos motorizados em 1899 e 485 empresas entraram no ramo na década seguinte.[14] Hoje o mercado é dominado por três conglomerados. Da mesma forma, entre 1939 e hoje, mais

---

[14] Automobile history, History.com, 21 de agosto de 2018.

de 220 fabricantes de aparelhos de televisão fizeram TVs no e para o mercado dos EUA. Destes, cerca de 23 ainda fabricam aparelhos hoje.[15]

- **Empresas que criam a infraestrutura para apoiar novas invenções (ferrovias/petróleo/geração de energia/mecanismos de pesquisa na internet)**
  Conforme descrito, as empresas de rede podem acabar sendo altamente dominantes, mas é difícil saber com certeza, no início, quem sobreviverá. Por exemplo, a AOL foi um dos primeiros provedores de internet, mas acabou perdendo para o Google. O Myspace foi uma das primeiras empresas a popularizar a mídia social e os perfis *on-line* e foi comprado pela News Corp, mas acabou perdendo para o Facebook.

- **Empresas que utilizam inovações para revolucionar ou para afastar os concorrentes em indústrias existentes (pense em plataformas/mercados de tecnologia)**
  Frequentemente, nos últimos anos, isso refletiu o impacto de plataformas ou mercados digitais que se tornaram bem-sucedidos porque se beneficiam dos chamados efeitos de rede. Como escreveu *The Economist*: "Tamanho gera tamanho: quanto mais vendedores a Amazon, por exemplo, é capaz de atrair, mais compradores farão compras lá, o que atrai mais vendedores e assim por diante".[16]

Mas essas observações fáceis simplificam demais, até certo ponto. Em última análise, os vencedores geralmente podem ser uma função de uma combinação de tempo (quando um produto ganha aceitação geral no mercado), boa gestão e financiamento.

Por quanto tempo ações e setores podem dominar?

Apesar dos fundamentos mais fortes do setor de tecnologia hoje em relação a 20 anos atrás, o grande peso deste setor, particularmente em alguns mercados, levanta a questão da sustentabilidade. O que a história pode

---

[15] http://www.tvhistory.tv/1960–2000-TVManufacturers.htm
[16] How to tame the tech titans. (2018). *The Economist*, 18 de junho de 2018, Leaders Section.

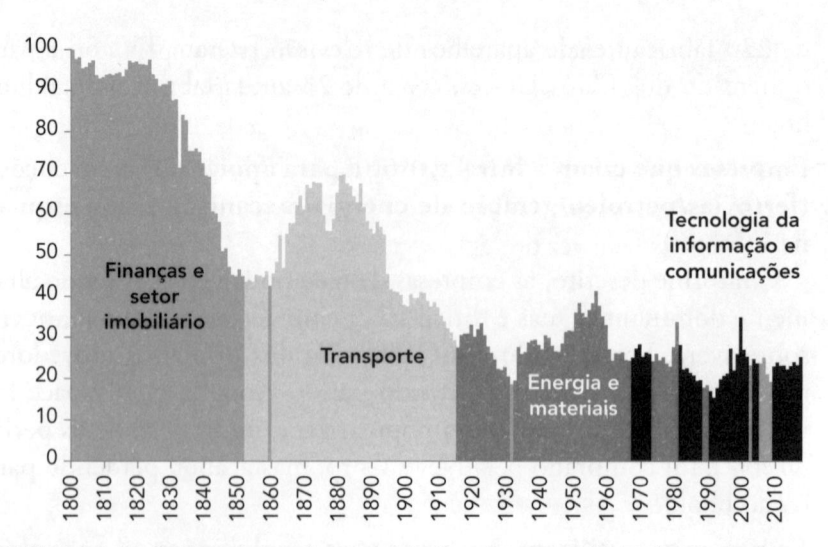

FIGURA 11.3 O maior setor é responsável por uma participação menor à medida que os mercados de ações se tornam mais diversificados (participação do maior setor nos EUA).

Fonte: Goldman Sachs Global Investment Research.

nos dizer sobre a longevidade do domínio do setor? Qual é o tamanho de um setor ou o alcance de uma ação?

Tomando a história da composição do setor do S&P 500 como referência, o domínio do setor claramente não é um fenômeno novo. Com o tempo, diferentes ondas de tecnologia resultaram em diferentes fases de domínio do setor; à medida que os mercados de ações se tornaram mais diversificados, o maior setor tende a representar uma parcela menor do mercado agregado.

A liderança do setor no mercado de ações dos EUA pode ser dividida em três períodos principais, cada um refletindo o principal motor da economia da época.

- **1800-1850: Finanças**. Nesse período, os bancos foram o maior setor. Inicialmente, respondiam por quase 100% do mercado de ações, até que o mercado de ações se desenvolveu e se expandiu. Na década de 1850, o peso do setor havia caído para menos da metade.
- **1850-1910: Transporte**. À medida que os bancos começaram a financiar o sistema ferroviário em rápida expansão nos Estados Unidos (e em

outros lugares), as ações de transporte assumiram o papel de maior setor no índice. Em seus anos de *boom*, alcançaram perto de 70% do índice nos Estados Unidos, antes de cair para cerca de um terço da capitalização de mercado do S&P 500 no final da Primeira Guerra Mundial.

- **1920-1970: Energia.** Com o enorme crescimento da indústria, movida a petróleo em vez de vapor e carvão, as ações de energia passaram a ser o maior setor. Energia permaneceu como o principal grupo até a década de 1990, embora intercalada por breves períodos de liderança do setor de tecnologia emergente (na primeira onda, isso foi liderado por *mainframes* e, posteriormente, por *software*).

Até onde vão as avaliações?

Em outros períodos da história, as empresas em crescimento alcançaram avaliações mais altas do que vemos hoje. Dois períodos anteriores, quando um grupo de ações dominou os retornos e as avaliações do mercado de ações, foram os anos 1960 ao início dos anos 1970, a chamada era Nifty Fifty, e o final dos anos 1990, que testemunhou a ascensão da tecnologia. O período Nifty Fifty viu o domínio de um grupo de 50 empresas que, ao contrário do final da década de 1990, não estavam focadas em um determinado setor, mas sim em um conceito. Havia um otimismo significativo de que o domínio econômico dos Estados Unidos permitiria que uma nova geração de corporações americanas se tornasse líderes de mercado globais e multinacionais.

Muitas dessas empresas desfrutavam de retornos muito altos (bastante diferente da bolha de tecnologia do final dos anos 1990, quando o mercado era dominado por novas empresas sem retorno) e de uma crença de que esses retornos poderiam ser mantidos no longo prazo. Por esse motivo, eram frequentemente chamadas de ações de "decisão única". Os investidores geralmente ficavam felizes em comprá-las e mantê-las, independentemente do preço. Houve uma mudança do investimento em valor para o investimento em crescimento. Como resultado, as avaliações aumentaram enormemente. Em 1972, quando o S&P 500 tinha um P/L de 19 vezes, a média nas Nifty Fifty era mais que o dobro desse nível. A Polaroid foi negociada a um P/L de mais de 90 vezes, e a Walt

	Tamanho		Avaliação
	Peso de mercado	Capitalização de mercado (bilhões de US$)	P/L (AF2)
FAAMG			
Apple	4,6%	1305	18,7
Microsoft	4,5%	1203	25,5
Alphabet	3,0%	993	25,0
Amazon	2,9%	916	65,9
Facebook	1,8%	585	22,1
Agregado FAAMG	**16,8%**	**5002**	**25,1**
Bolha de tecnologia			
Microsoft	4,5%	581	55,1
Cisco Systems	4,2%	543	116,8
Intel	3,6%	465	39,3
Oracle	1,9%	245	103,6
Lucent	1,6%	206	35,9
Agregado da bolha de tecnologia	**15,8%**	**2040**	**55,1**
Cinquenta Mais			
IBM	8,3%	48	35,5
Eastman Kodak	4,2%	24	43,5
Sears Roebuck	3,2%	18	29,2
General Electric	2,3%	13	23,4
Xerox	2,1%	12	45,8
Agregado das Cinquenta Mais	**20,0%**	**116**	**35,5**

FIGURA 11.4 Maiores empresas em tecnologia hoje, tecnologia dos anos 1990 e Cinquenta Mais (dados da FAAMG em 31 de dezembro de 2019, dados da bolha de tecnologia em 24/03/2000, dados das Cinquenta Mais em 2 de janeiro de 1973, exceto 1972 real para P/L).
Fonte: Goldman Sachs Global Investment Research.

Disney e o McDonald's a mais de 80 vezes em relação aos lucros esperados. Apesar dessas avaliações elevadas, o professor Jeremy Siegel (1998) argumentou que a maioria das ações realmente cresceu em suas avaliações e alcançou retornos muito fortes.

Mais tarde, uma narrativa semelhante direcionou o foco para a "nova economia" no final dos anos 1990. Então, como na década de 1960, as ações de valor (ou da "velha economia") foram rejeitadas. A ascensão atual das empresas de tecnologia, que se seguiu à crise financeira, é bem diferente do frenesi que gerou a bolha no final dos anos 1990. Nos anos anteriores à crise, os bancos dominaram as ponderações do setor em muitos mercados de ações (beneficiando-se de um coquetel de forte crescimento, alta alavancagem e inovação de produtos). Com o fim da liderança dos bancos nos mercados, a tecnologia rapidamente se tornou a principal líder em retornos e um setor dominante novamente. Desde 2008, a tecnologia aumentou sua participação no mercado global de ações de 7 para 12%; ao mesmo tempo, quase dobrou sua participação no mercado americano, de 13 para 21% no S&P. No final da década de 1990, a participação da tecnologia na capitalização de mercado global aumentou de apenas 10% do S&P em 1996 para um pico de 33% em 2000.

Mais importante, entretanto, a avaliação das empresas nos períodos anteriores era muito mais alta do que a da maioria das empresas de tecnologia hoje. Como mostra a Figura 11.4, as maiores ações de tecnologia durante a bolha de tecnologia foram negociadas a um P/L médio de mais de 50 vezes (embora muitas ações fossem muito mais caras do que isso). **As maiores ações das Nifty Fifty foram negociadas a uma média de 35 vezes. Hoje, as maiores ações de tecnologia são negociadas, em média, cerca de 25 vezes os lucros esperados, apesar do nível muito baixo das taxas de juros (particularmente em relação ao início dos anos 1970) (ver a Figura 11.4).**

Que tamanho as empresas podem atingir em relação ao mercado?

As empresas líderes de tecnologia se tornaram muito grandes em termos de valor de mercado no ciclo atual, mas isso reflete o crescimento significativo dos gastos com tecnologia e sua capacidade de deslocar outros gastos de capex (*capital expenditure*, que designa o montante de dinheiro despendido na aquisição de bens de capital de uma determinada empresa) mais tradicionais. É comum que as novas plataformas se tornem praticamente o mercado.

Mas, mais uma vez, este não é um fenômeno novo. A Standard Oil, por exemplo, controlava mais de 90% da produção de petróleo e 85%

das vendas nos Estados Unidos em 1900. A US Steel, outra empresa líder em um setor dominante, conseguiu evitar uma separação e se tornou a primeira empresa bilionária.

E foi uma onda de tecnologia que resultou na posição dominante da AT&T. A AT&T monopolizou o mercado de telecomunicações dos Estados Unidos por décadas, sendo um dos casos mais conhecidos de intervenção antitruste do governo dos Estados Unidos. A AT&T manteve mais de 70% das vendas entre as empresas de telecomunicações americanas listadas publicamente de 1950 a 1980. Um processo antitruste foi aberto pelo Departamento de Justiça pela primeira vez contra a empresa, em 1974, mas a decisão contra a AT&T só foi proferida em 1982 e a dissolução da empresa foi decidida em 1º de janeiro de 1984. A separação aumentou o número de empresas no setor de telecomunicações, já que a AT&T ("Ma Bell") foi dividida em oito "baby bells". Em 1975, a AT&T era uma das duas empresas com mais de 5% das vendas na indústria de telecomunicações GICS (Global Industry Classification Standard). Em 1996, havia nove empresas de telecomunicações americanas listadas publicamente, com mais de 5% das vendas da indústria.[17]

À medida que os computadores *mainframe* se desenvolveram, na década de 1970, também havia uma concentração significativa de participação de mercado nas empresas líderes, especialmente da IBM, cujo domínio desencadeou um processo antitruste do Departamento de Justiça dos Estados Unidos, em 1969. De acordo com as notícias da época, a IBM tinha aproximadamente 70% de participação no mercado de *mainframes* nessa época. O Departamento de Justiça abriu seu processo em janeiro de 1969, alegando que a empresa estava sufocando a concorrência com várias táticas, como a venda casada de serviços e produtos. O processo durou 13 anos e acabou sendo arquivado em janeiro de 1982.

Apesar de não haver resultado do julgamento contra a IBM, o risco regulatório deu início a um declínio constante no crescimento das vendas e das margens. O crescimento das vendas trimestrais anuais da IBM foi bastante volátil nas décadas de 1960 e 1970, mas caiu na década de

---

[17] Hammond, R., Kostin, D. J., Snider, B., Menon, A., Hunter, C., e Mulford, N. (2019). *Concentration, competition, and regulation: 'Superstar' firms and the specter of antitrust scrutiny*. New York, NY: Goldman Sachs Global Investment Research.

1980, quando a indústria mudou para novos produtos, mas o escrutínio regulatório persistiu.

À medida que o *software* assumia o papel de principal impulsionador da tecnologia, houve ainda outra mudança no domínio. Uma série de litígios em torno do posicionamento da Microsoft na indústria começou em 1992, com maior foco na decisão de agrupar seu Internet Explorer com o sistema operacional Windows. O processo EUA *vs.* Microsoft foi movido em maio de 1998 e um juiz ordenou que a empresa fosse dividida em duas em junho de 2000. No entanto, a decisão foi revertida em recurso em junho de 2001 e levou a um acordo que incluiu um decreto de consentimento, segundo o qual a Microsoft mudou algumas de suas práticas comerciais, como acordos de exclusividade. O sistema operacional da Microsoft rodava em mais de 90% dos dispositivos de consumo em 2000 (consultar o Departamento de Justiça dos EUA, 2015). No entanto, as disposições delineadas no acordo de 2001 restringiram a forma como a Microsoft foi autorizada a desenvolver e licenciar *software*. O crescimento médio das vendas trimestrais/anuais da Microsoft caiu de 40% (1988-2000) para 10% (2001-2018), embora parte dessa desaceleração provavelmente possa ser atribuída à mudança no cenário da tecnologia (p. ex., o surgimento de *smartphones* e a mudança para a "nuvem").

Mais recentemente, à medida que a computação móvel e os aplicativos da internet assumiram o controle, a concentração do mercado mudou novamente. Nas pesquisas na internet, por exemplo, o Google tem mais de 90% do mercado, e seu maior concorrente, o Bing, tem 3,2% (Browser Market Share Worldwide, sem data). Portanto, várias empresas de tecnologia se tornaram muito grandes e dominantes também no ciclo atual, e questões estão sendo levantadas sobre a concorrência e a legislação e regulamentação em potencial. Novamente, isso não é exclusivo do ciclo atual. Assim como descobrimos com os setores, as maiores empresas permaneceram líderes, muitas vezes com posições de mercado dominantes, por longos períodos refletindo as condições econômicas. Historicamente, as maiores empresas do S&P têm sido as seguintes:

- **1955-1973: General Motors**: durante a "era de ouro do capitalismo", a General Motors ganha mais de 10% do S&P 500.

- **1974-1988: IBM**: a "era dos *mainframes*" (pico de 7,6% da capitalização de mercado).
- **1989-1992: Exxon**: uma derivação da Standard Oil, que foi dominante por um longo período quase um século antes (atingiu o pico de 2,7% da capitalização de mercado).
- **1993-1997: GE**: (atingiu um pico de 3,5% da capitalização de mercado).
- **1998-2000: Microsoft**: a "era do *software*" (pico de 4,9% da capitalização de mercado).
- **2000-2005: GE** (novamente): (atingiu um pico de 3,5% da capitalização de mercado).
- **2006-2011: Exxon** (novamente): (atingiu um pico de 5,2% da capitalização de mercado), embora o Bank of America e o Citigroup tenham sido brevemente as maiores ações entre 2006 e 2007, antes da crise financeira.
- **2012 até hoje: Apple (e às vezes Microsoft)**: (atingiu um pico de 5,0% da capitalização de mercado).

Em períodos anteriores, as empresas dominantes eram claramente maiores, em termos de participação no mercado mais amplo, do que hoje. Dito isso, um ponto interessante é que as maiores empresas, principalmente as de antigamente, não eram tão grandes quanto as de hoje em termos de peso de mercado ou capitalização. Por exemplo, antes de sua divisão, a AT&T valia cerca de US$ 47 bilhões, o que equivale a US$ 120 bilhões hoje. O alcance e o poder de lucro das empresas dominantes atuais são muito maiores do que vimos no passado. O tamanho dessas empresas dominantes dificulta o seu crescimento, mas isso não deve limitar a contribuição dominante do setor de tecnologia de forma mais ampla à medida que novas empresas evoluem.

A tecnologia e as lacunas cada vez maiores entre vencedores e perdedores

O domínio da tecnologia no atual ciclo do mercado de ações não é um fenômeno novo, mas é nova a maneira como ela influencia os estilos de liderança nos mercados de ações em todo o mundo. Na última década, em particular, o impacto da tecnologia ampliou as lacunas entre vencedores e perdedores de duas maneiras.

A primeira é por meio do *spread* entre salários e lucros, ou seja, a parcela da produção representada pelo mercado de trabalho e a parcela do setor corporativo. Alguns estudos acadêmicos enfatizaram o papel da acumulação de capital e da mudança técnica para aumentar o capital como determinantes da evolução da parcela do trabalho (p. ex., Bentolila e Saint-Paul, 2003; Hutchinson e Persyn, 2012).

De acordo com as estimativas da OCDE (Multifactor Productivity, 2012), o crescimento da produtividade total dos fatores (TFP, do inglês *total factor productivity*) e o aprofundamento do capital – os principais motores do crescimento econômico – foram responsáveis pela maior parte do declínio médio dentro da indústria na parcela do trabalho nos países da OCDE entre 1990 e 2007. Essa mudança é parte de um processo que surgiu algum tempo atrás. A participação do trabalho no PIB dos EUA, por exemplo, tem apresentado tendência de queda desde a Segunda Guerra Mundial, mas sofreu uma queda particularmente acentuada desde a crise financeira.[18]

Claro, a tecnologia não é a única razão para isso. O impacto da austeridade tem contribuído, assim como a influência da flexibilização quantitativa. Esse processo tem ajudado a reduzir o nível das taxas de juros e a aumentar os lucros das empresas (bem como a tendência de recompras de empresas nos Estados Unidos). Da mesma forma, embora muitas empresas de tecnologia nos Estados Unidos usem mão de obra mais barata de fora do país, o mesmo ocorre com outros fabricantes, e essas tendências são anteriores à internet, ao computador e ao *smartphone*. Além disso, as pessoas de baixa renda, em muitos casos, têm se beneficiado da conectividade que a tecnologia oferece, principalmente na medida em que as plataformas de tecnologia reduzem os preços de livros, roupas, brinquedos e produtos elétricos. A tecnologia pode, então, ter contribuído para o *boom* do consumo.

---

[18] The Labour Share in G20 Economies Organização Internacional do Trabalho para Cooperação e Desenvolvimento Econômico com contribuições do Fundo Monetário Internacional e Relatório do Grupo do Banco Mundial preparado para o Grupo de Trabalho de Emprego do G20 Antalya, Turquia, 26–27 de fevereiro de 2015.

A segunda transferência ocorreu através da recompensa das empresas em crescimento neste ciclo em relação às empresas de valor. Essa é outra maneira de dizer que as empresas com alto crescimento (das quais há muitas no setor de tecnologia) tiveram um desempenho significativamente melhor do que as empresas que parecem "baratas" (com baixos índices de P/L ou alto rendimento de dividendos).

Para ficar claro, o desempenho superior de crescimento *versus* valor é o resultado de muitos fatores e não apenas um reflexo do sucesso da tecnologia. A contínua fraqueza dos bancos após a crise financeira e o contínuo obstáculo aos lucros que enfrentam como resultado das taxas de juros ultrabaixas, e em muitos casos negativas, também são parcialmente culpados. Além disso, a queda secular nos rendimentos dos títulos desde a crise financeira, juntamente com a inflação, é um fator contribuinte importante.

Empresas em crescimento são vistas como tendo "longa duração", em comparação com empresas de valor. Em outras palavras, a sensibilidade do valor presente líquido das empresas em crescimento (das quais se espera que as receitas cresçam no futuro) às mudanças no nível das taxas de juros é maior do que as empresas de valor, que tendem a estar em setores mais maduros e de crescimento mais lento. Isso significa que, num período de queda das taxas de juros, o impacto positivo no valor presente líquido das empresas de tecnologia é superior ao das empresas de valor ou particularmente sensíveis à evolução econômica de curto prazo. Examino os impulsionadores de estilo no mercado no Capítulo 5 e as maneiras como eles mudaram desde a crise financeira no Capítulo 9.

Resumo e conclusões

O cenário econômico, político e de investimento passa por mudanças significativas ao longo do tempo. As principais inovações tecnológicas (como a internet) e desafios (p. ex., mudanças climáticas) evoluem ao lado de ciclos típicos de taxas de crescimento econômico, inflação e taxas de juros. Apesar de todas essas mudanças, existem padrões na atividade econômica e no retorno dos ativos financeiros que se repetem em ciclos.

Resumindo, aqui estão algumas dicas importantes.

O que podemos aprender com o passado
- Os retornos para os investidores em ativos dependem de uma série de fatores, mas talvez o mais importante deles seja o horizonte de tempo do investimento e a avaliação inicial. Quanto mais tempo um investidor mantiver o investimento, mais provável será que os retornos ajustados pela volatilidade aumentem.

    Para investidores em ações, essas considerações são particularmente importantes. As ações compradas no topo da bolha de tecnologia em 2000, por exemplo, alcançaram um dos piores retornos de 10 anos em mais de 100 anos porque as avaliações iniciais eram muito altas. É o caso do mercado de ações japonês (o Nikkei 225), que permanece cerca de 45% abaixo do nível em que atingiu o pico, em 1989, há 30 anos. O S&P não voltou ao nível atingido pelo índice em 1929 até o ano de 1955. Embora esses sejam pontos extraordinários na história, grande parte da explicação para isso se resume a avaliações. Compreensivelmente, picos de avaliação excepcionais (1929, 1968, 1999) tendem a ser seguidos por retornos muito baixos, em uma base ajus-

tada ao risco, e retornos muito baixos, como nas baixas do mercado (1930, 1973, 2008), tendem a ser seguidos por retornos fortes.
- O retorno total médio anualizado para ações dos EUA desde 1860 tem sido de cerca de 10%, em um horizonte de tempo de um a 20 anos. Para os títulos do governo de 10 anos, o retorno médio é de 5 a 6% nos mesmos períodos. Embora os retornos ajustados pela volatilidade (risco) sejam muito mais baixos para ações do que para títulos no curto prazo, no longo prazo os investidores geralmente são recompensados por assumir riscos.
- Durante longos períodos, os mercados de ações (e outras classes de ativos) tendem a se mover em ciclos. Cada ciclo pode ser dividido em fases que refletem os diversos direcionadores, conforme o ciclo econômico amadurece: (1) a fase de desespero, durante a qual o mercado se move do pico para a depressão, também conhecido como mercado de baixa; (2) a fase de esperança, normalmente um período curto (em média 10 meses nos EUA e 16 meses na Europa), quando o mercado se recupera de sua depressão por meio de múltiplas expansões. Esta fase é crítica para os investidores porque é quando os maiores retornos do ciclo são alcançados, e geralmente começa quando os dados macroeconômicos e os resultados de lucros do setor corporativo permanecem deprimidos; (3) a fase de crescimento, geralmente o período mais longo (em média 39 meses nos EUA e 29 meses na Europa), quando o crescimento dos lucros é gerado e leva a retornos; e (4) a fase de otimismo, a parte final do ciclo, quando os investidores se tornam cada vez mais confiantes, ou talvez até complacentes, e quando as avaliações tendem a subir novamente e ultrapassar o crescimento dos lucros. Normalmente, essa fase dura 25 meses nos EUA.
- É importante evitar os mercados de baixa porque os retornos estão fortemente concentrados em ciclos de ações. A variação nos retornos ano a ano pode ser substancial. O pior retorno anual do pós-guerra para o S&P foi de −26,5% (1974), e o melhor foi de +52% (1954). A história mostra que evitar os piores meses pode, com o tempo, ser tão valioso quanto investir nos melhores meses. Mas nem todos os mercados em baixa são iguais. Descobrimos que, historicamente, os mercados em baixa podem ser divididos em três classificações de acordo com a severidade e a longevidade: cíclico, orientado por eventos e estrutural.

As baixas cíclicas e orientadas por eventos geralmente veem quedas de preços de cerca de 30%, enquanto os estruturais veem quedas muito maiores, de cerca de 50%. As baixas orientadas por eventos tendem a ser as mais curtas, durando, em média, sete meses; as baixas cíclicas duram, em média, 26 meses; e as baixas estruturais duram, em média, quatro anos. As baixas cíclicas e orientadas por eventos tendem a reverter para as máximas anteriores após um ano, e os mercados em baixa estruturais levam em média 10 anos para retornar às máximas anteriores.

Os mercados em alta podem gerar retornos poderosos. Como regra geral, e usando os EUA como exemplo, o mercado em alta médio vê os preços subirem mais de 130%, ao longo de quatro anos, obtendo retorno anual de cerca de 25%.

Algumas altas são impulsionadas por aumentos sustentados de avaliação e podem ser amplamente descritos como seculares. O *boom* do pós-guerra, em 1945-1968, e o longo *boom* refletindo a desinflação e o colapso da Guerra Fria, em 1982-2000, são os melhores exemplos. Outras altas apresentam tendências menos claras e tendem a ser mais cíclicas. Nós as dividimos nos seguintes tipos:

- **Mercados magros e planos** (baixa volatilidade, baixos retornos). São mercados planos em que os preços das ações estão presos em uma faixa estreita de negociação e experimentam baixa volatilidade.
- **Mercados gordos e planos** (alta volatilidade, baixos retornos). São períodos (muitas vezes bastante longos) em que os índices de ações obtêm pouquíssimo progresso agregado, mas experimentam alta volatilidade com fortes altas e correções (ou até mesmo minimercados de alta e baixa) entre eles.

O que podemos aprender com o presente
- Embora os mercados tendam a se mover em ciclos, o ciclo pós-crise financeira foi diferente. Por um lado, o ciclo econômico já é muito longo e, no caso dos EUA, o mais longo em mais de um século. Paralelamente, as expectativas de inflação foram moderadas e os rendimentos das obrigações caíram para mínimos históricos. Os rendimentos dos títulos de longo prazo do Reino Unido atingiram os níveis mais baixos desde 1700, e há, agora, mais de US$ 14 trilhões em títulos do

governo com rendimentos negativos. A inovação tecnológica também resultou em uma lacuna cada vez maior entre vencedores e perdedores relativos em termos de crescimento de lucro e retornos. O setor de tecnologia tem sido a principal fonte de crescimento de margem e lucro que foi alcançado desde a crise financeira.

- Um cenário de crescimento econômico relativamente baixo, juntamente com expectativas de inflação e rendimentos de títulos muito baixos desde a crise financeira, fez com que os investidores enfrentassem uma escassez de renda (já que as taxas de juros estão perto de zero, ou mesmo abaixo) e de crescimento: há menos empresas com grande crescimento do que no período anterior à crise financeira, e a taxa de crescimento da receita do setor corporativo em geral diminuiu. Essa combinação de fatores resultou em uma busca por rendimento nos mercados de renda fixa e crédito, mas se refletiu amplamente no desempenho superior do fator de crescimento em relação ao valor das ações. Nos mercados de crédito e de ações, os níveis mais elevados de incerteza sobre o crescimento futuro também aumentaram o prêmio de qualidade, ou seja, empresas de balanço patrimonial mais sólido com menos sensibilidade ao ciclo econômico. Essas condições provavelmente perdurarão, a menos ou até que as expectativas de crescimento e inflação comecem a se reverter aos níveis comuns dos ciclos anteriores à crise financeira.

- Como resultado dessas mudanças e do início da flexibilização quantitativa, as avaliações dos ativos financeiros aumentaram, sugerindo retornos futuros mais baixos. Os rendimentos dos títulos no limite de zero não beneficiam necessariamente as ações. Em geral, a experiência do Japão e da Europa sugere que os rendimentos mais baixos dos títulos aumentaram o prêmio de risco das ações exigido – o retorno extra que os investidores exigem para assumir riscos e comprar ações em relação aos títulos do governo livres de risco.

O rendimento nulo ou negativo dos títulos pode afetar o ciclo, tornando-o menos volátil, mas, ao mesmo tempo, deixa as ações muito mais sensíveis às expectativas de crescimento de longo prazo. Se um choque resultar em recessão, poderíamos ver um impacto negativo muito maior nas avaliações de ações do que vimos em ciclos anteriores.

Os fundos de pensão e as seguradoras são vulneráveis à incompatibilidade de passivos, pois os rendimentos dos títulos caem para zero ou abaixo de zero. Isso pode fazer algumas instituições correrem muito risco para cumprir retornos garantidos, mas também pode resultar em mais demanda por títulos à medida que os rendimentos caem, resultando em rendimentos ainda mais baixos.

- Como resultado da inovação tecnológica, ocorreu uma mudança estrutural adicional. De acordo com muitas estimativas, 90% dos dados mundiais foram gerados nos últimos dois anos.[1] Isso resultou em um rápido impacto distributivo entre vencedores e perdedores relativos. As maiores empresas tornaram-se enormes: Amazon, Apple e Microsoft têm uma capitalização de mercado combinada maior do que o PIB anual da África (54 países) e a tecnologia é o setor dominante no mercado de ações dos EUA. Mas a história mostra que isso não é incomum: ao longo do tempo, diferentes ondas de tecnologia resultaram em diferentes fases de domínio do setor, começando com finanças (de 1800 a 1850), transporte, refletindo o *boom* ferroviário (entre as décadas de 1850 e 1910), e energia (de 1920 a 1970). Desde então, exceto por um curto período antes da crise financeira de 2008, a tecnologia se tornou dominante. Isso refletiu a evolução dos *mainframes* (a IBM detinha a ação mais valorizada no S&P 500 em 1974), PCs (a Microsoft se tornou a maior empresa em 1998) e a Apple (que se tornou a maior empresa em 2012).

O que podemos esperar no futuro
Ciclos financeiros futuros não foram o foco principal deste livro. No entanto, podemos fazer algumas observações sobre o passado e o ciclo atual que podem fornecer algumas pistas sobre o que esperar.

- Uma das observações mais consistentes que podem ser feitas a partir da história dos ciclos é que as avaliações são importantes. Avaliações altas tendem a resultar em retornos futuros mais baixos e vice-versa.

---

[1] SINTEF. (2013). Big data, for better or worse: 90% of world's data generated over last two years. *ScienceDaily* [on-line]. Disponível em https://www.sciencedaily.com/releases/2013/05/130522085217.htm

A combinação incomum no ciclo pós-crise financeira de mercados de produtos com inflação relativamente baixa, mas alta inflação (e fortes retornos) em ativos financeiros, é parcialmente uma função do mesmo fator comum: taxas de juros em queda.

- A queda nos níveis reais das taxas de juros pode refletir muitos fatores: envelhecimento da população, excesso de poupança, impacto da tecnologia sobre os preços, bem como globalização. Isso também refletiu, pelo menos em parte, uma flexibilização da política amplamente agressiva por parte dos bancos centrais após a crise financeira.
- Esta mudança nos rendimentos reais, juntamente com taxas de crescimento mais baixas, ajudou o ciclo econômico a ser mais alongado do que víamos no passado, mas, ao mesmo tempo, tornou economias, empresas e investidores mais dependentes de uma continuação das condições predominantes. Isso sugere que os investidores enfrentam alguns desafios incomuns nos anos seguintes.
- Embora a recessão no curto prazo ainda pareça improvável, o espaço para cortar as taxas de juros em face dos choques econômicos é muito mais limitado hoje do que no passado, tornando mais difícil a recuperação depois de uma desaceleração econômica. Os governos podem decidir que, em face dos custos de financiamento historicamente baixos, um aumento nos empréstimos e na expansão fiscal é cada vez mais tentador.
- Mas se esse empréstimo resultar em um crescimento econômico muito mais forte, então é provável que em algum ponto aumentem as expectativas de inflação e as taxas de juros dos atuais níveis historicamente baixos, com o possível efeito de desencadear uma redução nos preços dos ativos financeiros, à medida que os rendimentos dos títulos atingem níveis mais elevados.
- Um desfecho possível é que a atividade econômica volte ao ritmo de crescimento de antes da crise financeira. Isso aumentaria a confiança no crescimento futuro, mas, ao mesmo tempo, provavelmente aumentaria muito as taxas de juros de longo prazo, tornando maiores os riscos de uma redução nos ativos financeiros e de um mercado em baixa, possivelmente doloroso, tanto em ações quanto em títulos. Um cenário alternativo é que o crescimento, a inflação e as taxas de juros

permaneçam muito moderados, como ocorreu no Japão nas últimas décadas. Embora isso possa reduzir a volatilidade dos ativos financeiros, é provável que seja acompanhado de baixos retornos. Com o aumento da demanda por retornos devido ao envelhecimento da população e responsabilidades de longo prazo, na forma de custos com saúde e pensões, será mais difícil gerar os retornos necessários sem correr maiores riscos.

- Talvez o maior desafio venha das mudanças climáticas e da necessidade de "descarbonizar" as economias. Embora os esforços para fazer isso sejam onerosos, também proporcionariam oportunidades significativas de investimento e reequipamento das economias, para que o crescimento futuro seja mais sustentável.
- A tecnologia está começando a dar resultados. Nos últimos oito anos, os custos com energia eólica caíram 65%, os custos com energia solar, 85% e os custos com baterias, 70%. Em 15 anos, deve ser possível não apenas fornecer eletricidade renovável a preços totalmente competitivos com a energia extraída de combustíveis fósseis, mas também fornecer *backup* e armazenamento de baixo custo necessários para possibilitar o funcionamento de sistemas de energia cerca de 80% a 90% dependentes de energias renováveis intermitentes.[2]
- A longo prazo, mesmo aceitando as flutuações causadas pelos ciclos, o investimento pode ser extremamente lucrativo. Ativos diferentes tendem a ter melhor desempenho em momentos diferentes, e os retornos dependerão da tolerância do investidor ao risco. Mas para investidores em ações, a história sugere que, se forem capazes de manter seus investimentos por pelo menos cinco anos e, especialmente, se reconhecerem os sinais de bolhas e de pontos de inflexão no ciclo, poderão se beneficiar da boa compra no longo prazo.

---

[2] Turner, A. (2017). The path to a low-carbon economy. *Climate*, 2020 [on-line]. Disponível em https://www.climate2020.org.uk/path-low-carbon-economy

Referências

Across the rich world, an extraordinary jobs boom is under way. (23 de maio de 2019). *The Economist*.

Aikman, D., Lehnert, A., Liang, N. e Modugno, M. (2017). Credit, financial conditions, and monetary policy transmission. *Hutchins Center Working Paper nº 39* [on-line]. Disponível em https://www.brookings.edu/research/Credit-financial-conditions-and-monetary-policy-transmission

Ainger, J. (2019). 100-year bond yielding just over 1% shows investors' desperation. *Bloomberg* [on-line]. Disponível em https://www.bloomberg.com/news/articles/2019-06-25/austria-weighs-another- century-bond-for-yield-starved-investors

Akerlof, G., e Shiller, R. J. (2010). *Animal spirits: How human psychology drives the economy, and why it matters for global capitalism.* Princeton, NJ: Princeton University Press.

An, A., Jalles, J. T., and Loungani, P. (2018). How well do economists forecast recessions? *IMF Working Paper Nº 18/39* [on-line]. Disponível em https://www.imf.org/en/Publications/WP/Issues/2018/03/05/How-Well-Do-Economists-Forecast-Recessions-45672

Antolin, P., Schich, S. e Yermi, J. (2011). The economic impact of low interest rates on pension funds and insurance companies. OECD *Journal: Financial Market Trends*, 2011(1).

Antras, P. e Voth, H. (2003). Factor prices and productivity growth during the British industrial revolution. *Explorations in Economic History*, 40(1), 52–77.

Baddeley, M. (2010). Herding, social influence and economic decision-making: Socio-psychological and neuroscientific analyses. *Philosophical Traditions of The Royal Society* [on-line]. Disponível em https://doi.org/10.1098/rstb.2009.0169

Balatti, M., Brooks, C., Clements, M. P. e Kappou, K. (2016). Did quantitative easing only inflate stock prices? Macroeconomic evidence from the US and UK. *SSRN* [on-line]. Disponível em https://papers.ssrn.com/sol3/papers.cfm?abstract_id=2838128

Belke, A. H. (2013). Impact of a low interest rate environment – Global liquidity spillovers and the search-for-yield. *Ruhr Economic Paper Nº 429*.

Bentolila, S. e Saint-Paul, G. (2003). Explaining movements in the labor share. *Contributions to Macroeconomics*, 3(1).

Benzoni, L., Chyruk, O. e Kelley, D. (2018). Why does the yield-curve slope predict recessions? *Chicago Fed Letter Nº 404*.

Bernanke, B. S. (2005). The global saving glut and the U.S. current account deficit. Discurso no Board of Governors of the Federal Reserve System 77.

Bernanke, B. (2 de setembro de 2010). *Causes of the recent financial and economic crisis*. Testemunho perante a Comissão de Inquérito da Crise Financeira, Washington, DC.

Bernstein, P. L. (1997). What rate of return can you reasonably expect... or what can the long run tell us about the short run? *Financial Analysts Journal*, 53(2), 20–28.

Binder, J., Nielsen, A. e. B. e Oppenheimer, P. (2010). Finding fair value in global equities: Part I. *Journal of Portfolio Management*, 36(2), 80–93.

Blau, F. D. e Kahn, L. M. (2013). Female labor supply: Why is the US falling behind? *NBER Working Paper Nº 18702* [on-line]. Disponível em https://www.nber.org/papers/w18702

Borio, C. (2013). On time, stocks and flows: Understanding the global macroeconomic challenges. *National Institute of Economic and Social Research*, 225(1), 3–13.

Borio, C., Disyatat, P. e Rungcharoenkitkul, P. (2019). What anchors for the natural rate of interest? *BIS Working Papers Nº 777* [on-line]. Disponível em https://www.bis.org/publ/work777.html

Borio, C. e Lowe, P. (2002). Asset prices, financial and monetary stability: exploring the nexus. *BIS Working Papers Nº 114* [on-line]. Disponível em https://www.bis.org/publ/work114.html

Borio, C., Piti, D. e Juselius, M. (2013). Rethinking potential output: embedding information about the financial cycle. *BIS Working Papers Nº 404* [on-line]. Disponível em https://www.bis.org/publ/work404.html

Brookes, M. e Wahhaj, Z. (2000). Is the internet better than electricity? *Goldman Sachs Global Economics Paper Nº 49*.

Browne, E. (2001). Does Japan offer any lessons for the United States? *New England Economic Review*, 3, 3–18.

Browser market share worldwide. (sem data). Statcounter Global Stats [on-line]. Disponível em https://gs.statcounter.com/search-engine-market-share

Bruno, V. e Shin, H. S. (2015). Cross-border banking and global liquidity. *Review of Economic Studies*, 82(2), 535–564.

Buring, E. e van Zanden, J. L. (2009). Charting the "Rise of the West": Manuscripts and printed books in Europe; A long-term perspective from the sixth through eighteenth centuries. *The Journal of Economic History*, 69(2), 409-445.

Caballero, R. J. e Farhi, E. (2017). The safety trap. *The Review of Economic Studies*, 85(1), 223-274.

Can pension funds and life insurance companies keep their promises? (2015). *OECD Business and Finance Outlook 2015* [on-line]. Disponível em https://www.oecd.org/finance/oecd-business-and-finance-outlook-2015--9789264234291-en.htm

Carvalho, C., Ferro, A. e Nechio, F. (2016). Demographics and real interest rates: Inspecting the mechanism. *Working Paper Series 2016-5*. Federal Reserve Bank of San francisco [on-line]. Disponível em http://www. frbsf.org/economic-research/publications/working-papers/wp2016-05.pdf

Case, K. e Shiller, R. (2003). Is there a bubble in the housing market? *Brookings Papers on Economic Activity*, 34(2), 299-362.

Cawley, L. (2015). Ozone layer hole: How its discovery changed our lives. BBC [on-line]. Disponível em https://www.bbc.co.uk/news/uk-england-cambridgeshire-31602871

Chancellor, E. (2000). *Devil take the hindmost: A history of financial speculation*. New York, NY: Plume.

Christensen, J. H. E. e Speigel, M. M. (2019). Negative interest rates and inflation expectations in Japan. *FEBSF Economic Letter*, 22.

Cooper, M., Dimitrov, O. e Rau, P. (2001). A Rose.com by any other name. *The Journal of Finance*, 56(6), 2371-2388.

Crafts, N. (2004). Productivity growth in the industrial revolution: A new growth accounting perspective. *The Journal of Economic History*, 64(2), 521-535.

Cunliffe, J. (2017). *The Phillips curve: Lower, flatter or in hiding?* Bank of England [on-line]. Disponível em https://www.bankofengland.co.uk/speech/2017/jon--cunliffe-speech-at-oxford-economics-society

Cutts, R. L. (1990). Power from the ground up: Japan's land bubble. *The Harvard Business Review* [on-line]. Disponível em https://hbr.org/1990/ 05/power--from-the-ground-up-japans-land-bubble

David, P. A. e Wright, G. (2001). General purpose technologies and productivity surges: Historical reflections on the future of the ICT revolution. *Economic Challenges of the 21st Century in Historical Perspective*, Oxford, UK. Disponível em https://www.researchgate.net/ publication/23742678_General_Purpose_Technologies_and_ Productivity_Surges_Historical_Reflections_on_the_Future_ of_the_ICT_Revolution

Dhaoui, A., Bourouis, S. e Boyacioglu, M. A. (2013). The impact of investor psychology on stock markets: evidence from france. *Journal of Academic Research in Economics*, 5(1), 35–59.

Dice, C. A. (1931). New levels in the stock market. *Journal of Political Economy*, 39(4), 551–554.

Eckstein, O., e Sinai, A. (1986). The mechanisms of the business cycle in the postwar era. Em R. Gorden (ed.), *The American business cycle: Continuity and change* (pp. 39–122). Cambridge, MA: National Bureau of Economic Research.

The end of the Bretton Woods System. IMF [on-line]. Disponível em https://www.imf.org/external/about/histend.htm

Evans, R. (2014). How (not) to invest like Sir Isaac Newton. *The Telegraph* [on-line]. Disponível em https://www.telegraph.co.uk/finance/personalfinance/investing/10848995/ How-not-to-invest-like-Sir-Isaac-Newton.html

Fama, E. F. (1970). Efficient capital markets: A review of theory and empirical work. *The Journal of Finance*, 25(2), 383–417.

Fama, E. F. e French, K. (1998). Value versus growth: The international evidence. *Journal of Finance*, 53(6), 1975–1999.

Ferguson, N. (2012). *The ascent of money*. Londres, Reino Unido: Penguin.

Fama, E. F. e French, K. (2002). The equity premium: Journal of Finance, 57(2), 637-659.

Ferguson, R. W. (2005). *Recessions and recoveries associated with asset-price movements: What do we know?* Stanford Institute for Economic Policy Research, Stanford, CA.

Filardo, A., Lombardi, M. e Raczko, M. (2019). Measuring financial cycle time. *Bank of England Staff Working Paper No. 776* [on-line]. Disponível em https://www.bankofengland.co.uk/working-paper/2019/measuring-financial-cycle-time

Fisher, I. (1933). The debt-deflation theory of the great depressions. *Econometrica*, 1, 337-357.

Five things you need to know about the Maastricht Treaty. (2017). eCB [on-line]. Disponível em https://www.ecb.europa.eu/explainers/tell-me-more/html/25_years_maastricht.en.html

Frehen, R. G. P., Goetzmann, W. N. e Rouwenhorst, K. G. (2013). New evidence on the first financial bubble. *Journal of Financial Economics*, 108(3), 585–607.

Fukuyama, F. (1989). The end of history? *The National Interest*, 16, 3–18.

Gagnon, J., Raskin, M., Remache, J. e Sack, B. (2011). The financial market effects of the federal Reserve's large-scale asset purchases. *International Journal of Central Banking*, 7(1), 3–43.

Galbraith, J. K. (1955). *The great crash*, 1929. Boston: Houghton Mifflin Harcourt.

George Hudson and the 1840s railway mania. (2012). *Yale School of Management Case Studies* [on-line]. Disponível em https://som.yale.edu/our-approach/teaching-method/case-research-and-development/cases-directory/george-hudson-and-1840s

Gilchrist, S. e Zakrajsek, E. (2013). The impact of the Federal Reserve's large-scale asset purchase programs on corporate credit risk. *NBER Working Paper Nº 19337* [on-line]. Disponível em https://www.nber.org/papers/ w19337

Goobey, G. H. R. (1956). Discurso na Association of Superannuation and Pension funds. *The pensions archive* [on-line]. Disponível em http://www.pensionsarchive.org.uk/27/

Gozluklu, A. (sem data). *How do demographics affect interest rates?* The University of Warwick [on-line]. Disponível em https://warwick.ac.uk/newsand-events/knowledgecentre/business/finance/interestrates/

Graham, B. (1949). *The intelligent investor.* New York, NY: HarperBusiness.

Graham, B. e Dodd, D. L. (1934). *Security analysis.* New York, NY: McGraw-Hill.

Guild, S. E. (1931). *Stock growth and discount tables.* Boston, MA: Financial Publishing Company.

Gurkaynak, R. (2005). Econometric tests of asset price bubbles: Taking stock. *Finance and Economics Discussion Series.* Washington, DC: Board of Governors of the Federal Reserve System.

Hammond, R., Kostin, D. J., Snider, B., Menon, A., Hunter, C. e Mulford, N. (2019). *Concentration, competition, and regulation: 'Superstar' firms and the specter of antitrust scrutiny.* New York, NY: Goldman Sachs Global Investment Research.

Harley, N. F. R. e Harley, C. K. (1992). Output growth and the British Industrial Revolution: A restatement of the Crafts-Harley view. *Economic History Review,* 45(4), 703–730.

Hatzius, J., Phillips, A., Mericle, D., Hill, S., Struyven, D., Choi, D., Taylor, B. e Walker, R. (2019). *Productivity paradox v2.0: The price of free goods.* New York, NY: Goldman Sachs Global Investment Research.

Hayes, A. (25 de abril de 2019). Dotcom bubble. Investopedia.

How quantitative easing affects bond yields: evidence from Switzerland. (2019). Royal Economic Society [on-line]. Disponível em https://www.res.org.uk/resources-page/how-quantitative-easing-affects-bond-yields-evidence-from-switzerland.html

How to tame the tech titans. (2018). *The Economist.*

Hutchinson, J. e Persyn, D. (2012). Globalisation, concentration and footloose firms: In search of the main cause of the declining labour share. *Review of World Economics,* 148 (1).

Jacques, M. (2009). *When China rules the world: The end of the western world and the birth of a new global order*. New York, NY: Penguin Press.

Johnston, E. (2009). Lessons from when the bubble burst. *The Japan Times* [on-line]. Disponível em https://www.japantimes.co.jp/news/2009/ 01/06/reference/lessons-from-when-the-bubble-burst/

Jorda, O., Schularick, M., Taylor, A. M., e Ward, F. (2018). Global financial cycles and risk premiums. *Working Paper Series 2018–5*, Federal Reserve Bank of San Francisco [on-line]. Disponível em http://www.frbsf.org/economic-research/publications/working-papers/2018/05/

Kahneman, D. e Tversky, A. (1979). Prospect theory: An analysis of decision under risk. *Econometrica*, 47(2), 263–292.

Keynes, J. M. (1930). *A treatise on money*. Londres, Reino Unido: Macmillan.

Kindleberger, C. (1996). *Manias, panics, and crashes* (3ª ed.). New York, NY: Basic Books.

Kuhn, P., e Mansour, H. (2014). Is internet job search still ineffective? *Economic Journal*, 124(581), 1213–1233.

Lian, C., Ma, Y., e Wang, C. (2018). Low interest rates and risk taking: evidence from individual investment decisions. *The Review of Financial Studies*, 32(6), 2107–2148.

Loewenstein, G., Scott, R. e Cohen J. D. (2008). Neuroeconomics. *Annual Review of Psychology*, 59, 647–672.

Lovell, H. (2013). "Battle of the quants". *The Hedge Fund Journal*, p. 87

Lu, L., Pritsker, M., Zlate, A., Anadu, K. e Bohn, J. (2019). Reach for yield by U.S. public pension funds. *FRB Boston Risk and Policy Analysis Unit Paper Nº RPA 19–2* [on-line]. Disponível em https://www.bostonfed.org/publications/risk-and-policy-analysis/2019/reach-for-yield-by-us-public-pension-funds.aspx

Lucibello, A. (2014). Panic of 1873. Em D. Leab (Ed.), *Encyclopedia of American recessions and depressions* (pp. 227–276). Santa Barbara, CA: ABC-CLIO.

Macaulay, F. R. (1938). *Some theoretical problems suggested by the movements of interest rates, bond yields, and stock prices in the United States Since 1856*. Cambridge, MA: National Bureau of Economic Research.

Mackay, C. (1841). *Extraordinary popular delusions and the madness of crowds*. Londres, Reino Unido: Richard Bentley.

Malmendier, U. e Nagel, S. (2016). Learning from inflation experiences. *The Quarterly Journal of Economics*, 131(1), 53–87.

Marks, H. (2018). *Mastering the cycle: Getting the odds on your side* (p. 293). Boston, MA: Houghton Mifflin Harcourt.

Mason, P. (2011). Thinking outside the 1930s box. BBC [on-line]. Disponível em https://www.bbc.co.uk/news/business-15217615

Mason, P. (2001). Globalization facts and figures. *IMF Policy Discussion Paper Nº 01/4* [on-line]. Disponível em https://www.imf.org/en/Publications/IMF-Policy-Discussion-Papers/Issues/2016/12/30/Globalization-Facts-and-Figures-15469

McCullough, B. (2018). An eye-opening look at the dot-com bubble of 2000 – and how it shapes our lives today. IDeAS.TeD.COM [on-line]. Disponível em https://ideas.ted.com/an-eye-opening-look-at-the-dot-com-bubble-of-2000-and-how-it-shapes-our-lives-today

McNary, D. (2 de jan. de 2019). 2018 worldwide box office hits record as Disney dominates. *Variety* [on-line]. Disponível em https://variety.com/2019/film/news/box-office-record-disney-dominates-1203098075/

Mehra, R. e Prescott, E. C. (1985). The equity premium: A puzzle. *Journal of Monetary Economics*, 15(2), 145–161.

Minsky, H. P. (1975). *John Maynard Keynes*. New York, NY: Springer.

Modigliani, E. e Blumberg, R. (1980). Utility analysis and the aggregate consumption function: An attempt at integration. *The collected papers of Franco Modigliani*. Cambridge, MA: MIT Press.

Modigliani, F., e Cohn, R. A. (1979). Inflation, rational valuation and the market. *Financial Analysts Journal*, 35(2), 24–44.

Molyneux, P., Reghezza, A., Thornton, J. e Xie, R. (2019). Did negative interest rates improve bank lending? *Journal of Financial Services Research*, julho de 2019.

Mueller-Glissmann, C., Wright, I., Oppenheimer, P. e Rizzi, A. (2016). *Reflation, equity/bond correlation and diversification desperation*. Londres, Reino Unido: Goldman Sachs Global Investment Research.

Mühleisen, M. (2018). The long and short of the digital revolution. *Finance & Development* [on-line] 55(2). Disponível em https://www.imf.org/external/pubs/ft/fandd/2018/06/impact-of-digital-technology-on-economic-growth/muhleisen.htm

Multifactor productivity. (2012). OECD Data [on-line]. Disponível em https://data.oecd.org/lprdty/multifactor-productivity.htm

Norris, F. (2000). The year in the markets; 1999: extraordinary winners and more losers. *New York Times* [on-line]. Disponível em https://www.nytimes.com/2000/01/03/business/the-year-in-the-markets-1999-extraordinary-winners-and-more-losers.html

Norwood, B. (1969). The Kennedy round: A try at linear trade negotiations. *Journal of Law and Economics*, 12(2), 297–319.

Odlyzko, A. (2010). Collective hallucinations and inefficient markets: The British railway mania of the 1840s. SSRN [on-line]. Disponível em https://ssrn.com/abstract=1537338

Okina, K., Shirakawa, M. e Shiratsuka, S. (2001). The asset price bubble and monetary policy: experience of Japan's economy in the late 1980s and its lessons. *Monetary and Economic Studies*, 19(S1), 395–450.

Oppenheimer, P. e Bell, S. (2017). *Bear necessities: Identifying signals for the next bear market*. Londres, Reino Unido: Goldman Sachs Global Investment Research.

Oxenford, M. (2018). *The lasting effects of the financial crisis have yet to be felt*. Londres, Reino Unido: Chattam House.

Pasotti, P., e Vercelli, A. (2015). Kindleberger and financial crises. *FESSUD Working Paper Series Nº 104* [on-line]. Disponível em http://fessud.eu/wp-content/uploads/2015/01/Kindleberger-and-Financial-Crises-Fessud-final_Working-Paper-104.pdf

Perez, C. (2009). The double bubble at the turn of the century: Technological roots and structural implications. *Cambridge Journal of Economics*, 33(4), 779–805.

Pezzuto, I. (2012). Miraculous financial engineering or toxic finance? The genesis of the U.S. subprime mortgage loans crisis and its consequences on the global financial markets and real economy. *Journal of Governance and Regulation*, 1(3), 113–124.

Phillips, M. (2019). The bull market began 10 years ago. Why aren't more people celebrating? *New York Times* [on-line]. Disponível em https://www.nytimes.com/2019/03/09/business/bull-market-anniversary.html

Post-war reconstruction and development in the golden age of capitalism. (2017) *World Economic and Social Survey* 2017.

Privatisation in Europe, coming home to roost. (2002). *The Economist*.

Rajan, R. J. (2005). Financial markets, financial fragility, and central banking. *The Greenspan era: Lessons for the future*, sponsored by the Federal Reserve Bank of Kansas City, Jackson Hole, WY.

Reid, T. R. (1991). Japan's scandalous summer of '91. *Washington Post* [on-line]. Disponível em https://www.washingtonpost.com/archive/politics/1991/08/03/japans-scandalous-summer-of-91/e066bc12-90f2-4ce1-bc05-70298b675340/

Ritter, J. e Warr, R. S. (2002). The decline of inflation and the bull market of 1982-1999 *Journal of Financial and Quantitative Analysis*, 37(01), 29–61.

Roach, S. S. (2015). Why is technology not boosting productivity? *World Economic Forum* [on-line]. Disponível em https://www.weforum.org/agenda/2015/06/why-is-technology-not-boosting-productivity

Romer, C., and Romer, D. (2017). New evidence on the aftermath of financial crises in advanced countries. *American Economic Review*, 107(10), 3072–3118.

Roubini, N. (2007). *The risk of a U.S. hard landing and implications for the global economy and financial markets*. New York: New York University [on-line]. Disponível em https://www.imf.org/External/NP/EXR/Seminars/2007/091307.htm

Shiller, R. J. (1980). Do stock prices move too much to be justified by subsequent changes in dividends?. *NBER Working Paper Nº 456* [on-line]. Disponível em https://www.nber.org/papers/w0456

Shiller, R. J. (2000). *Irrational exuberance.* Princeton, NJ: Princeton University Press.

Shiller, R. J. (2003). From efficient markets theory to behavioral finance. *Journal of Economic Perspectives*, 17(1), 83–104.

Siegel, J. (1994). *Stocks for the long run* (2nd ed.). New York, NY: Irwin.

Siegel, J. (1998). *Valuing growth stocks: Revisiting the nifty fifty.* The American Association of Individual Investors Journal [on-line]. Disponível em https://www.aaii.com/journal/article/valuing-growth-stocks- revisiting -the-nifty-50

SINTEF. (2013). Big data, for better or worse: 90% of world's data generated over last two years. *ScienceDaily* [on-line]. Disponível em https://www.science daily.com/releases/2013/05/130522085217.htm

Smith, A. (1848). *The bubble of the age; or, The fallacies of railway investment, railway accounts, and railway dividends.* Londres, Reino Unido: Sherwood, Gilbert and Piper.

Smith, B. e Browne, C. A. (2019). *Tools and weapons: The promise and the peril of the digital age.* New York, NY: Penguin Press.

Smith, E. L. (1925). *Common stocks as long-term investments.* New York, NY: Macmillan.

Sorescu, A., Sorescu, S. M., Armstrong, W. J. e Devoldere, B. (2018). Two centuries of innovations and stock market bubbles. *Marketing Science Journal*, 37(4), 507–684.

Sterngold, J. (1991). Nomura gets big penalties. *New York Times*, 9 de outubro, Seção D, p. 1.

Stone, M. (2015). The trillion fold increase in computing power, visualized. *Gizmodo* [on-line]. Disponível em https://gizmodo.com/the-trillion-fold-increase--in-computing-power-visualiz-1706676799

Struyven, D., Choi, D. e Hatzius, J. (2019). *Recession risk: Still moderate.* New York, NY: Goldman Sachs Global Investment Research.

Summers, L. H. (2015). Demand side secular stagnation. *American Economic Review*, 105(5), 60-65.

Sunstein, C. R. e Thaler, R. (2016). The two friends who changed how we think about how we think. *The New Yorker* [on-line]. Disponível em https://www.newyorker.com/books/page-turner/the-two-friends-who-changed-how-we--think-about-how-we-think

Terrones, M., Kose, A. e Claessens, S. (2011). What? How? When? *IMF Working Paper Nº 11/76* [on-line]. Disponível em https://www.imf.org/en/Publications/WP/Issues/2016/12/31/Financial-Cycles-What-How-When-24775

Thaler, R. H. e Sunstein, C. R. (2008). *Nudge: Improving decisions about health, wealth, and happiness*. New York, NY: Penguin.

Thompson, E. (2007). The tulipmania: fact or artifact? *Public Choice*, 130(1– 2), 99–114.

Tooze, A. (2018). *Crashed: How a decade of financial crises changed the world*. Londres, Reino Unido: Allen Lane.

Turner, A. (2017). The path to a low-carbon economy. *Climate 2020* [on-line]. Disponível em https://www.climate2020.org.uk/path-low-carbon-economy

Turner, G. (2003). *Solutions to a liquidity trap*. Londres, Reino Unido: GFC Economics.

US Department of Justice. (2015). U.S. v. Microsoft: Proposed findings of fact. Disponível em https://www.justice.gov/atr/us-v-microsoft-proposed-findings-fact-0

Vogel, E. (2001). *Japan as number one lessons for America*. Lincoln, Ne: iUniverse.com.

Why weather forecasts are so often wrong. (2016). *The Economist explains*.

Leituras recomendadas

Ahir, H. e Prakash, L. (2014). Fail again? Fail better? Forecasts by economists during the great recession. George Washington University Research Program in Forecasting Seminar.

Balvers, R. J., Cosimano, T. F. e McDonald, B. (1990). Predicting stock returns in an efficient market. *The Journal of Finance*, 45(4), 1109-1128.

Barnichon, R., Matthes, C. e Ziegenbein, A. (2018). *The financial crisis at 10: Will we ever recover?* San Francisco, CA: Federal Reserve Board.

Bell, S., Oppenheimer, P., Mueller-Glissmann, C. e Huang, A. (2015). *Below zero: 10 effects of negative real interest rates on equities*. Londres, Reino Unido: Goldman Sachs Global Investment Research.

Bernanke, B. (2018). The real effects of the financial crisis. *Brookings Papers on Economic Activity*.

Borio, C. (2012). The financial cycle and macroeconomics: What have we learnt? *BIS Working Papers Nº 395* [on-line]. Disponível em https://www.bis.org/publ/work395.htm

Burton, M. (1973). *A random walk down Wall Street*. New York, NY: WW Norton & Company.

Cagliarini, A. e Price, F. (2017). Exploring the link between the macroeconomic and financial cycles. Em J. Hambur e J. Simon (Eds.), *Monetary policy and financial stability in a world of low interest rates (edição da conferência anual da RBA)*. Sydney, Austrália: Reserve Bank of Australia.

Campbell, J. (2000, Fall). Strategic asset allocation: Portfolio choice for long-term investors. *NBER Reporter* [on-line]. Disponível em https://admin.nber.org/reporter/fall00/campbell.html

Claessens, S., Kose, M. A. e Terrones, M. E. (2011). How do business and financial cycles interact? IMF Working Paper Nº 11/88

Cribb, J. e Johnson P. (2018). *10 years on – Have we recovered from the financial crisis?* Londres, Reino Unido: Institute of Fiscal Studies.

Crump, R. K., Eusepi, S. e Moench, E. (2016). The term structure of expectations and bond yields. *Federal Reserve Bank of New York Staff Reports No. 775*.

Daly, K., Nielsen, AEB e Oppenheimer, P. (2010). Finding fair value in global equities: Part II—Forecasting returns. *The Journal of Portfolio Management*, 36(3), 56–70.

Diamond, P. A. (1999). What stock market returns to expect for the future? *Social Security Bulletin*, 63 (2), 38–52.

Durré, A. e Pill, A. (2010). Non-standard monetary policy measures, monetary financing and the price level. *Monetary and Fiscal Policy Challenges in Times of Financial Stress*, Frankfurt, Alemanha. Disponível em https://www. ecb.europa.eu/events/pdf/conferences/ecb_mopo_fipo/Pill. pdf?c87bc7b3966364963b43 7607ec63d1b8

Fama, E. F. e French, K. (1988). Dividend yields and expected stock returns. *Journal of Financial Economics*, 22(1), 3-25.

Garber, P. M. (2000). *Famous first bubbles*. Cambridge, MA: MIT Press.

Goyal, A. (2004). Demographics, stock market flows, and stock returns. *Journal of Financial and Quantitative Analysis*, 39(1), 115-142.

Howard, M. (2018). *Mastering the cycle: Getting the odds on your side*. Londres, Reino Unido: Nicholas Brealey Publishing.

Kettell, S. (1990–1992). *A complete disaster or a relative success? Reconsidering Britain's membership of the ERM*. Coventry, Reino Unido: University of Warwick.

King, S. D. (2017). *Grave new world: The end of globalization, the return of history*. New Haven, CT: Yale University Press.

Kopp, E. e Williams, P. D. (2018). A macroeconomic approach to the term premium. *IMF Working Paper Nº 18/140* [on-line]. Disponível em https://www.imf.org/en/Publications/WP/Issues/2018/06/15/A-Macro- economic-Approach-to-the-Term-Premium-45969

Kuhn, M., Schularitz, M. e Steins, U. (2018). Research: How the financial crisis drastically increased wealth inequality in the U.S. *The Harvard Business Review* [on-line]. Disponível em https://hbr.org/2018/09/ research-how-the-financial--crisis-drastically-increased- wealth-inequality-in-the-u-s

Lansing, K. J. (2018). Real business cycles, animal spirits, and stock market valuation. *Federal Reserve Bank of San Francisco Working Paper 2018-08* [on--line]. Disponível em https://www.frbsf.org/economic-research/ publications/working-papers/2018/08/

Lenza, M., Pill, H. e Reichlin, L. (2010). Monetary policy in exceptional times. *ECB Working Paper Series Nº 1253* [on-line]. Disponível em https:// www.ecb.europa.eu/pub/pdf/scpwps/ecbwp1253.pdf

Lincoln, E. J. (2002). *The Japanese economy: What we know, think we know, and don't know*. [on-line] Washington, DC: Brookings Institution. Disponível em https://www.brookings.edu/research/the-japanese-economy- what-we-know--think-we-know-and-dont-know/

Loungani, P. (2001). Deciphering the causes for the post-1990 slow output recoveries. *International Journal of Forecasting*, 17(3), 419–432.

Martin, J. (2009). *When China rules the world: The end of the western world and the birth of a new global order*. Londres, Reino Unido: Penguin Books.

Miranda-Agrippino, S. e Rey, H. (2015a). US monetary policy and the global financial cycle. *NBER Working Paper Nº 21722*.

Miranda-Agrippino, S. e Rey, H. (2015b). World asset markets and the global financial cycle. *CEPR Discussion Papers 10936*.

Mueller-Glissmann, C., Rizzi, A., Wright, I. e Oppenheimer, P. (2018). *The balanced bear – Part 2: Chasing your tail risk and balancing the bear*. Londres, Reino Unido: Goldman Sachs Global Investment Research.

Mukunda, G. (2018). The social and political costs of the financial crisis, 10 years later. *The Harvard Business Review* [on-line]. Disponível em https://hbr.org/2018/09/the-social-and-political-costs-of-the-financial-crisis-10-years-later

Musson, A. E. (1959). The Great Depression in Britain, 1873–1896: A reappraisal. *Journal of Economic History*, 19(2), 199–228.

Odlyzko, A. (2012). The railway mania: Fraud, disappointed expectations, and the modern economy. *Journal of the Railway & Canal Historical Society*, 215, 2–12.

Oppenheimer, P. (2004). *Adventures in Wonderland: Through the looking glass; Scenarios for a post-crisis world*. Londres, Reino Unido: Goldman Sachs Global Investment Research.

Oppenheimer, P. (2015). *The third wave: Wave 3 of the crisis and the path to recovery*. Londres, Reino Unido: Goldman Sachs Global Investment Research.

Oppenheimer, P. (2016). *Any happy returns: The evolution of the 'long good buy'*. Londres, Reino Unido: Goldman Sachs Global Investment Research.

Oppenheimer, P., Bell, S. e Jaisson, G. (2018). *Making cents; The cycle & the return of low returns*. Londres, Reino Unido: Goldman Sachs Global Investment Research.

Oppenheimer, P. e Jaisson, G. (2018). *Why technology is not a bubble: Lessons from history*. Londres, Reino Unido: Goldman Sachs Global Investment Research.

Oppenheimer, P., Kerneis, A., Coombs, S., Mejia C., Hickey, J., Ng, C., Pensari, K. e Savina, M. (2002). *Share despair: Anatomy of bear markets and the prospects for recovery*. Londres, Reino Unido: Goldman Sachs Global Investment Research.

Oppenheimer, P., Kerneis, A., Coombs, S., Mejia C., Ng, C., Pensari, K. e Patel, H. (2004). *Bear repair: Anatomy of a bull market*. Londres, Reino Unido: Goldman Sachs Global Investment Research.

Oppenheimer, P., Mueller-Glissmann, C., Moser, G., Nielsen, A. e Bell, S. (2009). *The equity cycle part I: Identifying the phases*. Londres, Reino Unido: Goldman Sachs Global Investment Research.

Oppenheimer, P., Mueller-Glissmann, C. e Rizzi, A. (2017). *Bull market, 8th birthday – Many happy returns?* Londres, Reino Unido: Goldman Sachs Global Investment Research.

Oppenheimer, P., Nielsen, A., Mueller-Glissmann, C., Moser, G. e Bell, S. (2009). *The equity cycle part II: Investing in phases*. Londres, Reino Unido: Goldman Sachs Global Investment Research.

Oppenheimer, P. e Walterspiler, M. (2012). *The long good buy: The case for equities*. Londres, Reino Unido: Goldman Sachs Global Investment Research.

Oppenheimer, P. e Walterspiler, M. (2013). *Long good buy II: 18 months on... the case for equities continues*. Londres, Reino Unido: Goldman Sachs Global Investment Research.

Reinhart, C. M. e Rogoff, K. S. (2008). This time is different: Eight centuries of financial folly. *NBER Working Paper Nº 13882*.

Reinhart, C. M. e Rogoff, K. S. (2014). Recovery from financial crises: Evidence from 100 episodes. *American Economic Review*, 104(5), 50–55.

Rezneck, S. (1950). Distress, relief, and discontent in the United States during the Depression of 1873–78. *Journal of Political Economy*, 58(6), 494-512.

Schröder, D. e Florian, E. (2012). A new measure of equity duration: The duration-based explanation of the value premium. German Economic Association. *Annual Conference 2012: New Approaches and Challenges for the Labor Market of the 21st Century*, Goettingen, Germany.

Shah, D., Isah, H. e Zulkernine, F. (2019). Stock market analysis: A review and taxonomy of prediction techniques. *International Journal of Financial Studies*, 7(2), 26.

Siegel, J. J. (1992). The equity premium: Stock and bond returns since 1802. *Financial Analysts Journal*, (48)1, 28–38.

Siegel, L. B. (2017). The equity risk premium: A contextual literature review. *CFA Research Foundation Literature Reviews*, 12(1).

Spierdijk, L., Bikker, J. e van der Hoek, P. (2010). Mean reversion in inter- national stock markets: An empirical analysis of the 20th century. *De Nederlandsche Bank Working Paper Nº 247* [on-line]. Disponível em https:// www.dnb.nl/en/news/dnb-publications/dnb-working-papers-series/dnb- working-papers/working-papers-2010/dnb232375.jsp

Vissing-Jorgensen, A. e Krishnamurthy, A. (2011). The effects of quantitative easing on interest rates: Channels and implications for policy. *Brookings Papers on Economic Activity*, p. 215–265.

Wright, I., Mueller-Glissmann, C., Oppenheimer, P. e Rizzi, A. (2017). *The equity risk premium when growth meets rates*. Londres, Reino Unido: Goldman Sachs Global Investment Research.

Wright, J. H. (2012). What does monetary policy do to long-term interest rates at the zero lower bound? *Economic Journal*, 122(546), F447–F466.

Zhang, W. (2019). Deciphering the causes for the post-1990 slow output recoveries. *Economics Letters*, 176(C), 28–34.

Índice

1945-1968, *boom* pós-guerra, 129-131

A

ações "semelhantes a títulos", 96
ações ao longo das fases, 66-68
    CAPE, 37-38, 44-45
    ciclos de mini/alta frequência, 58-61
    desempenho de mercados em alta, 135-136
    dividendos, 38-41, 69, 78-79, 209
    fases de investimento, 50-58
    flexibilização quantitativa, 173-174, 178-179
    inflação, 65-66, 70
    mercados em baixa diminuindo e estruturais, 114-115,
    rendimentos de títulos, 72-73, 74-76, 206-208
    retornos, 43-45
    S&P 500, desempenho histórico, 42
    "semelhantes a títulos", 96
    superextensão, 36-37
    vs. ações, 43-45, 68-76, 78-79
Acordo Geral sobre Tarifas e Comércio (GATT), 129
Akerflof, GA, 23
Alemanha
    inflação de salários, 185
    queda do Muro de Berlim, 133
    rendimentos do Bund, 207

American Telephone and Telegraph (AT&T), 154, 225, 235-236, 238
ASPF *ver* Association of Superannuation and Pension Funds
Association of Superannuation and Pension Funds (ASPF), 77
AT&T *ver* American Telephone and Telegraph
ativos de renda fixa, 35, 65, 69-70, 205
ativos de risco, demanda por, 217-220
ativos reais, 68
austeridade, 239
Áustria, título de 100 anos, 34
avaliações
    bolhas, 161-162
    ciclo de ações, 233-235
    durante o ciclo, 53, 54-56
    mercados em baixa, 123
    retornos, 43-45

B

Banco Central Europeu (BCE), 17, 171, 173
Banco Mundial, 129
BCE *ver* Banco Central Europeu
Bernanke, B., 133
betas, 65, 85
Bing, 237
bolha de habitação dos EUA, 70, 102 118, 133, 145, 159

bolha de habitação dos EUA, 70, 102, 118, 133, 145, 159
bolha de tecnologia global, 33, 93-94, 149-150, 156-157, 158-159, 161, 164
bolhas, 143-165
  avaliações, 161-162
  canal mania, 152
  características, 145-146
  computadores pessoais, 155
  contabilidade, 163-165
  crédito fácil, 160-161
  década de 1920, EUA, 148, 154, 157, 160
  década de 1980 Japão, 114, 148-149, 155-156, 158, 160-161, 162, 164
  desregulamentação, 157-159
  fabricação de rádio, 154
  famoso, 145
  ferrovias, 148, 152-154, 157, 160, 163
  hipotecas *subprime*, 70, 102, 118, 133, 145, 159
  índice composto de preços das ações de Xangai, 156
  inovação financeira, 158-159
  mania das tulipas, 146-147
  mercados em baixa estrutural, 113
  Mississippi Company, 147, 151
  "novas eras", 150-157
  psicologia, 144-145
  South Sea Company, 147, 151, 153
  tecnologia, década de 1990, 33, 93-94, 149-150, 156-157, 158-159, 161, 164
  trocas de dívida do governo por ações, 151-152
boom pós-guerra, 129-131

C

camada de ozônio, 13
canal mania, 152
CAPE *ver* índice preço-lucro ciclicamente ajustado
características
  bolhas, 145-146
  mercado em baixa estruturais, 111
  mercados em alta, 127-141
  mercados em baixa, 100-109, 111, 117-118
  mercados em baixa orientados por eventos, 108-109
  mercados em baixa cíclicos, 106-107
CDO *ver* obrigações de dívida colateralizadas
China, 15, 156
choques exógenos, 108
choques inesperados, 108
ciclo de ações atual, 57-58, 167-240
  avaliações de ações, 206-208
  avaliações, 233-235
  crescimento e valor da empresa, 190-196, 239-240
  crescimento implícito, 210-215
  demanda por ativos de risco, 217-220
  desempenho relativo global, 193-196
  emprego e ciclos desemprego, 183-185
  expectativas futuras, 246-247
  flexibilização quantitativa, 202-205
  inflação, 180-182, 203-205
  Japão, lições do, 196-200
  lições de, 244-245
  lucratividade dos bancos, 214-215
  lucratividade, 185-186
  lucro por ação, 195-196
  mercados financeiros e economia, incongruência, 174-178
  motivadores, 179-180
  mudanças demográficas, 215-217
  mudanças estruturais, 76-79, 93-96, 169-200
  oportunidades, 230-231
  política monetária, 178-179, 201-205

prêmio de maturidade, colapso, 204-205
"problema da primeira milha", 226-227
rendimentos de títulos, 191-193
rendimentos de títulos ultrabaixos, 201-220
retornos, 174-179
ritmo de crescimento, 174-178, 182-183, 227-231
taxas de juros, 180-182, 239-240
tecnologia, 189-190, 221-241
volatilidade, 187-189
ciclo de ações, 49-62
ciclo de ações de 2000-2007, 57
1990s, 57
atual, 57-58, 76-79
década de 1970, 56
década de 1980, 56-57
duração, 49
fases, 50-56
mini/alta frequência, 58-61
mudanças estruturais, 76-79
períodos históricos, 56-58
ciclo de investimento
atual, 57-58, 76-79
durações, 49
fases, 50-56
mercados em baixa, 122-123,
mini/alta frequência, 58-61
mudanças estruturais, 76-79
períodos históricos, 56-58
ver também ciclos
ciclo de Juglar, 3
ciclo de Kitchin, 3
ciclo de Kondratiev, 3
ciclo de Kuznets, 3
ciclos
ações, 49-62
aproveitando, 11-27
avaliações, 53
cíclico *vs.* defensivo, empresas, 85-89

crescimento *vs.* valor, empresas, 90-96
década de 1970, 56
estilos de investimento, 81-96
retorno de ativos, 63-79
retornos de longo prazo, 29-47
setores, 83-85
ciclos de alta frequência, 58-61
"Cinquenta Mais", 114, 233
classes de ativos
ao longo das fases, 66-68
cíclico, 83-89
contrações e expansões, 63-65
crescimento, 83-84, 90-96
defensivo, 83-89
diversificação, 42, 45-47, 178-179
inflação, 65-66, 70
mudanças estruturais, 76-79
níveis de rendimento, 74-76
relacionamento ao longo do ciclo, 68-76
retornos ao longo do ciclo, 63-79
valor 83-84, 90-96 *ver também* títulos; *commodities*; ações
velocidade de ajuste, 74
colapso do prêmio de prazo, 204-205
commodities
ao longo das fases, 66-68
ciclo de Kitchin, 3
comportamento gregário, 21-22, 144-145
composição de mercados em baixa, 138
computação pessoal, introdução, 12-13, 155
concentração
e tecnologia, 238-240
mercados em baixa estruturais, 115
condições anteriores de mercados em baixa, 121-124
Conferência das Nações Unidas
sobre Comércio e Desenvolvimento (UNCTAD), 129
contabilidade, bolhas, 163-165

Contas Tokkin, 158
contrações
  desempenho de ativos, 63-65
  miniciclos, 60
  ver também recessões
Cooper, M., 162
crescimento
  ciclo de ações atual, 174-178, 182-183, 227-231
  impactos da tecnologia, 227-231
  mercados em baixa, 122-123
  rendimentos de títulos zero, 208-210, 210-215
crescimento cíclico, 83-84
crescimento da produtividade total dos fatores (TFP), 238-240
crescimento da produtividade, 227-230
crescimento de vendas, 212
crescimento de vendas globais, 212
crescimento defensivo, 83-84
crescimento global, 182-183
crescimento implícito, 210-215
Crise da Ásia, 1998, 108, 133
crise da dívida soberana, 170, 171-173
crise de crédito, 78-79, 170, 171
crise financeira 2007-2009, 169-174
  bolhas, 169-170
  dívida soberana, 170, 171-173
  efeitos de crescimento *vs.* valor da empresa, 94-96
  efeitos de empresa de crescimento *vs.* de valor, 94-96
  fases, 171-174
  flexibilização quantitativa, 173-174, 178-179
  impacto, 169-170
  mercado em baixa estrutural, 110, 118-119
  mercados emergentes, 171-173
  previsão 19-21
culto da ação, 77-78
curva de Philips, 182

curva de rendimento, 122
custos fixos, 84-85, 173-174

D

dados demográficos e rendimentos de títulos nulos, 215-217
DDM *ver* modelo de dividendos descontados
Década de 1960
  "Cinquenta Mais", 114, 130 -131 233 235
  mercado em baixa estrutural, 130
Década de 1980
  ciclo de ações, 56-57
  Dow Jones, 15-16, 131-132
  Japão, 114, 148-149, 155-156, 158, 160-161, 162, 164
  mercados em alta, 131-133
  tecnologia, 12-15
Década de 1990, 16-17
  bolha de tecnologia, 33, 93-94, 149-150, 156-157, 158-159, 161, 164
  ciclo de ações, 57
  concentração do S&P, 114
  Crise da Ásia, 108, 133
Década de, 1970
  ciclo de ações, 56
  crise do petróleo, 108
  Dow Jones, 131
declínio populacional, 216
default da dívida russa de 1997, 108
deflação
  mercados em baixa, 109, 113
  Volker, 102, 131
descarbonização, 13
desempenho
  ações *vs.* títulos, 43-45
  avaliações, 43-45
  ciclo de ações atual, 174-179
  dividendos, 38-41
  e ciclos, 53-56
  fatores, 41-45

impactos da diversificação, 42, 45-47
longo prazo, 29-47
mercados em baixa, 134-136
períodos de manutenção de investimentos, 31-34
riscos e recompensas, 35-38
taxas de juros, 69, 74-76
tendências históricas, 29-31
timing do mercado, 41-43
volatilidade, 30-31
desempenho relativo global, 193-196
desemprego, 121-124 183-185
desenho político, 25-26
desinflação, 131-133
Desregulamentação "Big Bang", 12
desregulamentação, 12, 132-133 157-159
Dice, C., 161
Dimitrov, O., 162
discos de vinil, 227
diversificação, 42, 45-47, 178-179
dívida corporativa, 65, 110, 114, 160-161
dívida do setor privado, 65, 110, 114, 160-161
dividendos
  reinvestimento, 38-40
  rendimentos de títulos, 38-41, 69
  valor dos fluxos futuros, 209
  vs. títulos, 78-79
Dodd, D., 163, 164
domínio da tecnologia, 231-233
Dow Jones
  Black Monday, 16, 102, 148
  década de 1970, 131
  década de 1980, 15-16, 131
Draghi, M., 17, 173
duração
  domínio da tecnologia, 231-233
  mercados em alta, 135-138 139-141
  mercados em alta cíclicos, 135-136

mercados em alta sem tendência, 139-141
mercados em baixa, 100-101, 106-111, 117
mercados em baixa cíclicos, 106-107, 117, 118
mercados em baixa estruturais, 109-111, 117
mercados em baixa orientados por eventos, 108-109, 117-118
prêmio de prazo, 204-205
DVDs, 227

E

elementos desencadeadores
  mercados em baixa, 101-105, 106, 108, 111
  mercados em baixa cíclicos, 106
  mercados em baixa estruturais, 111
  mercados em baixa orientados por eventos, 108
eletricidade, 226
e-mail, 13
emprego, 121-124, 183-185
empresas cíclicas
  inflação, 88
  rendimentos de títulos, 193
  setores, 83-84
  vs. defensivas, 85-89
empresas de crescimento
  ciclo de ações, 190-196
  definição, 90-91
  desde a crise financeira, 94-96
  desempenho superior, 239-240
  rendimentos de títulos, 92-94, 191-193
  setores, 83-84
  taxas de juros, 92-94
  vs. de valor, 90-96
empresas de pesquisa, 237
empresas de qualidade, 193

empresas de valor
  ciclo atual, 190-196, 239-240
  definição, 90-91
  desde a crise financeira, 94-96
  rendimentos de títulos, 92-94, 191-193
  setores, 83-84
  taxas de juros, 92-94
  vs. crescimento, 90-96, 190-196 239-240
empresas defensivas, 63-65
  inflação, 88
  Japão, 198
  rendimentos de títulos, 193
  setores, 83-84
  vs. cíclicas, 85-89
Enron, 164
equilíbrio financeiro do setor privado, 124
ERP *ver* prêmio de risco
Escândalo de Watergate, 131
Estados Unidos (EUA)
  ações no ciclo atual, 207-208
  Black Monday, 16, 102, 148
  bolha de habitação, 70, 102, 118 133, 145, 159
  bolha ferroviária, 153-154, 160
  boom do mercado de ações da década de 1920, 148, 154, 157, 160
  boom pós-guerra, 129-131
  "Cinquenta Mais", 114, 130-131, 233, 235
  crise de crédito, 78-79, 170, 171
  desinflação, 132
  dividendos, 38-39
  Dow Jones, 15-16, 131
  estreitamento do mercado, 114
  fabricação de rádio, 154, 225
  flexibilização quantitativa, 133-134, 171, 202-204
  mercados em alta, 136

NASDAQ, 149-150, 161
participação do trabalho no PIB, 185, 238-239
participação nos lucros do PIB, 186
retornos de títulos de 10 anos, 43
vs. Microsoft, 236-237
Estados Unidos da década de 1920, 148, 154, 157, 160
estagnação secular hipótese, 181
estoques, 84-85
  ciclo de Kitchin, 3
estreitamento do mercado
  e tecnologia, 238-240
  mercados em baixa estruturais, 114-115
Europa
  crise da dívida soberana, 170, 171-173
  diminuição do mercado na década de 1990, 115
  dividendos, 39-40
  flexibilização quantitativa 17, 204-205
  mecanismo de taxa de câmbio, 16-17, 111
  privatização, 132
  Tratado de Maastricht, 17
expansões, desempenho de ativos, 63-65
expectativas, 246-247

F

falsos negativos, mercados em baixa, 119-120
fase da esperança, 50-52, 53-54 55-56, 66-67
  empresas cíclicas *vs.* defensivas, 86
  empresas de crescimento *vs.* de valor, 92
fase de crescimento, 50-52, 54-56, 67-68
  empresas cíclicas *vs.* defensivas, 86
  empresas de crescimento *vs.* de valor, 92

fase de desespero, 50-52, 53, 55-56, 60, 66-68
    empresas cíclicas *vs.* defensivas, 86, 88
    empresas de crescimento *vs.* de valor, 92
fase de otimismo, 50-52, 54-56, 67-68
    empresas cíclicas *vs.* defensivas, 86
    empresas de crescimento *vs.* de valor, 91-92
fases
    2007-2009 financeira crise, 171-174
    desempenho de ativos, 66-68
    do ciclo de ações, 50-56
    empresas cíclicas *vs.* defensivas, 86
    empresas de crescimento *vs.* de valor, 91-92
    mercados em baixa, 123
fatores comportamentais, 5, 22-25
Federal Reserve, 16, 102, 131, 134, 150-151, 157, 203
ferrovias, bolhas
    EUA, 153-154, 160
    Reino Unido, 148, 152-153, 157, 163
Fish, M., 19
flexibilização quantitativa (QE)
    Estados Unidos, 134 171, 202-204
    início de, 17, 133-134, 171
    Reino Unido, 17, 204-205
    rendimentos de títulos, 173-174, 202-205
    retorno de ativos, 70-71, 119, 178-179
FMI *ver* Fundo Monetário Internacional
França
    Mississippi Company, 147, 151
    privatização, 132
Fukuyama, F., 15
Fundo Monetário Internacional (FMI), 129
fundos de pensão, 77, 218-219

G

Galbraith, J.K., 160
gap reverso de rendimento, 77
GATT *ver* Acordo Geral sobre Tarifas e Comércio
glasnost, 14
globalização, 14-16
Goetzmann, F., 151
Goobey, GR, 77
Google, 237
Gorbachev, M., 14
Grã-Bretanha
    South Sea Company, 147, 151, 153
    ver também Reino Unido
Graham, B., 161, 163, 164
"grande demais para falir", 133
Grande Depressão, 4
Grande Moderação, 133-134, 187-189
Greenspan, A., 16, 113, 150-151
Guerra do Golfo, 102
Guerra do Vietnã, 102, 130
Guerra Fria, 14-15, 133

H

hiatos de produto, 4
hipótese do mercado eficiente, 4
histórico de desempenho
    ciclo de ações, 49, 56-58
    S&P 500, 38-39, 42
    tendências, 29-31
    títulos de 10 anos dos EUA, 43
    títulos, 43, 202
Holanda, mania das tulipas, 146-147
Hudson, G., 163

I

IBM, 13, 155, 236
"Idade de Ouro do capitalismo", 129-131
IMAP *ver* Protocolo de Acesso à Internet e Mensagens

impactos
  crise financeira de 2007-2009, 169-170
  da diversificação, 42, 45-47
  rendimentos de títulos ultrabaixos, 201-220
  tecnologia no ciclo atual, 221-241
Imperial Tobacco fundo de pensão, 77
imprensa, 223-224
impulsionadores
  ciclo de ações atual, 179-180
  de mercados em alta, 138
indicadores
  mercados em baixa, 106, 108, 109-110, 119-125
  mercados em baixa cíclicos, 106
  mercados em baixa estruturais, 109-110
  mercados em baixa orientados por eventos, 108
indicadores de risco
  mercados em baixa, 119-125
  mercados em baixa estruturais, 110-111, 113-114
  mercados em baixa orientados por eventos, 108
índice composto de preços das ações de Xangai, 156
índice de gestores de compras (PMI), 59-61, 86-87, 89-90
índice do Institute of Supply Management (ISM), 59-61
  empresas cíclicas *vs.* defensivas, 86-87
  mercados em baixa, 123
índice preço/lucro ciclicamente ajustado (CAPE), 37-38, 44-45
índices MSCI, 91
inflação
  cíclicas, 88
  ciclo de ações atual, 180-182, 203-205

desempenho de ativos, 65-66, 70
  mercados em baixa, 101-103, 109, 121-122
  Volker, 102, 131
infraestrutura e desenvolvimento, 224-227
inovação financeira, 158-159
internet, 12-13, 225-227
  pesquisa, 237
  ver também "ponto com"
investimento de capital, ciclo de Juglar, 3
investimento, ciclo de Juglar, 3
ISM *ver* índice do Institute of Supply Management

J

Japão
  bolhas, 114, 148-149, 155-156, 158, 160-161, 162, 164
  dividendos, 39-40,
  empresas defensivas, 63, 198
  lições do, 196-200
John Crooke and Company, 160

K

Kahneman, D., 22-23
Keynes, J.M., 22
Kindleberger, C.P., 22

L

laptops, 13
Lei da Bolha, 147, 157
Lei da Recuperação Econômica 1981, 132
Lei Glass-Steagall de 1933, 132
liderança da indústria, S&P 500, 232-233, 237-238
Live Aid, 13-14
Loewenstein, G., 21-22
LPA *ver* lucro por ação

lucratividade
  bancos, 214-215
  ciclo de ações atual, 185-186
  mercados em baixa, 107, 115-117
lucratividade corporativa
  ciclo de ações atual, 185-186
  mercados em baixa, 107, 115-117
  política monetária, 239
lucro
  parcela do PIB dos EUA, 186
  participação do trabalho de, 185, 238-239
lucro por ação (LPA)
  avaliações e retorno futuro desde o pico pré-crise financeira, 195-196, 209-210
  crédito fácil, e bolhas, 160-161
  histórico, 189
  mercados em baixa, 115-117

M

Mackay, C., 21
maiores empresas
  S&P 500, 237-238
  tecnologia, 234-237
mania das tulipas, 146-147
margens dos bancos, 214-215
Marks, H., 6-7
MBS *ver* títulos lastreados em hipotecas
mecanismo de taxa de câmbio (MTC), 16-17, 111
Mecanismo Europeu de Estabilidade (MEE), 173
MEE *ver* Mecanismo Europeu de Estabilidade
mercado em alta secular, 127-134
  boom pós-guerra, 129-131
  desinflação, 131-133
  Grande Moderação, 133-134, 187-189
mercado em baixa do "Kennedy Slide", 102

mercado em baixa, 49, 99-125
  avaliações, 123
  características, 100-106, 117-118
  cíclico, 105, 106-107
  condições anteriores, 121-124
  crise financeira, 118-119
  curva de rendimento, 122
  década de 1960, 130
  deflação, 109, 113
  duração, 100-101, 106-111, 117
  elementos desencadeadores, 101-105, 106, 108, 111
  emprego, 121-124
  equilíbrio do setor financeiro privado, 124
  estrutural, 105
  falsos negativos, 119-120
  indicador de risco *vs.* índice MSCI, 124-125
  indicadores, 106, 108, 109-110, 119-125
  inflação, 101-103, 109, 121-122
  lucratividade, 115-117
  orientado por eventos, 105, 107-109
  recuperação, 101
  ritmo de crescimento, 83-84, 122-123
  S&P 500, 103-105
  taxas de juros, 106, 111-113
mercados
  ciclo de ações atual, 174-178
  psicologia de, 21-25, 144-145
  ver também mercado em baixa; bolhas; mercados em alta
mercados de ações estreitos, 114-115, 238-240
mercados de derivativos, 158-159
mercados em alta, 49, 127-142
mercados em alta cíclicos, 134-136
mercados em alta sem tendência, 138-141
  boom pós-guerra, 129-131
  características, 127-141

cíclico, 134-136
composição, 138
desempenho de ações, 135-136
desinflação, 131-133
duração, 136-138, 139-141
Estados Unidos, 136
flexibilização quantitativa, 134
Grande Moderação, 133-134, 187-189
secular, 127-134
sem tendência, 138-141
mercados em baixa cíclicos, 105, 106-107, 117, 118
vs. orientados por eventos, 109
mercados em baixa estruturais, 105, 109-115
bolhas, 113
crise financeira de 2007, 118-119
década de 1960, 130
deflação, 113
duração, 109-111, 117
elementos desencadeadores, 111
indicadores de risco, 110-111, 113-114
mercados de ações estreitos, 114-115
níveis de dívida, 110, 114
"novas eras", 113-114
taxas de juros, 111-113
volatilidade, 105, 115
mercados em baixa orientados por eventos, 105, 107-109, 117-118
vs. cíclicos, 109
mercados gordos e planos, 128, 139
mercados magro e plano, 139-140
mercados planos, 138-141, *ver também* mercados em alta sem tendência
Microsoft, 12, 236-237
miniciclos, 58-61
Mississippi Company, 147, 151
modelo de dividendos descontados (DDM), 36, 69
Modelo de Gordon Growth, 209

MTC *ver* mecanismo de taxas de câmbio
mudanças estruturais, 6
ciclo de ações atual, 76-79, 93-96, 169-200
década de 1980, 12-15
Muro de Berlim, queda do, 133

N
NASDAQ, 149-150, 161
neuroeconomia, 24-25
níveis da dívida
bolhas, 160-161
mercados em baixa estrutural, 110, 114
"novas eras", 113-114, 150-157

O
obrigações de dívida colateralizadas (CDO), 159
oportunidades, tecnologia, 230-231

P
padrão ouro, 130 *ver também* Sistema monetário de Bretton Woods
participação do trabalho no PIB, 185, 238-239
perestroika, 14
Perez, C., 159
períodos de manutenção de investimentos, 31-34
"pesquisa de rendimento", 217-220
petróleo, 108, 226
Plano de Recuperação Europeu, 129-131
Plano Marshall, 129-131
Plaza Accord, 1985, 148-149, 158
PMI *ver* índice de gestores de compras
política monetária, 157-159, 178-179, 201-205, 239
austeridade, 239
Banco Central Europeu, 17, 171, 173

Federal Reserve, 16, 102, 131, 134, 150-151, 157, 203
flexibilização quantitativa, 17, 70-71, 119, 133-134, 173-174, 178-179, 202-205
"ponto com", 12-13, 33, 93-94, 102, 161, 237
pós-crise financeira *ver* ciclo de ações atual
poupança, ciclo de ações atual, 182
preços de mercado secundário, 229-230
prêmio de risco (ERP), 35-38, 69-72, 210
prêmios de risco
   ações, 35-38, 69
   neuroeconomia, 25
   prêmios de prazo, 204-205
previsão
   aspectos comportamentais, 22-25
   clima, 18-19
   crescimento futuro, 211-212
   crise financeira de 2008, 19-21
   curto prazo, 17-18
   definição de política, 25-26
   dificuldades de, 18-22
   mercados em baixa, 106, 108 109-110, 119-125
   neuroeconomia, 24-25
   recessões, 20-21
   sentimento, 21-25
previsão do tempo, 18-19
previsões de curto prazo para o mercado, 17-18
previsões de mercado
   curto prazo, 17-18
privatização, 132
"problema da primeira milha", 226-227
produto interno bruto (PIB)
   empresas cíclicas vs. defensivas, 87
   fases do ciclo, 52-53
   participação do trabalho de, 185, 238-239
   participação nos lucros dos EUA, 186

propriedade e terra
   bolha, Japão, 114, 148-149, 155-156, 158, 160-161, 162, 164
propriedade pública, 132
Protocolo de Acesso à Internet e Mensagens (IMAP), 13
Protocolo de Montreal, 13
psicologia
   bolhas, 144-145
   de mercados, 21-25
   definição de política, 25-26
psicologia da multidão, 21-22, 144-145

Q

QE *ver* flexibilização quantitativa
Qualcom, 149-150
Quarta-Feira Negra, 16-17
questões ambientais, 13

R

Radio Corporation of America (RCA), 154
rádio, expansão do, 154, 225
Rau, P., 162
RCA *ver* Radio Corporation of America
Reagan, R., 14, 131-132
recessões
   ciclo de ações atual, 174-178
   mercados em baixa, 101-103
   previsão, 20-21
recuperação
   ciclo de ações atual, 174-178
   mercado em baixa, 101
registros de domínio, 12-13
regulamentação leve, 157-159 *ver também* desregulamentação
Reino Unido
   Black Wednesday, 16-17
   bolha ferroviária, 148, 152-153, 157, 163
   canal mania, 152

desregulamentação, 132
flexibilização quantitativa, 204-205
mecanismo de taxa de câmbio, 16-17, 111
privatização, 132
rendimentos de títulos, histórico, 202
South Sea Company, 147, 151, 153
reinvestimento de dividendos, 38-40
relação preço/lucro (P/L), 53-56
relojoeiros, 227
renda, ciclo de Kuznets, 3
rendimentos dos títulos
  ao longo das fases, 66-68, 72-76
  avaliações das ações, 72-76, 206-208
  ciclo atual, 95-96, 191-193, 201-220
  correlação do S&P 500, 72-73
  crescimento implícito, 210-215
  dados demográficos, 215-217
  demanda por ativo de risco, 217-220
  empresas cíclicas *vs.* defensivas, 87-88
  empresas de crescimento, 92-94
  empresas de valor, 92-94
  flexibilização quantitativa, 173-174, 202-205
  históricas, 43, 202
  inflação, 65, 70
  ultrabaixo, 201-220
  velocidade de ajuste, 74, 89-90
  vs. ações, 43-45, 68-76, 78-79
  vs. dividendos, 78-79
rendimentos ultrabaixos de títulos, 201-220
  avaliações de ações, 206-208
  crescimento, 208-210
  crescimento implícito, 210-215
  dados demográficos, 215-217
  demanda de ativos de risco, 217-220
  flexibilização quantitativa, 202-205
  política monetária, 201-205
rendimentos zero de título, 201-220
  avaliações de ações, 206-208
  crescimento, 208-210

crescimento implícito, 210-215
dados demográficos, 215-217
demanda de ativos de risco, 217-220
flexibilização quantitativa, 202-205
política monetária, 201-205
retorno sobre o patrimônio líquido (ROE), 43-45
retornos
  ações *vs.* títulos, 43-45
  avaliações, 43-45
  ciclo de ações atual, 174-179
  ciclos, 53-56
  diversificação impactos, 42, 45-47
  dividendos, 38-41
  fatores, 41-45
  longo prazo, 29-47
  mercados em baixa, 134-136
  períodos de manutenção de investimentos, 31-34
  riscos e recompensas, 35-38
  taxas de juros, 69, 74-76
  tendências históricas, 29-31
  timing do mercado, 41-43
  volatilidade, 30-31
retornos de longo prazo, 29-47
revolução
  ciclo de ações atual, 189-190, 221-241,
  década de 1980, 12-15
  eletricidade, 226
  imprensa, 223-224
  infraestrutura de ferrovia, 224-227
  paralelos históricos, 222-227
  telecomunicações, 225-226
revolução industrial, 224-226
ROE *ver* retorno sobre o patrimônio líquido
Rouwenhorst, G., 151

S
S&P 500
  concentração na década de 1990, 115
  desempenho histórico, 38-39, 42

dividendos, 38-39
ISM, 60
liderança da indústria, 232-233, 237-238
　maiores empresas, 237-238
　mercados em baixa, 103-105
　rendimentos do Tesouro dos EUA, 206
　rendimentos de títulos, 72-73
salários, 185, 238-239
Schumpeter, J., 150
Segunda-Feira Negra, 16, 102, 148
sentimento, 5, 21-25
　ver também bolhas
setores
　ao longo do ciclo, 83-85
　dominância, 231-233
Shiller, R.J., 4-5, 23
Sistema monetário de Bretton Woods, 102, 130-131
sistema operacional Windows, 12, 236-237
smartphones, 226, 229-230
Solow, R., 229
soluções de fornecimento, 226-227
South Sea Company, 147, 151, 153
Standard Oil, 235
subprime
　bolha das hipotecas, 70, 102, 118, 133, 145, 159
Summers, L., 181
Sunstein, C.R., 26
mercado em alta secular de "superciclo", 127-134
superextensão, 36-37

T

taxa de desconto, 68
taxa de juros livre de risco, 68
taxas de juros
　ciclo de ações atual, 180-182, 239-240
　empresas de crescimento *vs.* de valor, 92-94

mercados em baixa, 106, 111-113
mercados em baixa estruturais, 111-113
rendimento, 69, 74-76
tecnologia
　América dos anos 1920, 154
　bolha na década de 1990, 33, 93-94, 149-150, 156-157, 158-159, 161, 164
　bolhas ferroviárias, 148, 152-154, 157, 160, 163
　ciclo de ações atual, 189-190, 221-241
　ciclo de Kondratiev, 3
　crescimento, 227-231
　computadores pessoais, 12-13, 155
　dominância, 231-233
　imprensa, 223-224
　infraestrutura de ferrovias, 224-227
　lacunas cada vez maiores, 238-240
　maiores empresas, 234-237
　oportunidades, 230-231
　paralelos históricos, 222-227
　revolução industrial, 224-226
　revolução na década de 1980, 12-15
　valor de mercado, 234, 235-238
tecnologia e divergência, 238-240
telecomunicações, 13, 154, 225, 235-236, 238
telegramas, 225
terra e propriedade
　bolha, Japão, 114 148-149, 155-156, 158, 160-161, 162, 164
TFP *ver* crescimento da produtividade total dos fatores
Thaler, R.H., 26
Thatcher, M., 14, 132
timing do mercado, 41-43
Título de 100 anos, 34
títulos de rendimentos negativos, 201-220
　avaliações de ações, 206-208
　crescimento, 208-210

crescimento implícito, 210-215
dados demográficos, 215-217
demanda de ativos de risco, 217-220
flexibilização quantitativa, 202-205
política monetária, 201-205
títulos lastreados em hipotecas (MBS), 159
Transações monetárias definitivas (OMT), 171, 173
transmissão de rádio, 154, 225
Tratado de Maastricht, 17
troca da dívida governamental por ações, 151-152
Tversky, A., 22-23

U

UNCTAD *ver* Conferência das Nações Unidas sobre Comércio e Desenvolvimento
União Soviética, 14-15, 133
US Steel, 235

V

valor cíclico, 83-84
valor de mercado da tecnologia empresas, 234, 235-238
valor defensivo, 83-84
velocidade de ajuste, 74, 89-90, 122-123
Vogel, E. F., 155-156
volatilidade, 30-31
  ciclo de ações atual, 187-189
  diversificação, 42, 42-47
  mercados em baixa, 104-105, 107, 115
  mercados em baixa cíclicos, 105, 107
  mercados em baixa estruturais, 105, 115
  períodos de manutenção de investimento, 31-34
  prêmio de risco, 35-38
  timing do mercado, 41-43
Volker, P., 102, 131

W

Worldcom, 164

Y

Yahoo!, 149

Z

Zaitech, 164

GRÁFICAODISSÉIA

Av. França, 954 - Navegantes - Cep 90230-220 - Porto Alegre - RS - Brasil
Fone: (51) 3303.5555 - vendas@graficaodisseia.com.br
www.graficaodisseia.com.br